COLLECTION

DES AUTEURS CLASSIQUES

FRANÇOIS ET LATINS.

ŒUVRES

DE

JEAN RACINE.

TOME SECOND.

IMPRIMÉ PAR ORDRE DU ROI

POUR L'ÉDUCATION

DE MONSEIGNEUR LE DAUPHIN.

A PARIS,

DE L'IMPRIMERIE DE FRANÇ. AMBR. DIDOT L'AINÉ.

M. DCC. LXXXIII.

BÉRÉNICE,

TRAGÉDIE.

1670.

PRÉFACE.

TITUS reginam Beronicen, cui etiam nuptias pollicitus ferebatur... statim ab urbe dimisit invitus invitam.

C'est-à-dire que Titus, qui aimoit passionnément Bérénice, et qui même, à ce qu'on croyoit, lui avoit promis de l'épouser, la renvoya de Rome, malgré lui, et malgré elle, dès les premiers jours de son empire.

Cette action est très fameuse dans l'histoire; et je l'ai trouvée très propre pour le théâtre, par la violence des passions qu'elle y pouvoit exciter. En effet, nous n'avons rien de plus touchant dans tous les poètes, que la séparation d'Énée et de Didon, dans Virgile. Et qui doute que ce qui a pu fournir assez de matiere pour tout un chant d'un poème héroïque, où l'action dure plusieurs jours, ne puisse suffire pour le sujet d'une tragédie, dont la durée ne doit être que de quelques heures? Il est vrai que je n'ai point poussé Bérénice jusqu'à se tuer comme Didon; parceque Bérénice n'ayant pas ici avec Titus les derniers engagements que Didon avoit avec Énée, elle n'est pas obligée, comme elle, de renoncer à la vie. A cela près, le dernier adieu qu'elle dit à Titus, et l'effort qu'elle se fait pour s'en séparer, n'est pas le moins tragique de la piece; et j'ose dire qu'il renouvelle assez bien dans le cœur des spectateurs l'émotion que le reste y avoit pu exciter. Ce n'est point une nécessité qu'il y ait du sang et des morts dans une tragédie; il suffit que l'action en soit grande, que les

acteurs en soient héroïques, que les passions y soient
excitées, et que tout s'y ressente de cette tristesse ma-
jestueuse qui fait tout le plaisir de la tragédie.

Je crus que je pourrois rencontrer toutes ces parties
dans mon sujet. Mais ce qui m'en plut davantage, c'est
que je le trouvai extrêmement simple. Il y avoit long-
temps que je voulois essayer si je pourrois faire une tragédie avec cette simplicité d'action qui a été si fort du
goût des anciens : car c'est un des premiers préceptes
qu'ils nous ont laissés. « Que ce que vous ferez, dit Ho-
« race, soit toujours simple, et ne soit qu'un ». Ils ont
admiré l'Ajax de Sophocle, qui n'est autre chose qu'A-
jax qui se tue de regret, à cause de la fureur où il étoit
tombé après le refus qu'on lui avoit fait des armes d'A-
chille. Ils ont admiré le Philoctete, dont tout le sujet
est Ulysse qui vient pour surprendre les fleches d'Hercule. L'Œdipe même, quoique tout plein de recon-
noissances, est moins chargé de matiere que la plus
simple tragédie de nos jours. Nous voyons enfin que
les partisans de Térence, qui l'élevent avec raison au-
dessus de tous les poètes comiques, pour l'élégance de
sa diction et pour la vraisemblance de ses mœurs, ne
laissent pas de confesser que Plaute a un grand avantage
sur lui par la simplicité qui est dans la plupart des sujets de Plaute. Et c'est sans doute cette simplicité merveilleuse qui a attiré à ce dernier toutes les louanges
que les anciens lui ont données. Combien Ménandre
étoit-il encore plus simple, puisque Térence est obligé

de prendre deux comédies de ce poète pour en faire une des siennes?

Et il ne faut point croire que cette regle ne soit fondée que sur la fantaisie de ceux qui l'ont faite. Il n'y a que le vraisemblable qui touche dans la tragédie. Et quelle vraisemblance y a-t-il qu'il arrive en un jour une multitude de choses qui pourroient à peine arriver en plusieurs semaines? Il y en a qui pensent que cette simplicité est une marque de peu d'invention. Ils ne songent pas qu'au contraire toute l'invention consiste à faire quelque chose de rien, et que tout ce grand nombre d'incidents a toujours été le refuge des poètes qui ne sentoient dans leur génie ni assez d'abondance ni assez de force pour attacher durant cinq actes leurs spectateurs par une action simple, soutenue de la violence des passions, de la beauté des sentiments, et de l'élégance de l'expression. Je suis bien éloigné de croire que toutes ces choses se rencontrent dans mon ouvrage; mais aussi je ne puis croire que le public me sache mauvais gré de lui avoir donné une tragédie qui a été honorée de tant de larmes, et dont la trentieme représentation a été aussi suivie que la premiere.

Ce n'est pas que quelques personnes ne m'aient reproché cette même simplicité que j'avois recherchée avec tant de soin. Ils ont cru qu'une tragédie qui étoit si peu chargée d'intrigues ne pouvoit être selon les regles du théâtre. Je m'informai s'ils se plaignoient qu'elle les eût ennuyés. On me dit qu'ils avouoient tous qu'elle

n'ennuyoit point, qu'elle les touchoit même en plusieurs endroits, et qu'ils la verroient encore avec plaisir. Que veulent-ils davantage? Je les conjure d'avoir
assez bonne opinion d'eux-mêmes pour ne pas croire
qu'une piece qui les touche et qui leur donne du plaisir, puisse être absolument contre les regles. La princi-
pale regle est de plaire et de toucher : toutes les autres
ne sont faites que pour parvenir à cette premiere. Mais
toutes ces regles sont d'un long détail, dont je ne leur
conseille pas de s'embarrasser : ils ont des occupations
plus importantes. Qu'ils se reposent sur nous de la fatigue d'éclaircir les difficultés de la poétique d'Aristote; qu'ils se réservent le plaisir de pleurer et d'être
attendris; et qu'ils me permettent de leur dire ce qu'un
musicien disoit à Philippe, roi de Macédoine, qui prétendoit qu'une chanson n'étoit pas selon les regles : « A
« Dieu ne plaise, seigneur, que vous soyez jamais si
« malheureux que de savoir ces choses-là mieux que
« moi! »

Voilà tout ce que j'ai à dire à ces personnes à qui je
ferai toujours gloire de plaire; car pour le libelle que
l'on a fait contre moi, je crois que les lecteurs me dis-
penseront volontiers d'y répondre. Et que répondrois-
je à un homme qui ne pense rien, et qui ne sait pas même construire ce qu'il pense? Il parle de protase comme
s'il entendoit ce mot, et veut que cette premiere des
quatre parties de la tragédie soit toujours la plus proche
de la derniere, qui est la catastrophe. Il se plaint que

la trop grande connoissance des regles l'empêche de se
divertir à la comédie. Certainement, si l'on en juge par
sa dissertation, il n'y eut jamais de plainte plus mal fondée. Il paroît bien qu'il n'a jamais lu Sophocle, qu'il
loue très injustement d'*une grande multiplicité d'incidents;* et qu'il n'a même jamais rien lu de la poétique,
que dans quelques préfaces de tragédies. Mais je lui pardonne de ne pas savoir les regles du théâtre, puisqu'heureusement pour le public il ne s'applique pas à ce genre
d'écrire. Ce que je ne lui pardonne pas, c'est de savoir
si peu les regles de la bonne plaisanterie, lui qui ne veut
pas dire un mot sans plaisanter. Croit-il réjouir beaucoup les honnêtes gens par ces *hélas de poche,* ces *mes-
demoiselles mes regles,* et quantité d'autres basses affec-
tations qu'il trouvera condamnées dans tous les bons
auteurs, s'il se mêle jamais de les lire?

Toutes ces critiques sont le partage de quatre ou
cinq petits auteurs infortunés, qui n'ont jamais pu par
eux-mêmes exciter la curiosité du public. Ils attendent
toujours l'occasion de quelque ouvrage qui réussisse,
pour l'attaquer; non point par jalousie, car sur quel
fondement seroient-ils jaloux? mais dans l'espérance
qu'on se donnera la peine de leur répondre, et qu'on
les tirera de l'obscurité où leurs propres ouvrages les
auroient laissés toute leur vie.

ACTEURS.

TITUS, empereur de Rome.

BÉRÉNICE, reine de Palestine.

ANTIOCHUS, roi de Comagene.

PAULIN, confident de Titus.

ARSACE, confident d'Antiochus.

PHÉNICE, confidente de Bérénice.

RUTILE, Romain.

SUITE de Titus.

La scene est à Rome, dans un cabinet qui est entre
l'appartement de Titus et celui de Bérénice.

BÉRÉNICE,

TRAGÉDIE.

ACTE PREMIER.

SCENE I.

ANTIOCHUS, ARSACE.

ANTIOCHUS.

Arrêtons un moment. La pompe de ces lieux,
Je le vois bien, Arsace, est nouvelle à tes yeux.
Souvent ce cabinet, superbe et solitaire,
Des secrets de Titus est le dépositaire.
C'est ici quelquefois qu'il se cache à sa cour,
Lorsqu'il vient à la reine expliquer son amour.
De son appartement cette porte est prochaine,
Et cette autre conduit dans celui de la reine.
Va chez elle : dis-lui qu'importun à regret
J'ose lui demander un entretien secret.

ARSACE.

Vous, seigneur, importun? vous, cet ami fidele
Qu'un soin si généreux intéresse pour elle?

Vous, cet Antiochus son amant autrefois?
Vous, que l'Orient compte entre ses plus grands rois?
Quoi! déja de Titus épouse en espérance,
Ce rang entre elle et vous met-il tant de distance?

ANTIOCHUS.

Va, dis-je; et, sans vouloir te charger d'autres soins,
Vois si je puis bientôt lui parler sans témoins.

SCENE II.

ANTIOCHUS.

Hé bien, Antiochus, es-tu toujours le même?
Pourrai-je, sans trembler, lui dire, Je vous aime?
Mais quoi! déja je tremble, et mon cœur agité
Craint autant ce moment que je l'ai souhaité.
Bérénice autrefois m'ôta toute espérance;
Elle m'imposa même un éternel silence.
Je me suis tu cinq ans; et, jusques à ce jour,
D'un voile d'amitié j'ai couvert mon amour.
Dois-je croire qu'au rang où Titus la destine
Elle m'écoute mieux que dans la Palestine?
Il l'épouse. Ai-je donc attendu ce moment
Pour me venir encor déclarer son amant?
Quel fruit me reviendra d'un aveu téméraire?
Ah! puisqu'il faut partir, partons sans lui déplaire.
Retirons-nous, sortons; et, sans nous découvrir,

Allons loin de ses yeux l'oublier, ou mourir.
Hé quoi! souffrir toujours un tourment qu'elle ignore!
Toujours verser des pleurs qu'il faut que je dévore!
Quoi! même en la perdant redouter son courroux!
Belle reine, et pourquoi vous offenseriez-vous?
Viens-je vous demander que vous quittiez l'empire?
Que vous m'aimiez? Hélas! je ne viens que vous dire
Qu'après m'être long-temps flatté que mon rival
Trouveroit à ses vœux quelque obstacle fatal,
Aujourd'hui qu'il peut tout, que votre hymen s'avance,
Exemple infortuné d'une longue constance,
Après cinq ans d'amour et d'espoir superflus,
Je pars, fidele encor quand je n'espere plus.
Au lieu de s'offenser, elle pourra me plaindre.
Quoi qu'il en soit, parlons; c'est assez nous contraindre.
Et que peut craindre, hélas! un amant sans espoir
Qui peut bien se résoudre à ne la jamais voir?

SCENE III.

ANTIOCHUS, ARSACE.

ANTIOCHUS.

Arsace, entrerons-nous?

ARSACE.

        Seigneur, j'ai vu la reine;

Mais pour me faire voir je n'ai percé qu'à peine
Les flots toujours nouveaux d'un peuple adorateur
Qu'attire sur ses pas sa prochaine grandeur.
Titus, après huit jours d'une retraite austere,
Cesse enfin de pleurer Vespasien son pere :
Cet amant se redonne aux soins de son amour;
Et, si j'en crois, seigneur, l'entretien de la cour,
Peut-être avant la nuit l'heureuse Bérénice
Change le nom de reine au nom d'impératrice.

ANTIOCHUS.

Hélas!

ARSACE.

Quoi! ce discours pourroit-il vous troubler?

ANTIOCHUS.

Ainsi donc sans témoins je ne lui puis parler?

ARSACE.

Vous la verrez, seigneur : Bérénice est instruite
Que vous voulez ici la voir seule et sans suite.
La reine d'un regard a daigné m'avertir
Qu'à votre empressement elle alloit consentir;
Et sans doute elle attend le moment favorable
Pour disparoître aux yeux d'une cour qui l'accable.

ANTIOCHUS.

Il suffit. Cependant n'as-tu rien négligé
Des ordres importants dont je t'avois chargé?

ARSACE.

Seigneur, vous connoissez ma prompte obéissance.
Des vaisseaux dans Ostie armés en diligence,
Prêts à quitter le port de moments en moments,
N'attendent pour partir que vos commandements.
Mais qui renvoyez-vous dans votre Comagene?

ANTIOCHUS.

Arsace, il faut partir quand j'aurai vu la reine.

ARSACE.

Qui doit partir?

ANTIOCHUS.

Moi.

ARSACE.

Vous?

ANTIOCHUS.

En sortant du palais,
Je sors de Rome, Arsace, et j'en sors pour jamais.

ARSACE.

Je suis surpris sans doute, et c'est avec justice.
Quoi! depuis si long-temps la reine Bérénice
Vous arrache, seigneur, du sein de vos états;
Depuis trois ans dans Rome elle arrête vos pas;
Et lorsque cette reine, assurant sa conquête,
Vous attend pour témoin de cette illustre fête,
Quand l'amoureux Titus, devenant son époux,
Lui prépare un éclat qui rejaillit sur vous....

ANTIOCHUS.

Arsace, laisse-la jouir de sa fortune,
Et quitte un entretien dont le cours m'importune.

ARSACE.

Je vous entends, seigneur : ces mêmes dignités
Ont rendu Bérénice ingrate à vos bontés ;
L'inimitié succede à l'amitié trahie.

ANTIOCHUS.

Non, Arsace, jamais je ne l'ai moins haïe.

ARSACE.

Quoi donc ! de sa grandeur déja trop prévenu,
Le nouvel empereur vous a-t-il méconnu ?
Quelque pressentiment de son indifférence
Vous fait-il loin de Rome éviter sa présence ?

ANTIOCHUS.

Titus n'a point pour moi paru se démentir ;
J'aurois tort de me plaindre.

ARSACE.

                    Et pourquoi donc partir ?
Quel caprice vous rend ennemi de vous-même ?
Le ciel met sur le trône un prince qui vous aime,
Un prince qui, jadis témoin de vos combats,
Vous vit chercher la gloire et la mort sur ses pas,
Et de qui la valeur, par vos soins secondée,
Mit enfin sous le joug la rebelle Judée.
Il se souvient du jour illustre et douloureux

Qui décida du sort d'un long siege douteux.
Sur leur triple rempart les ennemis tranquilles
Contemploient sans péril nos assauts inutiles;
Le belier impuissant les menaçoit en vain:
Vous seul, seigneur, vous seul, une échelle à la main,
Vous portâtes la mort jusques sur leurs murailles.
Ce jour presque éclaira vos propres funérailles:
Titus vous embrassa mourant entre mes bras,
Et tout le camp vainqueur pleura votre trépas.
Voici le temps, seigneur, où vous devez attendre
Le fruit de tant de sang qu'ils vous ont vu répandre.
Si, pressé du desir de revoir vos états,
Vous vous lassez de vivre où vous ne régnez pas,
Faut-il que sans honneurs l'Euphrate vous revoie?
Attendez pour partir que César vous renvoie
Triomphant et chargé des titres souverains
Qu'ajoute encore aux rois l'amitié des Romains.
Rien ne peut-il, seigneur, changer votre entreprise?
Vous ne répondez point!

ANTIOCHUS.

Que veux-tu que je dise?
J'attends de Bérénice un moment d'entretien.

ARSACE.

Hé bien, seigneur?

ANTIOCHUS.

Son sort décidera du mien.

ARSACE.

Comment?

ANTIOCHUS.

Sur son hymen j'attends qu'elle s'explique.
Si sa bouche s'accorde avec la voix publique,
S'il est vrai qu'on l'éleve au trône des Césars,
Si Titus a parlé, s'il l'épouse; je pars.

ARSACE.

Mais qui rend à vos yeux cet hymen si funeste?

ANTIOCHUS.

Quand nous serons partis, je te dirai le reste.

ARSACE.

Dans quel trouble, seigneur, jettez-vous mon esprit!

ANTIOCHUS.

La reine vient. Adieu. Fais tout ce que j'ai dit.

SCENE IV.

BÉRÉNICE, ANTIOCHUS, PHÉNICE.

BÉRÉNICE.

Enfin je me dérobe à la joie importune
De tant d'amis nouveaux que me fait la fortune;
Je fuis de leurs respects l'inutile longueur,
Pour chercher un ami qui me parle du cœur.

Il ne faut point mentir, ma juste impatience
Vous accusoit déja de quelque négligence.
Quoi! cet Antiochus, disois-je, dont les soins
Ont eu tout l'Orient et Rome pour témoins;
Lui que j'ai vu toujours, constant dans mes traverses,
Suivre d'un pas égal mes fortunes diverses;
Aujourd'hui que le ciel semble me présager
Un honneur qu'avec vous je prétends partager,
Ce même Antiochus, se cachant à ma vue,
Me laisse à la merci d'une foule inconnue!

ANTIOCHUS.

Il est donc vrai, madame? et, selon ce discours,
L'hymen va succéder à vos longues amours?

BÉRÉNICE.

Seigneur, je vous veux bien confier mes alarmes.
Ces jours ont vu mes yeux baignés de quelques larmes:
Ce long deuil que Titus imposoit à sa cour
Avoit, même en secret, suspendu son amour;
Il n'avoit plus pour moi cette ardeur assidue
Lorsqu'il passoit les jours attaché sur ma vue;
Muet, chargé de soins, et les larmes aux yeux,
Il ne me laissoit plus que de tristes adieux.
Jugez de ma douleur, moi dont l'ardeur extrême,
Je vous l'ai dit cent fois, n'aime en lui que lui-même;
Moi qui, loin des grandeurs dont il est revêtu,
Aurois choisi son cœur et cherché sa vertu.

A N T I O C H U S.

Il a repris pour vous sa tendresse premiere?

B É R É N I C E.

Vous fûtes spectateur de cette nuit derniere,
Lorsque, pour seconder ses soins religieux,
Le sénat a placé son pere entre les dieux.
De ce juste devoir sa piété contente
A fait place, seigneur, aux soins de son amante;
Et même en ce moment, sans qu'il m'en ait parlé,
Il est dans le sénat par son ordre assemblé.
Là, de la Palestine il étend la frontiere;
Il y joint l'Arabie et la Syrie entiere:
Et, si de ses amis j'en dois croire la voix,
Si j'en crois ses serments redoublés mille fois,
Il va sur tant d'états couronner Bérénice,
Pour joindre à plus de noms le nom d'impératrice.
Il m'en viendra lui-même assurer en ce lieu.

A N T I O C H U S.

Et je viens donc vous dire un éternel adieu.

B É R É N I C E.

Que dites-vous? Ah ciel! quel adieu! quel langage!
Prince, vous vous troublez et changez de visage!

A N T I O C H U S.

Madame, il faut partir.

B É R É N I C E.

                Quoi! ne puis-je savoir

Quel sujet...

ANTIOCHUS, à part.

Il falloit partir sans la revoir.

BÉRÉNICE.

Que craignez-vous? Parlez; c'est trop long-temps se taire.
Seigneur, de ce départ quel est donc le mystere?

ANTIOCHUS.

Au moins souvenez-vous que je cede à vos loix,
Et que vous m'écoutez pour la derniere fois.
Si, dans ce haut degré de gloire et de puissance,
Il vous souvient des lieux où vous prîtes naissance,
Madame, il vous souvient que mon cœur en ces lieux
Reçut le premier trait qui partit de vos yeux:
J'aimai. J'obtins l'aveu d'Agrippa votre frere:
Il vous parla pour moi. Peut-être sans colere
Alliez-vous de mon cœur recevoir le tribut;
Titus, pour mon malheur, vint, vous vit, et vous plut.
Il parut devant vous dans tout l'éclat d'un homme
Qui porte entre ses mains la vengeance de Rome.
La Judée en pâlit : le triste Antiochus
Se compta le premier au nombre des vaincus.
Bientôt de mon malheur interprete sévere
Votre bouche à la mienne ordonna de se taire.
Je disputai long-temps; je fis parler mes yeux:
Mes pleurs et mes soupirs vous suivoient en tous lieux.
Enfin, votre rigueur emporta la balance;

Vous sûtes m'imposer l'exil ou le silence.
Il fallut le promettre, et même le jurer :
Mais, puisqu'en ce moment j'ose me déclarer,
Lorsque vous m'arrachiez cette injuste promesse,
Mon cœur faisoit serment de vous aimer sans cesse.

BÉRÉNICE.

Ah! que me dites-vous?

ANTIOCHUS.

Je me suis tû cinq ans,
Madame, et vais encor me taire plus long-temps.

De mon heureux rival j'accompagnai les armes ;
J'espérai de verser mon sang après mes larmes,
Ou qu'au moins jusqu'à vous porté par mille exploits
Mon nom pourroit parler, au défaut de ma voix.
Le ciel sembla promettre une fin à ma peine :
Vous pleurâtes ma mort, hélas! trop peu certaine.
Inutiles périls! quelle étoit mon erreur!
La valeur de Titus surpassoit ma fureur.
Il faut qu'à sa vertu mon estime réponde.
Quoiqu'attendu, madame, à l'empire du monde,
Chéri de l'univers, enfin aimé de vous,
Il sembloit à lui seul appeller tous les coups ;
Tandis que, sans espoir, haï, lassé de vivre,
Son malheureux rival ne sembloit que le suivre.

Je vois que votre cœur m'applaudit en secret ;
Je vois que l'on m'écoute avec moins de regret,

Et que, trop attentive à ce récit funeste,
En faveur de Titus vous pardonnez le reste.
　　Enfin, après un siege aussi cruel que lent,
Il domta les mutins, reste pâle et sanglant
Des flammes, de la faim, des fureurs intestines;
Et laissa leurs remparts cachés sous leurs ruines:
Rome vous vit, madame, arriver avec lui.
Dans l'Orient désert quel devint mon ennui!
Je demeurai long-temps errant dans Césarée,
Lieux charmants, où mon cœur vous avoit adorée:
Je vous redemandois à vos tristes états;
Je cherchois, en pleurant, les traces de vos pas.
Mais enfin, succombant à ma mélancolie,
Mon désespoir tourna mes pas vers l'Italie.
Le sort m'y réservoit le dernier de ses coups:
Titus en m'embrassant m'amena devant vous.
Un voile d'amitié vous trompa l'un et l'autre,
Et mon amour devint le confident du vôtre.
Mais toujours quelque espoir flattoit mes déplaisirs:
Rome, Vespasien, traversoient vos soupirs;
Après tant de combats Titus cédoit peut-être.
Vespasien est mort, et Titus est le maître.
Que ne fuyois-je alors! J'ai voulu quelques jours
De son nouvel empire examiner le cours.
Mon sort est accompli: votre gloire s'apprête.
Assez d'autres, sans moi, témoins de cette fête,

A vos heureux transports viendront joindre les leurs :
Pour moi, qui ne pourrois y mêler que des pleurs,
D'un inutile amour trop constante victime,
Heureux dans mes malheurs d'en avoir pu sans crime
Conter toute l'histoire aux yeux qui les ont faits,
Je pars plus amoureux que je ne fus jamais.

BÉRÉNICE.

Seigneur, je n'ai pas cru que, dans une journée
Qui doit avec César unir ma destinée,
Il fût quelque mortel qui pût impunément
Se venir à mes yeux déclarer mon amant.
Mais de mon amitié mon silence est un gage :
J'oublie en sa faveur un discours qui m'outrage.
Je n'en ai point troublé le cours injurieux :
Je fais plus ; à regret je reçois vos adieux.
Le ciel sait qu'au milieu des honneurs qu'il m'envoie
Je n'attendois que vous pour témoin de ma joie :
Avec tout l'univers j'honorois vos vertus ;
Titus vous chérissoit, vous admiriez Titus.
Cent fois je me suis fait une douceur extrême
D'entretenir Titus dans un autre lui-même.

ANTIOCHUS.

Et c'est ce que je fuis. J'évite, mais trop tard,
Ces cruels entretiens où je n'ai point de part.
Je fuis Titus ; je fuis ce nom qui m'inquiete,
Ce nom qu'à tous moments votre bouche répete :

Que vous dirai-je enfin? je fuis des yeux distraits,
Qui, me voyant toujours, ne me voyoient jamais.
Adieu. Je vais, le cœur trop plein de votre image,
Attendre, en vous aimant, la mort pour mon partage.
Sur-tout ne craignez point qu'une aveugle douleur
Remplisse l'univers du bruit de mon malheur;
Madame, le seul bruit d'une mort que j'implore
Vous fera souvenir que je vivois encore.
Adieu.

SCENE V.

BÉRÉNICE, PHÉNICE.

PHÉNICE.

Que je le plains! Tant de fidélité,
Madame, méritoit plus de prospérité.
Ne le plaignez-vous pas?

BÉRÉNICE.

Cette prompte retraite
Me laisse, je l'avoue, une douleur secrete.

PHÉNICE.

Je l'aurois retenu.

BÉRÉNICE.

Qui? moi, le retenir!
J'en dois perdre plutôt jusques au souvenir.

Tu veux donc que je flatte une ardeur insensée?

PHÉNICE.

Titus n'a point encore expliqué sa pensée.
Rome vous voit, madame, avec des yeux jaloux :
La rigueur de ses loix m'épouvante pour vous.
L'hymen chez les Romains n'admet qu'une Romaine :
Rome hait tous les rois; et Bérénice est reine.

BÉRÉNICE.

Le temps n'est plus, Phénice, où je pouvois trembler.
Titus m'aime; il peut tout; il n'a plus qu'à parler,
Il verra le sénat m'apporter ses hommages,
Et le peuple de fleurs couronner ses images.

De cette nuit, Phénice, as-tu vu la splendeur?
Tes yeux ne sont-ils pas tout pleins de sa grandeur?
Ces flambeaux, ce bûcher, cette nuit enflammée,
Ces aigles, ces faisceaux, ce peuple, cette armée,
Cette foule de rois, ces consuls, ce sénat,
Qui tous de mon amant empruntoient leur éclat;
Cette pourpre, cet or que rehaussoit sa gloire,
Et ces lauriers encor témoins de sa victoire;
Tous ces yeux qu'on voyoit venir de toutes parts
Confondre sur lui seul leurs avides regards;
Ce port majestueux, cette douce présence :
Ciel! avec quel respect et quelle complaisance
Tous les cœurs en secret l'assuroient de leur foi!
Parle : peut-on le voir sans penser, comme moi,

Qu'en quelque obscurité que le sort l'eût fait naître
Le monde en le voyant eût reconnu son maître?
    Mais, Phénice, où m'emporte un souvenir charmant?
Cependant Rome entiere, en ce même moment,
Fait des vœux pour Titus, et, par des sacrifices,
De son regne naissant célebre les prémices.
Que tardons-nous? Allons, pour son empire heureux,
Au ciel qui le protege offrir aussi nos vœux.
Aussitôt, sans l'attendre, et sans être attendue,
Je reviens le chercher, et dans cette entrevue
Dire tout ce qu'aux cœurs l'un de l'autre contents
Inspirent des transports retenus si long-temps.

FIN DU PREMIER ACTE.

ACTE SECOND.

SCENE I.

TITUS, PAULIN, SUITE.

———

TITUS.

A-T-ON vu de ma part le roi de Comagene?
Sait-il que je l'attends?

PAULIN.

       J'ai couru chez la reine:
Dans son appartement ce prince avoit paru;
Il en étoit sorti, lorsque j'y suis couru.
De vos ordres, seigneur, j'ai dit qu'on l'avertisse.

TITUS.

Il suffit. Et que fait la reine Bérénice?

PAULIN.

La reine, en ce moment, sensible à vos bontés,
Charge le ciel de vœux pour vos prospérités.
Elle sortoit, seigneur.

TITUS.

       Trop aimable princesse!

Hélas!

PAULIN.

En sa faveur d'où naît cette tristesse?
L'Orient presque entier va fléchir sous sa loi :
Vous la plaignez?

TITUS.

Paulin, qu'on vous laisse avec moi.

SCENE II.

TITUS, PAULIN.

TITUS.

Hé bien, de mes desseins Rome encore incertaine
Attend que deviendra le destin de la reine,
Paulin ; et les secrets de son cœur et du mien
Sont de tout l'univers devenus l'entretien.
Voici le temps enfin qu'il faut que je m'explique.
De la reine et de moi que dit la voix publique?
Parlez. Qu'entendez-vous?

PAULIN.

J'entends de tous côtés
Publier vos vertus, seigneur, et ses beautés.

TITUS.

Que dit-on des soupirs que je pousse pour elle?
Quel succès attend-on d'un amour si fidele?

PAULIN.

Vous pouvez tout : aimez, cessez d'être amoureux ;
La cour sera toujours du parti de vos vœux.

TITUS.

Et je l'ai vue aussi cette cour peu sincere,
A ses maîtres toujours trop soigneuse de plaire,
Des crimes de Néron approuver les horreurs ;
Je l'ai vue à genoux consacrer ses fureurs.
Je ne prends point pour juge une cour idolâtre,
Paulin ; je me propose un plus ample théâtre ;
Et, sans prêter l'oreille à la voix des flatteurs,
Je veux par votre bouche entendre tous les cœurs :
Vous me l'avez promis. Le respect et la crainte
Ferment autour de moi le passage à la plainte :
Pour mieux voir, cher Paulin, et pour entendre mieux,
Je vous ai demandé des oreilles, des yeux ;
J'ai mis même à ce prix mon amitié secrete :
J'ai voulu que des cœurs vous fussiez l'interprete ;
Qu'au travers des flatteurs votre sincérité
Fît toujours jusqu'à moi passer la vérité.
Parlez donc. Que faut-il que Bérénice espere ?
Rome lui sera-t-elle indulgente ou sévere ?
Dois-je croire qu'assise au trône des Césars
Une si belle reine offensât ses regards ?

PAULIN.

N'en doutez point, seigneur : soit raison, soit caprice,

Rome ne l'attend point pour son impératrice.
On sait qu'elle est charmante; et de si belles mains
Semblent vous demander l'empire des humains :
Elle a même, dit-on, le cœur d'une Romaine;
Elle a mille vertus : mais, seigneur, elle est reine.
Rome, par une loi qui ne se peut changer,
N'admet avec son sang aucun sang étranger,
Et ne reconnoît point les fruits illégitimes
Qui naissent d'un hymen contraire à ses maximes.
D'ailleurs, vous le savez, en bannissant ses rois,
Rome à ce nom, si noble et si saint autrefois,
Attacha pour jamais une haine puissante;
Et quoiqu'à ses Césars fidele, obéissante,
Cette haine, seigneur, reste de sa fierté,
Survit dans tous les cœurs après la liberté.
Jules, qui le premier la soumit à ses armes,
Qui fit taire les loix dans le bruit des alarmes,
Brûla pour Cléopâtre; et, sans se déclarer,
Seule dans l'Orient la laissa soupirer.
Antoine, qui l'aima jusqu'à l'idolâtrie,
Oublia dans son sein sa gloire et sa patrie,
Sans oser toutefois se nommer son époux :
Rome l'alla chercher jusques à ses genoux;
Et ne désarma point sa fureur vengeresse,
Qu'elle n'eût accablé l'amant et la maîtresse.
Depuis ce temps, seigneur, Caligula, Néron,

Monstres dont à regret je cite ici le nom,
Et qui, ne conservant que la figure d'homme,
Foulerent à leurs pieds toutes les loix de Rome,
Ont craint cette loi seule, et n'ont point à nos yeux
Allumé le flambeau d'un hymen odieux.
Vous m'avez commandé sur-tout d'être sincere.
De l'affranchi Pallas nous avons vu le frere,
Des fers de Claudius Félix encor flétri,
De deux reines, seigneur, devenir le mari ;
Et, s'il faut jusqu'au bout que je vous obéisse,
Ces deux reines étoient du sang de Bérénice.
Et vous croiriez pouvoir, sans blesser nos regards,
Faire entrer une reine au lit de nos Césars,
Tandis que l'Orient dans le·lit de ses reines
Voit passer un esclave au sortir de nos chaînes !
C'est ce que les Romains pensent de votre amour.
Et je ne réponds pas, avant la fin du jour,
Que le sénat, chargé des vœux de tout l'empire,
Ne vous redise ici ce que je viens de dire ;
Et que Rome avec lui tombant à vos genoux
Ne vous demande un choix digne d'elle et de vous.
Vous pouvez préparer, seigneur, votre réponse.

TITUS.

Hélas ! à quel amour on veut que je renonce !

PAULIN.

Cet amour est ardent, il le faut confesser.

TITUS.

Plus ardent mille fois que tu ne peux penser,
Paulin. Je me suis fait un plaisir nécessaire
De la voir chaque jour, de l'aimer, de lui plaire.
J'ai fait plus, je n'ai rien de secret à tes yeux,
J'ai pour elle cent fois rendu graces aux dieux
D'avoir choisi mon pere au fond de l'Idumée,
D'avoir rangé sous lui l'Orient et l'armée;
Et, soulevant encor le reste des humains,
Remis Rome sanglante en ses paisibles mains:
J'ai même souhaité la place de mon pere;
Moi, Paulin, qui, cent fois, si le sort moins sévere
Eût voulu de sa vie étendre les liens,
Aurois donné mes jours pour prolonger les siens;
Tout cela (qu'un amant sait mal ce qu'il desire!)
Dans l'espoir d'élever Bérénice à l'empire,
De reconnoître un jour son amour et sa foi,
Et de voir à ses pieds tout le monde avec moi.
Malgré tout mon amour, Paulin, et tous ses charmes,
Après mille serments appuyés de mes larmes,
Maintenant que je puis couronner tant d'attraits,
Maintenant que je l'aime encor plus que jamais,
Lorsqu'un heureux hymen joignant nos destinées
Peut payer en un jour les vœux de cinq années,
Je vais, Paulin... ô ciel! puis-je le déclarer!

PAULIN.

Quoi, seigneur?

TITUS.

Pour jamais je vais m'en séparer.
Mon cœur en ce moment ne vient pas de se rendre:
Si je t'ai fait parler, si j'ai voulu t'entendre,
Je voulois que ton zele achevât en secret
De confondre un amour qui se tait à regret:
Bérénice a long-temps balancé la victoire;
Et si je penche enfin du côté de ma gloire,
Crois qu'il m'en a coûté, pour vaincre tant d'amour,
Des combats dont mon cœur saignera plus d'un jour.
J'aimois, je soupirois dans une paix profonde:
Un autre étoit chargé de l'empire du monde.
Maître de mon destin, libre dans mes soupirs,
Je ne rendois qu'à moi compte de mes desirs.
Mais à peine le ciel eut rappellé mon pere,
Dès que ma triste main eut fermé sa paupiere,
De mon aimable erreur je fus désabusé:
Je sentis le fardeau qui m'étoit imposé;
Je connus que bientôt, loin d'être à ce que j'aime,
Il falloit, cher Paulin, renoncer à moi-même;
Et que le choix des dieux, contraire à mes amours,
Livroit à l'univers le reste de mes jours.
Rome observe aujourd'hui ma conduite nouvelle.
Quelle honte pour moi, quel présage pour elle,

Si, dès le premier pas renversant tous ses droits,
Je fondois mon bonheur sur le débris des loix!
Résolu d'accomplir ce cruel sacrifice,
J'y voulus préparer la triste Bérénice:
Mais par où commencer? Vingt fois, depuis huit jours,
J'ai voulu devant elle en ouvrir le discours;
Et, dès le premier mot, ma langue embarrassée
Dans ma bouche vingt fois a demeuré glacée.
J'espérois que du moins mon trouble et ma douleur
Lui feroient pressentir notre commun malheur:
Mais, sans me soupçonner, sensible à mes alarmes,
Elle m'offre sa main pour essuyer mes larmes;
Et ne prévoit rien moins, dans cette obscurité,
Que la fin d'un amour qu'elle a trop mérité.
Enfin, j'ai ce matin rappellé ma constance:
Il faut la voir, Paulin, et rompre le silence.
J'attends Antiochus pour lui recommander
Ce dépôt précieux que je ne puis garder:
Jusques dans l'Orient je veux qu'il la remene.
Demain Rome avec lui verra partir la reine.
Elle en sera bientôt instruite par ma voix;
Et je vais lui parler pour la derniere fois.

P A U L I N.

Je n'attendois pas moins de cet amour de gloire
Qui par-tout après vous attacha la victoire.
La Judée asservie, et ses remparts fumants,

De cette noble ardeur éternels monuments,
Me répondoient assez que votre grand courage
Ne voudroit pas, seigneur, détruire son ouvrage;
Et qu'un héros vainqueur de tant de nations
Sauroit bien tôt ou tard vaincre ses passions.

TITUS.

Ah! que sous de beaux noms cette gloire est cruelle!
Combien mes tristes yeux la trouveroient plus belle,
S'il ne falloit encor qu'affronter le trépas!
Que dis-je? cette ardeur que j'ai pour ses appas,
Bérénice en mon sein l'a jadis allumée.
Tu ne l'ignores pas : toujours la renommée
Avec le même éclat n'a pas semé mon nom;
Ma jeunesse, nourrie à la cour de Néron,
S'égaroit, cher Paulin, par l'exemple abusée,
Et suivoit du plaisir la pente trop aisée.
Bérénice me plut. Que ne fait point un cœur
Pour plaire à ce qu'il aime, et gagner son vainqueur?
Je prodiguai mon sang : tout fit place à mes armes:
Je revins triomphant. Mais le sang et les larmes
Ne me suffisoient pas pour mériter ses vœux :
J'entrepris le bonheur de mille malheureux.
On vit de toutes parts mes bontés se répandre;
Heureux, et plus heureux que tu ne peux comprendre,
Quand je pouvois paroître à ses yeux satisfaits
Chargé de mille cœurs conquis par mes bienfaits!

Je lui dois tout, Paulin. Récompense cruelle!
Tout ce que je lui dois va retomber sur elle.
Pour prix de tant de gloire et de tant de vertus,
Je lui dirai : Partez, et ne me voyez plus.

PAULIN.

Hé quoi, seigneur! hé quoi! cette magnificence
Qui va jusqu'à l'Euphrate étendre sa puissance,
Tant d'honneurs dont l'excès a surpris le sénat,
Vous laissent-ils encor craindre le nom d'ingrat?
Sur cent peuples nouveaux Bérénice commande.

TITUS.

Foibles amusements d'une douleur si grande!
Je connois Bérénice, et ne sais que trop bien
Que son cœur n'a jamais demandé que le mien.
Je l'aimai; je lui plus. Depuis cette journée,
(Dois-je dire funeste, hélas! ou fortunée?)
Sans avoir, en aimant, d'objet que son amour,
Étrangere dans Rome, inconnue à la cour,
Elle passe ses jours, Paulin, sans rien prétendre
Que quelque heure à me voir, et le reste à m'attendre.
Encor, si quelquefois un peu moins assidu
Je passe le moment où je suis attendu,
Je la revois bientôt de pleurs toute trempée:
Ma main à les sécher est long-temps occupée.
Enfin, tout ce qu'amour a de nœuds plus puissants,
Doux reproches, transports sans cesse renaissants,

Soin de plaire sans art, crainte toujours nouvelle,
Beauté, gloire, vertu, je trouve tout en elle.
Depuis cinq ans entiers chaque jour je la vois,
Et crois toujours la voir pour la premiere fois.
N'y songeons plus. Allons, cher Paulin: plus j'y pense,
Plus je sens chanceler ma cruelle constance.
Quelle nouvelle, ô ciel, je lui vais annoncer!
Encore un coup, allons, il n'y faut plus penser.
Je connois mon devoir, c'est à moi de le suivre:
Je n'examine point si j'y pourrai survivre.

SCENE III.

TITUS, PAULIN, RUTILE.

RUTILE.

Bérénice, seigneur, demande à vous parler.

TITUS.

Ah Paulin!

PAULIN.

Quoi! déja vous semblez reculer!
De vos nobles projets, seigneur, qu'il vous souvienne;
Voici le temps.

TITUS.

Hé bien, voyons-la. Qu'elle vienne.

SCENE IV.

BÉRÉNICE, TITUS, PAULIN, PHÉNICE.

BÉRÉNICE.

Ne vous offensez pas si mon zele indiscret
De votre solitude interrompt le secret.
Tandis qu'autour de moi votre cour assemblée
Retentit des bienfaits dont vous m'avez comblée,
Est-il juste, seigneur, que seule en ce moment
Je demeure sans voix et sans ressentiment?
Mais, seigneur, (car je sais que cet ami sincere
Du secret de nos cœurs connoît tout le mystere)
Votre deuil est fini; rien n'arrête vos pas,
Vous êtes seul enfin, et ne me cherchez pas.
J'entends que vous m'offrez un nouveau diadême,
Et ne puis cependant vous entendre vous-même.
Hélas! plus de repos, seigneur, et moins d'éclat:
Votre amour ne peut-il paroître qu'au sénat?
Ah Titus! (car enfin l'amour fuit la contrainte
De tous ces noms que suit le respect et la crainte)
De quel soin votre amour va-t-il s'importuner?
N'a-t-il que des états qu'il me puisse donner?

Depuis quand croyez-vous que ma grandeur me touche?
Un soupir, un regard, un mot de votre bouche,
Voilà l'ambition d'un cœur comme le mien:
Voyez-moi plus souvent, et ne me donnez rien.
Tous vos moments sont-ils dévoués à l'empire?
Ce cœur après huit jours n'a-t-il rien à me dire?
Qu'un mot va rassurer mes timides esprits!
Mais parliez-vous de moi quand je vous ai surpris?
Dans vos secrets discours étois-je intéressée,
Seigneur? étois-je au moins présente à la pensée?

TITUS.

N'en doutez point, madame; et j'atteste les dieux
Que toujours Bérénice est présente à mes yeux.
L'absence ni le temps, je vous le jure encore,
Ne vous peuvent ravir ce cœur qui vous adore.

BÉRÉNICE.

Hé quoi! vous me jurez une éternelle ardeur,
Et vous me la jurez avec cette froideur!
Pourquoi même du ciel attester la puissance?
Faut-il par des serments vaincre ma défiance?
Mon cœur ne prétend point, seigneur, vous démentir;
Et je vous en croirai sur un simple soupir.

TITUS.

Madame...

BÉRÉNICE.

Hé bien, seigneur? Mais quoi! sans me répondre,

Vous détournez les yeux, et semblez vous confondre !
Ne m'offrirez-vous plus qu'un visage interdit ?
Toujours la mort d'un pere occupe votre esprit :
Rien ne peut-il charmer l'ennui qui vous dévore ?

TITUS.

Plût aux dieux que mon pere, hélas ! vécût encore !
Que je vivois heureux !

BÉRÉNICE.

Seigneur, tous ces regrets
De votre piété sont de justes effets.
Mais vos pleurs ont assez honoré sa mémoire ;
Vous devez d'autres soins à Rome, à votre gloire :
De mon propre intérêt je n'ose vous parler.
Bérénice autrefois pouvoit vous consoler :
Avec plus de plaisir vous m'avez écoutée.
De combien de malheurs pour vous persécutée
Vous ai-je pour un mot sacrifié mes pleurs !
Vous regrettez un pere : hélas ! foibles douleurs !
Et moi (ce souvenir me fait frémir encore)
On vouloit m'arracher de tout ce que j'adore,
Moi, dont vous connoissez le trouble et le tourment
Quand vous ne me quittez que pour quelque moment,
Moi, qui mourrois le jour qu'on voudroit m'interdire
De vous...

TITUS.

Madame, hélas ! que me venez-vous dire ?

Quel temps choisissez-vous ? Ah ! de grace, arrêtez :
C'est trop pour un ingrat prodiguer vos bontés.

BÉRÉNICE.

Pour un ingrat, seigneur ! Et le pouvez-vous être ?
Ainsi donc mes bontés vous fatiguent peut-être ?

TITUS.

Non, madame : jamais, puisqu'il faut vous parler,
Mon cœur de plus de feux ne se sentit brûler.
Mais...

BÉRÉNICE.

Achevez.

TITUS.

Hélas !

BÉRÉNICE.

Parlez.

TITUS.

Rome... L'empire...

BÉRÉNICE.

Hé bien ?

TITUS.

Sortons, Paulin, je ne lui puis rien dire.

SCENE V.
BÉRÉNICE, PHÉNICE.

BÉRÉNICE.

Quoi! me quitter sitôt! et ne me dire rien!
Chere Phénice, hélas! quel funeste entretien!
Qu'ai-je fait? Que veut-il? Et que dit ce silence?

PHÉNICE.

Comme vous je me perds d'autant plus que j'y pense.
Mais ne s'offre-t-il rien à votre souvenir
Qui contre vous, madame, ait pu le prévenir?
Voyez, examinez.

BÉRÉNICE.

Hélas! tu peux m'en croire;
Plus je veux du passé rappeller la mémoire,
Du jour que je le vis, jusqu'à ce triste jour,
Plus je vois qu'on me peut reprocher trop d'amour.
Mais tu nous entendois. Il ne faut rien me taire;
Parle. N'ai-je rien dit qui lui puisse déplaire?
Que sais-je? j'ai peut-être avec trop de chaleur
Rabaissé ses présents, ou blâmé sa douleur.
N'est-ce point que de Rome il redoute la haine?
Il craint peut-être, il craint d'épouser une reine.
Hélas! s'il étoit vrai... Mais non, il a cent fois
Rassuré mon amour contre leurs dures loix.

TOME II.   6

Cent fois... Ah! qu'il m'explique un silence si rude:
Je ne respire pas dans cette incertitude.
Moi, je vivrois, Phénice, et je pourrois penser
Qu'il me néglige, ou bien que j'ai pu l'offenser?
Retournons sur ses pas. Mais, quand je m'examine,
Je crois de ce désordre entrevoir l'origine,
Phénice; il aura su tout ce qui s'est passé:
L'amour d'Antiochus l'a peut-être offensé.
Il attend, m'a-t-on dit, le roi de Comagene.
Ne cherchons point ailleurs le sujet de ma peine.
Sans doute, ce chagrin qui vient de m'alarmer
N'est qu'un léger soupçon facile à désarmer.
Je ne te vante point cette foible victoire,
Titus: ah! plût au ciel que, sans blesser ta gloire,
Un rival plus puissant voulût tenter ma foi,
Et pût mettre à mes pieds plus d'empires que toi;
Que de sceptres sans nombre il pût payer ma flamme;
Que ton amour n'eût rien à donner que ton ame!
C'est alors, cher Titus, qu'aimé, victorieux,
Tu verrois de quel prix ton cœur est à mes yeux.
Allons, Phénice, un mot pourra le satisfaire.
Rassurons-nous, mon cœur, je puis encor lui plaire;
Je me comptois trop tôt au rang des malheureux:
Si Titus est jaloux, Titus est amoureux.

FIN DU SECOND ACTE.

ACTE TROISIEME.

SCENE I.

TITUS, ANTIOCHUS, ARSACE.

TITUS.

Quoi! prince, vous partiez! quelle raison subite
Presse votre départ, ou plutôt votre fuite?
Vouliez-vous me cacher jusques à vos adieux?
Est-ce comme ennemi que vous quittez ces lieux?
Que diront, avec moi, la cour, Rome, l'empire?
Mais, comme votre ami, que ne puis-je point dire?
De quoi m'accusez-vous? Vous avois-je sans choix
Confondu jusqu'ici dans la foule des rois?
Mon cœur vous fut ouvert tant qu'a vécu mon pere;
C'étoit le seul présent que je pouvois vous faire:
Et lorsqu'avec mon cœur ma main peut s'épancher,
Vous fuyez mes bienfaits tout prêts à vous chercher!
Pensez-vous qu'oubliant ma fortune passée
Sur ma seule grandeur j'arrête ma pensée,
Et que tous mes amis s'y présentent de loin
Comme autant d'inconnus dont je n'ai plus besoin?
Vous-même à mes regards qui vouliez vous soustraire,
Prince, plus que jamais vous m'êtes nécessaire.

ANTIOCHUS.

Moi, seigneur?

TITUS.

Vous.

ANTIOCHUS.

Hélas! d'un prince malheureux
Que pouvez-vous, seigneur, attendre que des vœux?

TITUS.

Je n'ai pas oublié, prince, que ma victoire
Devoit à vos exploits la moitié de sa gloire;
Que Rome vit passer au nombre des vaincus
Plus d'un captif chargé des fers d'Antiochus;
Que dans le capitole elle voit attachées
Les dépouilles des Juifs par vos mains arrachées.
Je n'attends pas de vous de ces sanglants exploits;
Et je veux seulement emprunter votre voix.
Je sais que Bérénice, à vos soins redevable,
Croit posséder en vous un ami véritable:
Elle ne voit dans Rome et n'écoute que vous:
Vous ne faites qu'un cœur et qu'une ame avec nous.
Au nom d'une amitié si constante et si belle,
Employez le pouvoir que vous avez sur elle:
Voyez-la de ma part.

ANTIOCHUS.

Moi, paroître à ses yeux?
La reine pour jamais a reçu mes adieux.

TITUS.

Prince, il faut que pour moi vous lui parliez encore.

ANTIOCHUS.

Ah! parlez-lui, seigneur. La reine vous adore :
Pourquoi vous dérober vous-même en ce moment
Le plaisir de lui faire un aveu si charmant?
Elle l'attend, seigneur, avec impatience.
Je réponds, en partant, de son obéissance;
Et même elle m'a dit que, prêt à l'épouser,
Vous ne la verrez plus que pour l'y disposer.

TITUS.

Ah! qu'un aveu si doux auroit lieu de me plaire !
Que je serois heureux, si j'avois à le faire !
Mes transports aujourd'hui s'attendoient d'éclater;
Cependant aujourd'hui, prince, il faut la quitter.

ANTIOCHUS.

La quitter! Vous, seigneur?

TITUS.

                    Telle est ma destinée:
Pour elle et pour Titus il n'est plus d'hyménée.
D'un espoir si charmant je me flattois en vain:
Prince, il faut avec vous qu'elle parte demain.

ANTIOCHUS.

Qu'entends-je? Ô ciel !

TITUS.

                    Plaignez ma grandeur importune:

Maître de l'univers, je regle sa fortune;
Je puis faire les rois, je puis les déposer;
Cependant de mon cœur je ne puis disposer.
Rome, contre les rois de tout temps soulevée,
Dédaigne une beauté dans la pourpre élevée:
L'éclat du diadême, et cent rois pour aïeux,
Déshonorent ma flamme et blessent tous les yeux.
Mon cœur, libre d'ailleurs, sans craindre les murmures,
Peut brûler à son choix dans des flammes obscures;
Et Rome avec plaisir recevroit de ma main
La moins digne beauté qu'elle cache en son sein.
Jules céda lui-même au torrent qui m'entraîne.
Si le peuple demain ne voit partir la reine,
Demain elle entendra ce peuple furieux
Me venir demander son départ à ses yeux.
Sauvons de cet affront mon nom et sa mémoire;
Et puisqu'il faut céder, cédons à notre gloire.
Ma bouche et mes regards, muets depuis huit jours,
L'auront pu préparer à ce triste discours:
Et même en ce moment, inquiete, empressée,
Elle veut qu'à ses yeux j'explique ma pensée.
D'un amant interdit soulagez le tourment;
Épargnez à mon cœur cet éclaircissement.
Allez, expliquez-lui mon trouble et mon silence;
Sur-tout, qu'elle me laisse éviter sa présence:
Soyez le seul témoin de ses pleurs et des miens;

Portez-lui mes adieux, et recevez les siens.
Fuyons tous deux, fuyons un spectacle funeste
Qui de notre constance accableroit le reste.
Si l'espoir de régner et de vivre en mon cœur
Peut de son infortune adoucir la rigueur,
Ah prince! jurez-lui que, toujours trop fidele,
Gémissant dans ma cour, et plus exilé qu'elle,
Portant jusqu'au tombeau le nom de son amant,
Mon regne ne sera qu'un long bannissement,
Si le ciel, non content de me l'avoir ravie,
Veut encor m'affliger par une longue vie.
Vous, que l'amitié seule attache sur ses pas,
Prince, dans son malheur ne l'abandonnez pas:
Que l'Orient vous voie arriver à sa suite;
Que ce soit un triomphe et non pas une fuite.
Qu'une amitié si belle ait d'éternels liens;
Que mon nom soit toujours dans tous vos entretiens.
Pour rendre vos états plus voisins l'un de l'autre,
L'Euphrate bornera son empire et le vôtre.
Je sais que le sénat, tout plein de votre nom,
D'une commune voix confirmera ce don.
Je joins la Cilicie à votre Comagene.
Adieu. Ne quittez point ma princesse, ma reine,
Tout ce qui de mon cœur fut l'unique desir,
Tout ce que j'aimerai jusqu'au dernier soupir.

SCENE II.

ANTIOCHUS, ARSACE.

ARSACE.

Ainsi le ciel s'apprête à vous rendre justice.
Vous partirez, seigneur, mais avec Bérénice:
Loin de vous la ravir, on va vous la livrer.

ANTIOCHUS.

Arsace, laisse-moi le temps de respirer.
Ce changement est grand, ma surprise est extrême:
Titus entre mes mains remet tout ce qu'il aime!
Dois-je croire, grands dieux! ce que je viens d'ouir?
Et, quand je le croirois, dois-je m'en réjouir?

ARSACE.

Mais, moi-même, seigneur, que faut-il que je croie?
Quel obstacle nouveau s'oppose à votre joie?
Me trompiez-vous tantôt au sortir de ces lieux,
Lorsqu'encor tout ému de vos derniers adieux,
Tremblant d'avoir osé s'expliquer devant elle,
Votre cœur me contoit son audace nouvelle?
Vous fuyiez un hymen qui vous faisoit trembler,
Cet hymen est rompu : quel soin peut vous troubler?

Suivez les doux transports où l'amour vous invite.

ANTIOCHUS.

Arsace, je me vois chargé de sa conduite:
Je jouirai long-temps de ses chers entretiens;
Ses yeux même pourront s'accoutumer aux miens,
Et peut-être son cœur fera la différence
Des froideurs de Titus à ma persévérance.
Titus m'accable ici du poids de sa grandeur;
Tout disparoît dans Rome auprès de sa splendeur:
Mais quoique l'Orient soit plein de sa mémoire,
Bérénice y verra des traces de ma gloire.

ARSACE.

N'en doutez point, seigneur, tout succede à vos vœux.

ANTIOCHUS.

Ah! que nous nous plaisons à nous tromper tous deux!

ARSACE.

Et pourquoi nous tromper?

ANTIOCHUS.

Quoi! je lui pourrois plaire?
Bérénice à mes vœux ne seroit plus contraire?
Bérénice d'un mot flatteroit mes douleurs?
Penses-tu seulement que parmi ses malheurs,
Quand l'univers entier négligeroit ses charmes,
L'ingrate me permît de lui donner des larmes,
Ou qu'elle s'abaissât jusques à recevoir
Des soins qu'à mon amour elle croiroit devoir?

TOME II. 7

ARSACE.

Et qui peut mieux que vous consoler sa disgrace ?
Sa fortune, seigneur, va prendre une autre face :
Titus la quitte.

ANTIOCHUS.

            Hélas ! de ce grand changement,
Il ne me reviendra que le nouveau tourment
D'apprendre par ses pleurs à quel point elle l'aime :
Je la verrai gémir ; je la plaindrai moi-même.
Pour fruit de tant d'amour, j'aurai le triste emploi
De recueillir des pleurs qui ne sont pas pour moi.

ARSACE.

Quoi ! ne vous plairez-vous qu'à vous gêner sans cesse ?
Jamais dans un grand cœur vit-on plus de foiblesse ?
Ouvrez les yeux, seigneur, et songeons entre nous
Par combien de raisons Bérénice est à vous.
Puisqu'aujourd'hui Titus ne prétend plus lui plaire,
Songez que votre hymen lui devient nécessaire.

ANTIOCHUS.

Nécessaire ?

ARSACE.

            A ses pleurs accordez quelques jours ;
De ses premiers sanglots laissez passer le cours :
Tout parlera pour vous, le dépit, la vengeance,
L'absence de Titus, le temps, votre présence,
Trois sceptres que son bras ne peut seul soutenir,

Vos deux états voisins qui cherchent à s'unir ;
L'intérêt, la raison, l'amitié, tout vous lie.

ANTIOCHUS.

Ah! je respire, Arsace ; et tu me rends la vie :
J'accepte avec plaisir un présage si doux.
Que tardons-nous? faisons ce qu'on attend de nous.
Entrons chez Bérénice ; et, puisqu'on nous l'ordonne,
Allons lui déclarer que Titus l'abandonne.
Mais plutôt demeurons. Que faisois-je? Est-ce à moi,
Arsace, à me charger de ce cruel emploi?
Soit vertu, soit amour, mon cœur s'en effarouche.
L'aimable Bérénice entendroit de ma bouche
Qu'on l'abandonne! Ah reine! et qui l'auroit pensé
Que ce mot dût jamais vous être prononcé!

ARSACE.

La haine sur Titus tombera toute entiere.
Seigneur, si vous parlez, ce n'est qu'à sa priere.

ANTIOCHUS.

Non, ne la voyons point ; respectons sa douleur :
Assez d'autres viendront lui conter son malheur.
Et ne la crois-tu pas assez infortunée
D'apprendre à quel mépris Titus l'a condamnée,
Sans lui donner encor le déplaisir fatal
D'apprendre ce mépris par son propre rival?
Encore un coup, fuyons ; et par cette nouvelle
N'allons point nous charger d'une haine immortelle.

ARSACE.

Ah ! la voici, seigneur ; prenez votre parti.

ANTIOCHUS.

Ô ciel !

SCENE III.

BÉRÉNICE, ANTIOCHUS, ARSACE. PHÉNICE.

BÉRÉNICE.

Hé quoi, seigneur ! vous n'êtes point parti !

ANTIOCHUS.

Madame, je vois bien que vous êtes déçue,
Et que c'étoit César que cherchoit votre vue.
Mais n'accusez que lui si, malgré mes adieux,
De ma présence encor j'importune vos yeux.
Peut-être en ce moment je serois dans Ostie,
S'il ne m'eût de sa cour défendu la sortie.

BÉRÉNICE.

Il vous cherche vous seul. Il nous évite tous.

ANTIOCHUS.

Il ne m'a retenu que pour parler de vous.

BÉRÉNICE.

De moi, prince ?

ANTIOCHUS.

Oui, madame.

BÉRÉNICE.

Et qu'a-t-il pu vous dire?

ANTIOCHUS.

Mille autres mieux que moi pourront vous en instruire.

BÉRÉNICE.

Quoi, seigneur!...

ANTIOCHUS.

Suspendez votre ressentiment.
D'autres, loin de se taire en ce même moment,
Triompheroient peut-être, et, pleins de confiance,
Céderoient avec joie à votre impatience :
Mais moi, toujours tremblant, moi, vous le savez bien,
A qui votre repos est plus cher que le mien,
Pour ne le point troubler j'aime mieux vous déplaire,
Et crains votre douleur plus que votre colere.
Avant la fin du jour vous me justifierez.
Adieu, madame.

BÉRÉNICE.

Ô ciel! quel discours! Demeurez.
Prince, c'est trop cacher mon trouble à votre vue :
Vous voyez devant vous une reine éperdue,
Qui, la mort dans le sein, vous demande deux mots :
Vous craignez, dites-vous, de troubler mon repos;
Et vos refus cruels, loin d'épargner ma peine,

Excitent ma douleur, ma colere, ma haine.
Seigneur, si mon repos vous est si précieux,
Si moi-même jamais je fus chere à vos yeux,
Éclaircissez le trouble où vous voyez mon ame.
Que vous a dit Titus?

ANTIOCHUS.

Au nom des dieux, madame...

BÉRÉNICE.

Quoi! vous craignez si peu de me désobéir?

ANTIOCHUS.

Je n'ai qu'à vous parler pour me faire haïr.

BÉRÉNICE.

Je veux que vous parliez.

ANTIOCHUS.

Dieux! quelle violence!
Madame, encore un coup, vous louerez mon silence.

BÉRÉNICE.

Prince, dès ce moment contentez mes souhaits,
Ou soyez de ma haine assuré pour jamais.

ANTIOCHUS.

Madame, après cela je ne puis plus me taire.
Hé bien, vous le voulez, il faut vous satisfaire.
Mais ne vous flattez point: je vais vous annoncer
Peut-être des malheurs où vous n'osez penser.
Je connois votre cœur: vous devez vous attendre
Que je le vais frapper par l'endroit le plus tendre

Titus m'a commandé...

BÉRÉNICE.

Quoi?

ANTIOCHUS.

De vous déclarer
Qu'à jamais l'un de l'autre il faut vous séparer.

BÉRÉNICE.

Nous séparer! Qui? moi? Titus de Bérénice?

ANTIOCHUS.

Il faut que devant vous je lui rende justice :
Tout ce que, dans un cœur sensible et généreux,
L'amour au désespoir peut rassembler d'affreux,
Je l'ai vu dans le sien. Il pleure, il vous adore.
Mais enfin que lui sert de vous aimer encore?
Une reine est suspecte à l'empire romain.
Il faut vous séparer, et vous partez demain.

BÉRÉNICE.

Nous séparer! Hélas! Phénice!

PHÉNICE.

Hé bien, madame,
Il faut ici montrer la grandeur de votre ame.
Ce coup sans doute est rude, il doit vous étonner.

BÉRÉNICE.

Après tant de serments Titus m'abandonner!
Titus qui me juroit... Non, je ne le puis croire;
Il ne me quitte point, il y va de sa gloire.

Contre son innocence on veut me prévenir.
Ce piege n'est tendu que pour nous désunir.
Titus m'aime, Titus ne veut point que je meure.
Allons le voir : je veux lui parler tout-à-l'heure.
Allons.

ANTIOCHUS.

Quoi! vous pourriez ici me regarder...

BÉRÉNICE.

Vous le souhaitez trop pour me persuader.
Non, je ne vous crois point. Mais, quoi qu'il en puisse être,
Pour jamais à mes yeux gardez-vous de paroître.

(à Phénice.)

Ne m'abandonne pas dans l'état où je suis.
Hélas! pour me tromper je fais ce que je puis.

SCENE IV.

ANTIOCHUS, ARSACE.

ANTIOCHUS.

Ne me trompé-je point? L'ai-je bien entendue?
Que je me garde, moi, de paroître à sa vue!
Je m'en garderai bien. Et ne partois-je pas,
Si Titus malgré moi n'eût arrêté mes pas?
Sans doute il faut partir. Continuons, Arsace.
Elle croit m'affliger; sa haine me fait grace.

Tu me voyois tantôt inquiet, égaré;
Je partois amoureux, jaloux, désespéré;
Et maintenant, Arsace, après cette défense,
Je partirai peut-être avec indifférence.

ARSACE.

Moins que jamais, seigneur, il faut vous éloigner.

ANTIOCHUS.

Moi, je demeurerai pour me voir dédaigner?
Des froideurs de Titus je serai responsable?
Je me verrai puni parcequ'il est coupable?
Avec quelle injustice et quelle indignité
Elle doute, à mes yeux, de ma sincérité!
Titus l'aime, dit-elle, et moi je l'ai trahie.
L'ingrate! m'accuser de cette perfidie!
Et dans quel temps encor? dans le moment fatal
Que j'étale à ses yeux les pleurs de mon rival;
Que pour la consoler je le faisois paroître
Amoureux et constant, plus qu'il ne l'est peut-être.

ARSACE.

Et de quel soin, seigneur, vous allez-vous troubler?
Laissez à ce torrent le temps de s'écouler:
Dans huit jours, dans un mois, n'importe, il faut qu'il passe.
Demeurez seulement.

ANTIOCHUS.

              Non, je la quitte, Arsace.
Je sens qu'à sa douleur je pourrois compatir:

TOME II.   8

Ma gloire, mon repos, tout m'excite à partir.
Allons; et de si loin évitons la cruelle,
Que de long-temps, Arsace, on ne nous parle d'elle.
Toutefois il nous reste encore assez de jour:
Je vais dans mon palais attendre ton retour;
Va voir si la douleur ne l'a point trop saisie.
Cours; et partons du moins assurés de sa vie.

FIN DU TROISIEME ACTE.

ACTE QUATRIEME.

SCENE PREMIERE.

BÉRÉNICE.

PHÉNICE ne vient point! Moments trop rigoureux,
Que vous paroissez lents à mes rapides vœux!
Je m'agite, je cours, languissante, abattue,
La force m'abandonne; et le repos me tue.
Phénice ne vient point! Ah! que cette longueur
D'un présage funeste épouvante mon cœur!
Phénice n'aura point de réponse à me rendre:
Titus, l'ingrat Titus n'a point voulu l'entendre;
Il fuit, il se dérobe à ma juste fureur.

SCENE II.

BÉRÉNICE, PHÉNICE.

BÉRÉNICE.

Chere Phénice, hé bien, as-tu vu l'empereur?
Qu'a-t-il dit? Viendra-t-il?

PHÉNICE.

Oui, je l'ai vu, madame,

Et j'ai peint à ses yeux le trouble de votre ame.
J'ai vu couler des pleurs qu'il vouloit retenir.

BÉRÉNICE.

Vient-il?

PHÉNICE.

N'en doutez point, madame, il va venir.
Mais voulez-vous paroître en ce désordre extrême?
Remettez-vous, madame, et rentrez en vous-même.
Laissez-moi relever ces voiles détachés,
Et ces cheveux épars dont vos yeux sont cachés.
Souffrez que de vos pleurs je répare l'outrage.

BÉRÉNICE.

Laisse, laisse, Phénice; il verra son ouvrage.
Et que m'importe, hélas! de ces vains ornements,
Si ma foi, si mes pleurs, si mes gémissements,
Mais que dis-je, mes pleurs? si ma perte certaine,
Si ma mort toute prête enfin ne le ramene?
Dis-moi, que produiront tes secours superflus,
Et tout ce foible éclat qui ne le touche plus?

PHÉNICE.

Pourquoi lui faites-vous cet injuste reproche?
J'entends du bruit, madame, et l'empereur s'approche.
Venez, fuyez la foule, et rentrons promptement.
Vous l'entretiendrez seul dans votre appartement.

SCENE III.

TITUS, PAULIN, suite.

TITUS.

De la reine, Paulin, flattez l'inquiétude:
Je vais la voir. Je veux un peu de solitude:
Que l'on me laisse.

PAULIN, à part.

Ô ciel! que je crains ce combat!
Grands dieux, sauvez sa gloire et l'honneur de l'état!
Voyons la reine.

SCENE IV.

TITUS.

Hé bien, Titus, que viens-tu faire?
Bérénice t'attend. Où viens-tu, téméraire?
Tes adieux sont-ils prêts? T'es-tu bien consulté?
Ton cœur te promet-il assez de cruauté?
Car enfin au combat qui pour toi se prépare
C'est peu d'être constant, il faut être barbare.
Soutiendrai-je ces yeux dont la douce langueur
Sait si bien découvrir les chemins de mon cœur?

Quand je verrai ces yeux armés de tous leurs charmes,
Attachés sur les miens, m'accabler de leurs larmes,
Me souviendrai-je alors de mon triste devoir?
Pourrai-je dire enfin : Je ne veux plus vous voir?
Je viens percer un cœur que j'adore, qui m'aime.
Et pourquoi le percer? Qui l'ordonne? Moi-même :
Car enfin Rome a-t-elle expliqué ses souhaits?
L'entendons-nous crier autour de ce palais?
Vois-je l'état penchant au bord du précipice?
Ne le puis-je sauver que par ce sacrifice?
Tout se tait; et moi seul, trop prompt à me troubler,
J'avance des malheurs que je puis reculer.
Et qui sait si, sensible aux vertus de la reine,
Rome ne voudra point l'avouer pour Romaine?
Rome peut par son choix justifier le mien.
Non, non, encore un coup, ne précipitons rien.
Que Rome avec ses loix mette dans la balance
Tant de pleurs, tant d'amour, tant de persévérance;
Rome sera pour nous.   Titus, ouvre les yeux :
Quel air respires-tu? N'es-tu pas dans ces lieux
Où la haine des rois, avec le lait sucée,
Par crainte ou par amour ne peut être effacée?
Rome jugea ta reine en condamnant ses rois.
N'as-tu pas en naissant entendu cette voix?
Et n'as-tu pas encore oui la renommée
T'annoncer ton devoir jusques dans ton armée?

Et lorsque Bérénice arriva sur tes pas,
Ce que Rome en jugeoit ne l'entendis-tu pas?
Faut-il donc tant de fois te le faire redire?
Ah lâche! fais l'amour, et renonce à l'empire;
Au bout de l'univers va, cours te confiner,
Et fais place à des cœurs plus dignes de régner.
Sont-ce là ces projets de grandeur et de gloire
Qui devoient dans les cœurs consacrer ma mémoire?
Depuis huit jours je regne, et, jusques à ce jour,
Qu'ai-je fait pour l'honneur? J'ai tout fait pour l'amour.
D'un temps si précieux quel compte puis-je rendre?
Où sont ces heureux jours que je faisois attendre?
Quels pleurs ai-je séchés? dans quels yeux satisfaits
Ai-je déja goûté le fruit de mes bienfaits?
L'univers a-t-il vu changer ses destinées?
Sais-je combien le ciel m'a compté de journées?
Et de ce peu de jours, si long-temps attendus,
Ah malheureux! combien j'en ai déja perdus!
Ne tardons plus : faisons ce que l'honneur exige;
Rompons le seul lien....

SCENE V.

BÉRÉNICE, TITUS.

BÉRÉNICE, en sortant de son appartement.

Non, laissez-moi, vous dis-je.
En vain tous vos conseils me retiennent ici ;
Il faut que je le voie. Ah seigneur ! vous voici !
Hé bien, il est donc vrai que Titus m'abandonne !
Il faut nous séparer ! et c'est lui qui l'ordonne !

TITUS.

N'accablez point, madame, un prince malheureux.
Il ne faut point ici nous attendrir tous deux.
Un trouble assez cruel m'agite et me dévore,
Sans que des pleurs si chers me déchirent encore.
Rappellez bien plutôt ce cœur qui tant de fois
M'a fait de mon devoir reconnoître la voix :
Il en est temps. Forcez votre amour à se taire ;
Et d'un œil que la gloire et la raison éclaire
Contemplez mon devoir dans toute sa rigueur.
Vous-même, contre vous, fortifiez mon cœur ;
Aidez-moi, s'il se peut, à vaincre ma foiblesse,
A retenir des pleurs qui m'échappent sans cesse :

Ou, si nous ne pouvons commander à nos pleurs,
Que la gloire du moins soutienne nos douleurs; ·
Et que tout l'univers reconnoisse sans peine
Les pleurs d'un empereur et les pleurs d'une reine.
Car enfin, ma princesse, il faut nous séparer.

BÉRÉNICE.

Ah cruel! est-il temps de me le déclarer?
Qu'avez-vous fait? hélas! Je me suis crue aimée;
Au plaisir de vous voir mon ame accoutumée
Ne vit plus que pour vous : ignoriez-vous vos loix
Quand je vous l'avouai pour la premiere fois?
A quel excès d'amour m'avez-vous amenée!   ·
Que ne me disiez-vous : Princesse infortunée,
Où vas-tu t'engager, et quel est ton espoir?
Ne donne point un cœur qu'on ne peut recevoir.
Ne l'avez-vous reçu, cruel, que pour le rendre
Quand de vos seules mains ce cœur voudroit dépendre?
Tout l'empire a vingt fois conspiré contre nous.
Il étoit temps encor : que ne me quittiez-vous?
Mille raisons alors consoloient ma misere:
Je pouvois de ma mort accuser votre pere,
Le peuple, le sénat, tout l'empire romain,
Tout l'univers, plutôt qu'une si chere main.
Leur haine, dès long-temps contre moi déclarée,
M'avoit à mon malheur dès long-temps préparée.
Je n'aurois pas, seigneur, reçu ce coup cruel

TOME II.   9

Dans le temps que j'espere un bonheur immortel,
Quand votre heureux amour peut tout ce qu'il desire,
Lorsque Rome se tait, quand votre pere expire,
Lorsque tout l'univers fléchit à vos genoux,
Enfin, quand je n'ai plus à redouter que vous.

TITUS.

Et c'est moi seul aussi qui pouvois me détruire.
Je pouvois vivre alors et me laisser séduire:
Mon cœur se gardoit bien d'aller dans l'avenir
Chercher ce qui pouvoit un jour nous désunir.
Je voulois qu'à mes vœux rien ne fût invincible;
Je n'examinois rien, j'espérois l'impossible.
Que sais-je? j'espérois de mourir à vos yeux,
Avant que d'en venir à ces cruels adieux.
Les obstacles sembloient renouveller ma flamme.
Tout l'empire parloit: mais la gloire, madame,
Ne s'étoit point encor fait entendre à mon cœur
Du ton dont elle parle au cœur d'un empereur.
Je sais tous les tourments où ce dessein me livre:
Je sens bien que sans vous je ne saurois plus vivre,
Que mon cœur de moi-même est prêt à s'éloigner;
Mais il ne s'agit plus de vivre, il faut régner.

BÉRÉNICE.

Hé bien, régnez, cruel, contentez votre gloire:
Je ne dispute plus. J'attendois, pour vous croire,
Que cette même bouche, après mille serments

D'un amour qui devoit unir tous nos moments,
Cette bouche, à mes yeux s'avouant infidele,
M'ordonnât elle-même une absence éternelle.
Moi-même j'ai voulu vous entendre en ce lieu.
Je n'écoute plus rien : et, pour jamais, adieu.
Pour jamais! Ah seigneur! songez-vous en vous-même
Combien ce mot cruel est affreux quand on aime?
Dans un mois, dans un an, comment souffrirons-nous,
Seigneur, que tant de mers me séparent de vous;
Que le jour recommence et que le jour finisse
Sans que jamais Titus puisse voir Bérénice,
Sans que de tout le jour je puisse voir Titus?
Mais quelle est mon erreur, et que de soins perdus!
L'ingrat, de mon départ consolé par avance,
Daignera-t-il compter les jours de mon absence?
Ces jours si longs pour moi lui sembleront trop courts.

TITUS.

Je n'aurai pas, madame, à compter tant de jours:
J'espere que bientôt la triste renommée
Vous fera confesser que vous étiez aimée.
Vous verrez que Titus n'a pu, sans expirer...

BÉRÉNICE.

Ah seigneur! s'il est vrai, pourquoi nous séparer?
Je ne vous parle point d'un heureux hyménée:
Rome à ne vous plus voir m'a-t-elle condamnée?
Pourquoi m'enviez-vous l'air que vous respirez?

TITUS.

Hélas! vous pouvez tout, madame. Demeurez:
Je n'y résiste point. Mais je sens ma foiblesse:
Il faudra vous combattre et vous craindre sans cesse,
Et sans cesse veiller à retenir mes pas,
Que vers vous à toute heure entraînent vos appas.
Que dis-je? En ce moment, mon cœur, hors de lui-même,
S'oublie, et se souvient seulement qu'il vous aime.

BÉRÉNICE.

Hé bien, seigneur, hé bien, qu'en peut-il arriver?
Voyez-vous les Romains prêts à se soulever?

TITUS.

Et qui sait de quel œil ils prendront cette injure?
S'ils parlent, si les cris succedent au murmure,
Faudra-t-il par le sang justifier mon choix?
S'ils se taisent, madame, et me vendent leurs loix,
A quoi m'exposez-vous? Par quelle complaisance
Faudra-t-il quelque jour payer leur patience?
Que n'oseront-ils point alors me demander?
Maintiendrai-je des loix que je ne puis garder?

BÉRÉNICE.

Vous ne comptez pour rien les pleurs de Bérénice!

TITUS.

Je les compte pour rien! Ah ciel! quelle injustice!

BÉRÉNICE.

Quoi! pour d'injustes loix, que vous pouvez changer,

En d'éternels chagrins vous-même vous plonger!
Rome a ses droits, seigneur : n'avez-vous pas les vôtres?
Ses intérêts sont-ils plus sacrés que les nôtres?
Dites, parlez.

TITUS.

Hélas! que vous me déchirez!

BÉRÉNICE.

Vous êtes empereur, seigneur, et vous pleurez!

TITUS.

Oui, madame, il est vrai, je pleure, je soupire,
Je frémis. Mais enfin, quand j'acceptai l'empire,
Rome me fit jurer de maintenir ses droits.
Il les faut maintenir. Déja plus d'une fois
Rome a de mes pareils exercé la constance.
Ah! si vous remontiez jusques à sa naissance,
Vous les verriez toujours à ses ordres soumis :
L'un, jaloux de sa foi, va chez les ennemis
Chercher, avec la mort, la peine toute prête;
D'un fils victorieux l'autre proscrit la tête;
L'autre, avec des yeux secs et presque indifférents,
Voit mourir ses deux fils par son ordre expirants.
Malheureux! Mais toujours la patrie et la gloire
Ont parmi les Romains remporté la victoire.
Je sais qu'en vous quittant le malheureux Titus
Passe l'austérité de toutes leurs vertus;
Qu'elle n'approche point de cet effort insigne :

Mais, madame, après tout, me croyez-vous indigne
De laisser un exemple à la postérité,
Qui sans de grands efforts ne puisse être imité?

BÉRÉNICE.

Non, je crois tout facile à votre barbarie :
Je vous crois digne, ingrat! de m'arracher la vie.
De tous vos sentiments mon cœur est éclairci.
Je ne vous parle plus de me laisser ici :
Qui? moi, j'aurois voulu, honteuse et méprisée,
D'un peuple qui me hait soutenir la risée?
J'ai voulu vous pousser jusques à ce refus.
C'en est fait, et bientôt vous ne me craindrez plus.
N'attendez pas ici que j'éclate en injures,
Que j'atteste le ciel, ennemi des parjures ;
Non : si le ciel encore est touché de mes pleurs,
Je le prie, en mourant, d'oublier mes douleurs.
Si je forme des vœux contre votre injustice,
Si, devant que mourir, la triste Bérénice
Vous veut de son trépas laisser quelque vengeur,
Je ne le cherche, ingrat, qu'au fond de votre cœur.
Je sais que tant d'amour n'en peut être effacée;
Que ma douleur présente, et ma bonté passée,
Mon sang qu'en ce palais je veux même verser,
Sont autant d'ennemis que je vais vous laisser :
Et, sans me repentir de ma persévérance,
Je me remets sur eux de toute ma vengeance.
Adieu.

SCENE VI.

TITUS, PAULIN.

PAULIN.

Dans quel dessein vient-elle de sortir,
Seigneur? Est-elle enfin disposée à partir?

TITUS.

Paulin, je suis perdu, je n'y pourrai survivre:
La reine veut mourir. Allons, il faut la suivre.
Courons à son secours.

PAULIN.

Hé quoi! n'avez-vous pas
Ordonné dès tantôt qu'on observe ses pas?
Ses femmes, à toute heure autour d'elle empressées,
Sauront la détourner de ces tristes pensées.
Non, non, ne craignez rien. Voilà les plus grands coups,
Seigneur; continuez, la victoire est à vous.
Je sais que sans pitié vous n'avez pu l'entendre;
Moi-même en la voyant je n'ai pu m'en défendre.
Mais regardez plus loin. Songez, en ce malheur,
Quelle gloire va suivre un moment de douleur,
Quels applaudissements l'univers vous prépare,
Quel rang dans l'avenir.

TITUS.

Non, je suis un barbare.
Moi-même je me hais. Néron, tant détesté,
N'a point à cet excès poussé sa cruauté.
Je ne souffrirai point que Bérénice expire.
Allons, Rome en dira ce qu'elle en voudra dire.

PAULIN.

Quoi, seigneur!

TITUS.

Je ne sais, Paulin, ce que je dis:
L'excès de la douleur accable mes esprits.

PAULIN.

Ne troublez point le cours de votre renommée:
Déja de vos adieux la nouvelle est semée;
Rome, qui gémissoit, triomphe avec raison;
Tous les temples ouverts fument en votre nom;
Et le peuple, élevant vos vertus jusqu'aux nues,
Va par-tout de lauriers couronner vos statues.

TITUS.

Ah Rome! Ah Bérénice! Ah prince malheureux!
Pourquoi suis-je empereur? Pourquoi suis-je amoureux?

SCENE VII.

TITUS, ANTIOCHUS, PAULIN,
ARSACE.

ANTIOCHUS.

Qu'avez-vous fait, seigneur? l'aimable Bérénice
Va peut-être expirer dans les bras de Phénice.
Elle n'entend ni pleurs, ni conseil, ni raison;
Elle implore à grands cris le fer et le poison.
Vous seul vous lui pouvez arracher cette envie:
On vous nomme, et ce nom la rappelle à la vie;
Ses yeux toujours tournés vers votre appartement
Semblent vous demander de moment en moment.
Je n'y puis résister, ce spectacle me tue.
Que tardez-vous? allez vous montrer à sa vue.
Sauvez tant de vertus, de graces, de beauté,
Ou renoncez, seigneur, à toute humanité.
Dites un mot.

TITUS.

Hélas! quel mot puis-je lui dire?
Moi-même, en ce moment, sais-je si je respire?

SCENE VIII.

TITUS, ANTIOCHUS, PAULIN, ARSACE, RUTILE.

RUTILE.

Seigneur, tous les tribuns, les consuls, le sénat,
Viennent vous demander au nom de tout l'état:
Un grand peuple les suit, qui, plein d'impatience,
Dans votre appartement attend votre présence.

TITUS.

Je vous entends, grands dieux! vous voulez rassurer
Ce cœur que vous voyez tout prêt à s'égarer.

PAULIN.

Venez, seigneur, passons dans la chambre prochaine;
Allons voir le sénat.

ANTIOCHUS.

Ah! courez chez la reine.

PAULIN.

Quoi! vous pourriez, seigneur, par cette indignité,
De l'empire à vos pieds fouler la majesté?
Rome....

TITUS.

Il suffit, Paulin, nous allons les entendre.

(à Antiochus.)

Prince, de ce devoir je ne puis me défendre.
Voyez la reine. Allez. J'espere, à mon retour,
Qu'elle ne pourra plus douter de mon amour.

FIN DU QUATRIEME ACTE.

ACTE CINQUIEME.

SCENE PREMIERE.

ARSACE.

Où pourrai-je trouver ce prince trop fidele?
Ciel, conduisez mes pas, et secondez mon zele:
Faites qu'en ce moment je lui puisse annoncer
Un bonheur où peut-être il n'ose plus penser!

SCENE II.

ANTIOCHUS, ARSACE.

ARSACE.
Ah! quel heureux destin en ces lieux vous renvoie,
Seigneur!
ANTIOCHUS.
　　　　Si mon retour t'apporte quelque joie,
Arsace, rends-en grace à mon seul désespoir.
ARSACE.
La reine part, seigneur.

ANTIOCHUS.

Elle part?

ARSACE.

Dès ce soir:

Ses ordres sont donnés. Elle s'est offensée
Que Titus à ses pleurs l'ait si long-temps laissée.
Un généreux dépit succede à sa fureur:
Bérénice renonce à Rome, à l'empereur,
Et même veut partir avant que Rome instruite
Puisse voir son désordre et jouir de sa fuite.
Elle écrit à César.

ANTIOCHUS.

Ô ciel! qui l'auroit cru?

Et Titus?

ARSACE.

A ses yeux Titus n'a point paru.
Le peuple avec transport l'arrête et l'environne,
Applaudissant aux noms que le sénat lui donne;
Et ces noms, ces respects, ces applaudissements
Deviennent pour Titus autant d'engagements,
Qui, le liant, seigneur, d'une honorable chaîne,
Malgré tous ses soupirs, et les pleurs de la reine,
Fixent dans son devoir ses vœux irrésolus.
C'en est fait; et peut-être il ne la verra plus.

ANTIOCHUS.

Que de sujets d'espoir, Arsace! je l'avoue:

Mais d'un soin si cruel la fortune me joue,
J'ai vu tous mes projets tant de fois démentis,
Que j'écoute en tremblant tout ce que tu me dis;
Et mon cœur, prévenu d'une crainte importune,
Croit, même en espérant, irriter la fortune.
Mais que vois-je? Titus porte vers nous ses pas!
Que veut-il?

SCENE III.

TITUS, ANTIOCHUS, ARSACE.

T I T U S, à sa suite.

Demeurez : qu'on ne me suive pas.

(à Antiochus.)

Enfin, prince, je viens dégager ma promesse.
Bérénice m'occupe et m'afflige sans cesse :
Je viens, le cœur percé de vos pleurs et des siens,
Calmer des déplaisirs moins cruels que les miens.
Venez, prince, venez : je veux bien que vous-même
Pour la derniere fois vous voyiez si je l'aime.

SCENE IV.
ANTIOCHUS, ARSACE.

ANTIOCHUS.

Hé bien, voilà l'espoir que tu m'avois rendu !
Et tu vois le triomphe où j'étois attendu !
Bérénice partoit justement irritée !
Pour ne la plus revoir Titus l'avoit quittée !
Qu'ai-je donc fait, grands dieux? quel cours infortuné
A ma funeste vie aviez-vous destiné?
Tous mes moments ne sont qu'un éternel passage
De la crainte à l'espoir, de l'espoir à la rage.
Et je respire encor! Bérénice! Titus!
Dieux cruels! de mes pleurs vous ne vous rirez plus.

SCENE V.
TITUS, BÉRÉNICE, PHÉNICE.

BÉRÉNICE.

Non, je n'écoute rien. Me voilà résolue:
Je veux partir. Pourquoi vous montrer à ma vue?
Pourquoi venir encore aigrir mon désespoir?
N'êtes-vous pas content? Je ne veux plus vous voir.

TITUS.

Mais, de grace, écoutez.

BÉRÉNICE.

Il n'est plus temps.

TITUS.

                       Madame,

Un mot.

BÉRÉNICE.

    Non.

TITUS.

Dans quel trouble elle jette mon ame!
Ma princesse, d'où vient ce changement soudain?

BÉRÉNICE.

C'en est fait. Vous voulez que je parte demain;
Et moi j'ai résolu de partir tout-à-l'heure:
Et je pars.

TITUS.

Demeurez.

BÉRÉNICE.

          Ingrat! que je demeure?
Et pourquoi? pour entendre un peuple injurieux
Qui fait de mon malheur retentir tous ces lieux?
Ne l'entendez-vous pas cette cruelle joie,
Tandis que dans les pleurs moi seule je me noie?
Quel crime, quelle offense a pu les animer?
Hélas! et qu'ai-je fait que de vous trop aimer?

TITUS.

Écoutez-vous, madame, une foule insensée?

BÉRÉNICE.

Je ne vois rien ici dont je ne sois blessée.
Tout cet appartement préparé par vos soins,
Ces lieux, de mon amour si long-temps les témoins,
Qui sembloient pour jamais me répondre du vôtre,
Ces festons, où nos noms enlacés l'un dans l'autre,
A mes tristes regards viennent par-tout s'offrir,
Sont autant d'imposteurs que je ne puis souffrir.
Allons, Phénice.

TITUS.

Ô ciel! Que vous êtes injuste!

BÉRÉNICE.

Retournez, retournez vers ce sénat auguste
Qui vient vous applaudir de votre cruauté.
Hé bien, avec plaisir l'avez-vous écouté?
Êtes-vous pleinement content de votre gloire?
Avez-vous bien promis d'oublier ma mémoire?
Mais ce n'est pas assez expier vos amours:
Avez-vous bien promis de me haïr toujours?

TITUS.

Non, je n'ai rien promis. Moi, que je vous haïsse?
Que je puisse jamais oublier Bérénice?
Ah dieux! dans quel moment son injuste rigueur
De ce cruel soupçon vient affliger mon cœur!

TOME II.   11

Connoissez-moi, madame, et depuis cinq années
Comptez tous les moments et toutes les journées
Où, par plus de transports et par plus de soupirs,
Je vous ai de mon cœur exprimé les desirs;
Ce jour surpasse tout. Jamais, je le confesse,
Vous ne fûtes aimée avec tant de tendresse;
Et jamais...

BÉRÉNICE.

Vous m'aimez, vous me le soutenez;
Et cependant je pars; et vous me l'ordonnez!
Quoi! dans mon désespoir trouvez-vous tant de charmes?
Craignez-vous que mes yeux versent trop peu de larmes?
Que me sert de ce cœur l'inutile retour?
Ah cruel! par pitié montrez-moi moins d'amour:
Ne me rappellez point une trop chere idée;
Et laissez-moi du moins partir persuadée
Que, déja de votre ame exilée en secret,
J'abandonne un ingrat qui me perd sans regret.

(Titus lit une lettre.)

Vous m'avez arraché ce que je viens d'écrire.
Voilà de votre amour tout ce que je desire:
Lisez, ingrat, lisez, et me laissez sortir.

TITUS.

Vous ne sortirez point, je n'y puis consentir.
Quoi! ce départ n'est donc qu'un cruel stratagême!
Vous cherchez à mourir! et de tout ce que j'aime

Il ne restera plus qu'un triste souvenir!
Qu'on cherche Antiochus; qu'on le fasse venir.

(Bérénice se laisse tomber sur un siege.)

SCENE VI.

TITUS, BÉRÉNICE.

TITUS.

Madame, il faut vous faire un aveu véritable.
Lorsque j'envisageai le moment redoutable
Où, pressé par les loix d'un austere devoir,
Il falloit pour jamais renoncer à vous voir;
Quand de ce triste adieu je prévis les approches,
Mes craintes, mes combats, vos larmes, vos reproches,
Je préparai mon ame à toutes les douleurs
Que peut faire sentir le plus grand des malheurs:
Mais, quoi que je craignisse, il faut que je le die,
Je n'en avois prévu que la moindre partie;
Je croyois ma vertu moins prête à succomber,
Et j'ai honte du trouble où je la vois tomber.
J'ai vu devant mes yeux Rome entiere assemblée;
Le sénat m'a parlé : mais mon ame accablée
Écoutoit sans entendre, et ne leur a laissé,
Pour prix de leurs transports, qu'un silence glacé.
Rome de votre sort est encore incertaine:

Moi-même à tous moments je me souviens à peine
Si je suis empereur, ou si je suis Romain.
Je suis venu vers vous sans savoir mon dessein :
Mon amour m'entraînoit, et je venois peut-être
Pour me chercher moi-même, et pour me reconnoître.
Qu'ai-je trouvé? Je vois la mort peinte en vos yeux;
Je vois pour la chercher que vous quittez ces lieux.
C'en est trop. Ma douleur, à cette triste vue,
A son dernier excès est enfin parvenue :
Je ressens tous les maux que je puis ressentir.
Mais je vois le chemin par où j'en puis sortir.
Ne vous attendez point que, las de tant d'alarmes,
Par un heureux hymen je tarisse vos larmes :
En quelque extrémité que vous m'ayez réduit,
Ma gloire inexorable à toute heure me suit;
Sans cesse elle présente à mon ame étonnée
L'empire incompatible avec votre hyménée,
Me dit qu'après l'éclat et les pas que j'ai faits
Je dois vous épouser encor moins que jamais.
　　Oui, madame; et je dois moins encore vous dire
Que je suis prêt pour vous d'abandonner l'empire,
De vous suivre, et d'aller, trop content de mes fers,
Soupirer avec vous au bout de l'univers.
Vous-même rougiriez de ma lâche conduite :
Vous verriez à regret marcher à votre suite
Un indigne empereur sans empire, sans cour,

Vil spectacle aux humains des foiblesses d'amour.
Pour sortir des tourments dont mon ame est la proie,
Il est, vous le savez, une plus noble voie;
Je me suis vu, madame, enseigner ce chemin
Et par plus d'un héros et par plus d'un Romain:
Lorsque trop de malheurs ont lassé leur constance,
Ils ont tous expliqué cette persévérance
Dont le sort s'attachoit à les persécuter,
Comme un ordre secret de n'y plus résister.
Si vos pleurs plus long-temps viennent frapper ma vue;
Si toujours à mourir je vous vois résolue;
S'il faut qu'à tous moments je tremble pour vos jours;
Si vous ne me jurez d'en respecter le cours;
Madame, à d'autres pleurs vous devez vous attendre:
En l'état où je suis je puis tout entreprendre;
Et je ne réponds pas que ma main à vos yeux
N'ensanglante à la fin nos funestes adieux.

BÉRÉNICE.

Hélas!

TITUS.

Non, il n'est rien dont je ne sois capable.
Vous voilà de mes jours maintenant responsable:
Songez-y bien, madame; et si je vous suis cher...

SCENE VII.

TITUS, BÉRÉNICE, ANTIOCHUS.

TITUS.

Venez, prince, venez, je vous ai fait cherchér.
Soyez ici témoin de toute ma foiblesse :
Voyez si c'est aimer avec peu de tendresse.
Jugez-nous.

ANTIOCHUS.

       Je crois tout : je vous connois tous deux.
Mais connoissez vous-même un prince malheureux.
Vous m'avez honoré, seigneur, de votre estime :
Et moi, je puis ici vous le jurer sans crime,
A vos plus chers amis j'ai disputé ce rang ;
Je l'ai disputé même aux dépens de mon sang.
Vous m'avez malgré moi confié, l'un et l'autre,
La reine, son amour, et vous, seigneur, le vôtre.
La reine qui m'entend peut me désavouer ;
Elle m'a vu toujours, ardent à vous louer,
Répondre par mes soins à votre confidence.
Vous croyez m'en devoir quelque reconnoissance ;
Mais le pourriez-vous croire, en ce moment fatal,
Qu'un ami si fidele étoit votre rival ?

TITUS.

Mon rival!

ANTIOCHUS.

Il est temps que je vous éclaircisse.
Oui, seigneur, j'ai toujours adoré Bérénice.
Pour ne la plus aimer j'ai cent fois combattu:
Je n'ai pu l'oublier; au moins je me suis tu.
De votre changement la flatteuse apparence
M'avoit rendu tantôt quelque foible espérance:
Les larmes de la reine ont éteint cet espoir.
Ses yeux, baignés de pleurs, demandoient à vous voir:
Je suis venu, seigneur, vous appeller moi-même.
Vous êtes revenu. Vous aimez, on vous aime;
Vous vous êtes rendu : je n'en ai point douté.
Pour la derniere fois je me suis consulté;
J'ai fait de mon courage une épreuve derniere;
Je viens de rappeller ma raison toute entiere:
Jamais je ne me suis senti plus amoureux.
Il faut d'autres efforts pour rompre tant de nœuds:
Ce n'est qu'en expirant que je puis les détruire;
J'y cours. Voilà de quoi j'ai voulu vous instruire.
Oui, madame, vers vous j'ai rappellé ses pas;
Mes soins ont réussi, je ne m'en repens pas.
Puisse le ciel verser sur toutes vos années
Mille prospérités l'une à l'autre enchaînées!
Ou, s'il vous garde encore un reste de courroux,

Je conjure les dieux d'épuiser tous les coups
Qui pourroient menacer une si belle vie,
Sur ces jours malheureux que je vous sacrifie.

BÉRÉNICE, se levant.

Arrêtez. Arrêtez, princes trop généreux :
En quelle extrémité me jettez-vous tous deux !
Soit que je vous regarde, ou que je l'envisage,
Par-tout du désespoir je rencontre l'image ;
Je ne vois que des pleurs, et je n'entends parler
Que de trouble, d'horreurs, de sang prêt à couler.

(à Titus.)

Mon cœur vous est connu, seigneur, et je puis dire
Qu'on ne l'a jamais vu soupirer pour l'empire :
La grandeur des Romains, la pourpre des Césars,
N'a point, vous le savez, attiré mes regards.
J'aimois, seigneur, j'aimois, je voulois être aimée.
Ce jour, je l'avouerai, je me suis alarmée ;
J'ai cru que votre amour alloit finir son cours :
Je connois mon erreur, et vous m'aimez toujours.
Votre cœur s'est troublé, j'ai vu couler vos larmes :
Bérénice, seigneur, ne vaut point tant d'alarmes,
Ni que par votre amour l'univers malheureux,
Dans le temps que Titus attire tous ses vœux,
Et que de vos vertus il goûte les prémices,
Se voie en un moment enlever ses délices.
Je crois, depuis cinq ans jusqu'à ce dernier jour,

Vous avoir assuré d'un véritable amour.
Ce n'est pas tout : je veux, en ce moment funeste,
Par un dernier effort couronner tout le reste :
Je vivrai, je suivrai vos ordres absolus.
Adieu, seigneur. Régnez : je ne vous verrai plus.

(à Antiochus.)

Prince, après cet adieu, vous jugez bien vous-même
Que je ne consens pas de quitter ce que j'aime
Pour aller loin de Rome écouter d'autres vœux.
Vivez, et faites-vous un effort généreux.
Sur Titus et sur moi réglez votre conduite :
Je l'aime, je le fuis ; Titus m'aime, il me quitte :
Portez loin de mes yeux vos soupirs et vos fers.
Adieu. Servons tous trois d'exemple à l'univers
De l'amour la plus tendre et la plus malheureuse
Dont il puisse garder l'histoire douloureuse.
Tout est prêt. On m'attend. Ne suivez point mes pas.

(à Titus.)

Pour la derniere fois, adieu, seigneur.

ANTIOCHUS.

Hélas !

F I N.

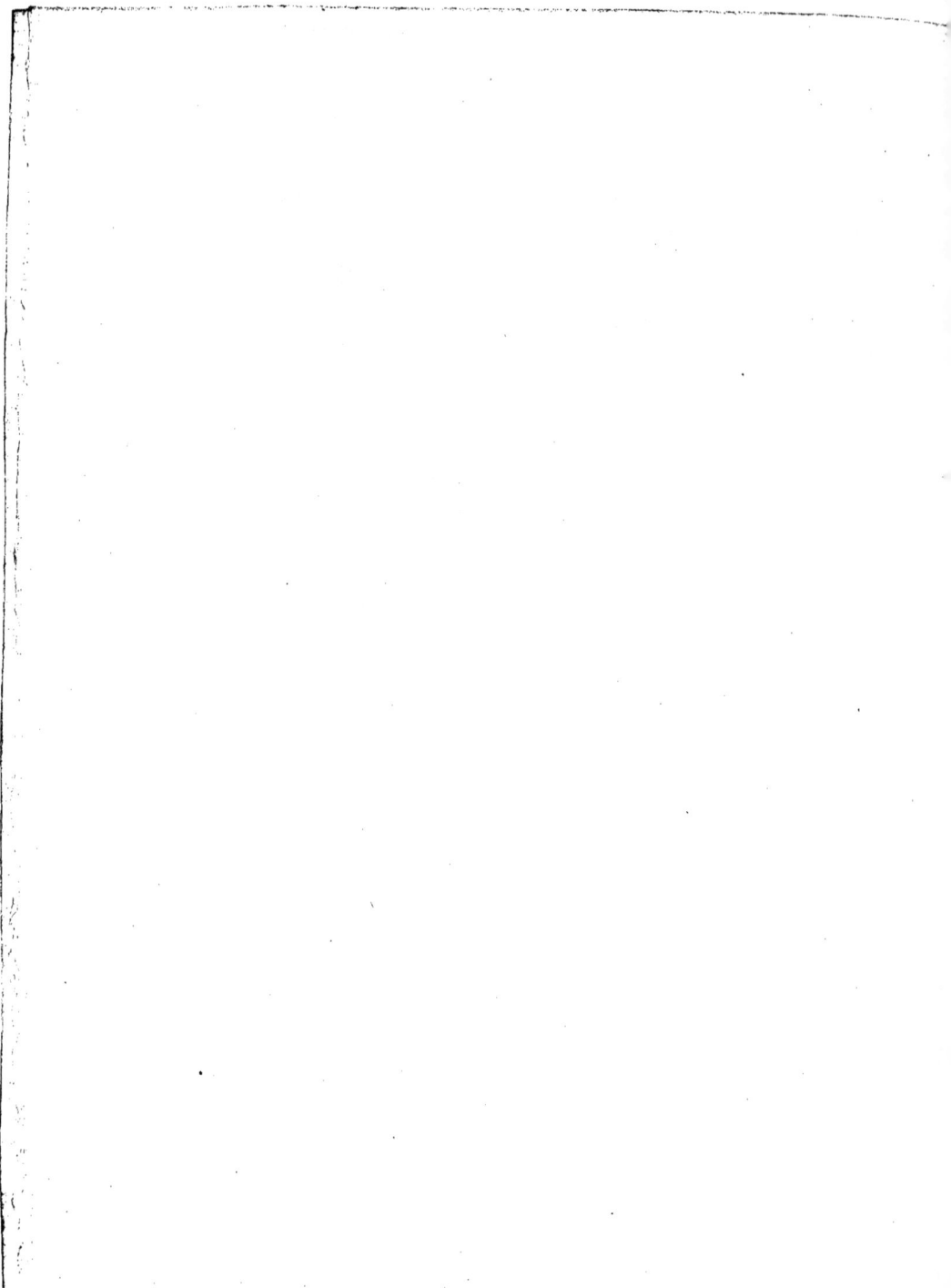

BAJAZET,

TRAGÉDIE.

1672.

PRÉFACE.

Sultan Amurat, ou Sultan Morat, empereur des Turcs,
celui qui prit Babylone en 1638, a eu quatre freres. Le
premier, c'est à savoir Osman, fut empereur avant lui,
et régna environ trois ans, au bout desquels les janissaires lui ôterent l'empire et la vie. Le second se nommoit Orcan. Amurat, dès les premiers jours de son regne, le fit étrangler. Le troisieme étoit Bajazet, prince
de grande espérance; et c'est lui qui est le héros de ma
tragédie. Amurat, ou par politique, ou par amitié, l'a-
voit épargné jusqu'au siege de Babylone. Après la prise
de cette ville, le sultan victorieux envoya un ordre à
Constantinople pour le faire mourir; ce qui fut conduit et exécuté à-peu-près de la maniere que je le repré-
sente. Amurat avoit encore un frere, qui fut depuis le
sultan Ibrahim, et que ce même Amurat négligea comme un prince stupide qui ne lui donnoit point d'ombrage. Sultan Mahomet, qui regne aujourd'hui, est fils
de cet Ibrahim, et par conséquent neveu de Bajazet.

Les particularités de la mort de Bajazet ne sont encore dans aucune histoire imprimée. M. le comte de
Cézy étoit ambassadeur à Constantinople lorsque cette
aventure tragique arriva dans le serrail. Il fut instruit
des amours de Bajazet, et des jalousies de la sultane. Il
vit même plusieurs fois Bajazet, à qui on permettoit de

se promener quelquefois à la pointe du serrail, sur le
canal de la mer noire. M. le comte de Cézy disoit que
c'étoit un prince de bonne mine. Il a écrit depuis les
circonstances de sa mort; et il y a encore plusieurs personnes de qualité qui se souviennent de lui en avoir entendu faire le récit lorsqu'il fut de retour en France.

Quelques lecteurs pourront s'étonner qu'on ait osé
mettre sur la scene une histoire si récente; mais je n'ai
rien vu dans les regles du poème dramatique qui dût
me détourner de mon entreprise. A la vérité je ne con-
seillerois pas à un auteur de prendre pour sujet d'une
tragédie une action aussi moderne que celle-ci, si elle
s'étoit passée dans le pays où il veut faire représenter
sa tragédie, ni de mettre des héros sur le théâtre, qui
auroient été connus de la plupart des spectateurs. Les
personnages tragiques doivent être regardés d'un autre
œil que nous ne regardons d'ordinaire les personnages
que nous avons vus de si près. On peut dire que le
respect que l'on a pour les héros augmente à mesure
qu'ils s'éloignent de nous, *major e longinquo reveren-
tia.* L'éloignement des pays répare en quelque sorte la
trop grande proximité des temps; car le peuple ne met
guere de différence entre ce qui est, si j'ose ainsi parler,
à mille ans de lui, et ce qui en est à mille lieues. C'est
ce qui fait, par exemple, que les personnages turcs,
quelque modernes qu'ils soient, ont de la dignité sur

notre théâtre : on les regarde de bonne heure comme
anciens. Ce sont des mœurs et des coutumes toutes différentes. Nous avons si peu de commerce avec les princes et les autres personnes qui vivent dans le serrail, que
nous les considérons, pour ainsi dire, comme des gens
qui vivent dans un autre siecle que le nôtre.

    C'étoit à-peu-près de cette maniere que les Persans
étoient anciennement considérés des Athéniens. Aussi
le poète Eschyle ne fit point de difficulté d'introduire
dans une tragédie la mere de Xerxès, qui étoit peut-
être encore vivante, et de faire représenter sur le théâtre d'Athenes la désolation de la cour de Perse, après
la déroute de ce prince. Cependant ce même Eschyle
s'étoit trouvé en personne à la bataille de Salamine où
Xerxès avoit été vaincu; et il s'étoit trouvé encore à la
défaite des lieutenants de Darius, pere de Xerxès, dans
la plaine de Marathon : car Eschyle étoit homme de
guerre, et il étoit frere de ce fameux Cynégire dont il
est tant parlé dans l'antiquité, et qui mourut si glorieu-
sement en attaquant un des vaisseaux du roi de Perse.

A C T E U R S.

Bajazet, frere du sultan Amurat.

Roxane, sultane favorite du sultan Amurat.

Atalide, fille du sang ottoman.

Acomat, grand visir.

Osmin, confident du grand visir.

Zatime, esclave de la sultane.

Zaïre, esclave d'Atalide.

Gardes.

La scene est à Constantinople, autrement dite Byzance,
dans le serrail du grand seigneur.

BAJAZET,

TRAGÉDIE.

ACTE PREMIER.

SCENE I.

ACOMAT, OSMIN.

ACOMAT.

Viens, suis-moi. La sultane en ce lieu se doit rendre :
Je pourrai cependant te parler et t'entendre.

OSMIN.

Et depuis quand, seigneur, entre-t-on dans ces lieux
Dont l'accès étoit même interdit à nos yeux ?
Jadis une mort prompte eût suivi cette audace.

ACOMAT.

Quand tu seras instruit de tout ce qui se passe,
Mon entrée en ces lieux ne te surprendra plus.
Mais laissons, cher Osmin, les discours superflus.
Que ton retour tardoit à mon impatience !
Et que d'un œil content je te vois dans Byzance !

Instruis-moi des secrets que peut t'avoir appris
Un voyage si long, pour moi seul entrepris.
De ce qu'ont vu tes yeux parle en témoin sincere;
Songe que du récit, Osmin, que tu vas faire
Dépendent les destins de l'empire ottoman.
Qu'as-tu vu dans l'armée? et que fait le sultan?

O S M I N.

Babylone, seigneur, à son prince fidele,
Voyoit sans s'étonner notre armée autour d'elle;
Les Persans rassemblés marchoient à son secours,
Et du camp d'Amurat s'approchoient tous les jours.
Lui-même, fatigué d'un long siege inutile,
Sembloit vouloir laisser Babylone tranquille;
Et, sans renouveller ses assauts impuissants,
Résolu de combattre, attendoit les Persans.
Mais, comme vous savez, malgré ma diligence,
Un long chemin sépare et le camp et Byzance;
Mille obstacles divers m'ont même traversé:
Et je puis ignorer tout ce qui s'est passé.

A C O M A T.

Que faisoient cependant nos braves janissaires?
Rendent-ils au sultan des hommages sinceres?
Dans le secret des cœurs, Osmin, n'as-tu rien lu?
Amurat jouit-il d'un pouvoir absolu?

O S M I N.

Amurat est content, si nous le voulons croire,

Et sembloit se promettre une heureuse victoire.
Mais en vain par ce calme il croit nous éblouir,
Il affecte un repos dont il ne peut jouir.
C'est en vain que, forçant ses soupçons ordinaires,
Il se rend accessible à tous les janissaires :
Il se souvient toujours que son inimitié
Voulut de ce grand corps retrancher la moitié,
Lorsque, pour affermir sa puissance nouvelle,
Il vouloit, disoit-il, sortir de leur tutele.
Moi-même j'ai souvent entendu leurs discours ;
Comme il les craint sans cesse, ils le craignent toujours :
Ses caresses n'ont point effacé cette injure.
Votre absence est pour eux un sujet de murmure :
Ils regrettent le temps à leur grand cœur si doux,
Lorsqu'assurés de vaincre ils combattoient sous vous.

ACOMAT.

Quoi ! tu crois, cher Osmin, que ma gloire passée
Flatte encor leur valeur, et vit dans leur pensée ?
Crois-tu qu'ils me suivroient encore avec plaisir,
Et qu'ils reconnoîtroient la voix de leur visir ?

OSMIN.

Le succès du combat réglera leur conduite :
Il faut voir du sultan la victoire ou la fuite.
Quoiqu'à regret, seigneur, ils marchent sous ses loix,
Ils ont à soutenir le bruit de leurs exploits :
Ils ne trahiront point l'honneur de tant d'années.

Mais enfin le succès dépend des destinées.
Si l'heureux Amurat, secondant leur grand cœur,
Aux champs de Babylone est déclaré vainqueur,
Vous les verrez soumis rapporter dans Byzance
L'exemple d'une aveugle et basse obéissance :
Mais si dans le combat le destin plus puissant
Marque de quelque affront son empire naissant,
S'il fuit; ne doutez point que, fiers de sa disgrace,
A la haine bientôt ils ne joignent l'audace,
Et n'expliquent, seigneur, la perte du combat
Comme un arrêt du ciel qui réprouve Amurat.
Cependant, s'il en faut croire la renommée,
Il a depuis trois mois fait partir de l'armée
Un esclave chargé de quelque ordre secret.
Tout le camp interdit trembloit pour Bajazet :
On craignoit qu'Amurat, par un ordre sévere,
N'envoyât demander la tête de son frere.

ACOMAT.

Tel étoit son dessein. Cet esclave est venu :
Il a montré son ordre; et n'a rien obtenu.

OSMIN.

Quoi, seigneur! le sultan reverra son visage,
Sans que de vos respects il lui porte ce gage?

ACOMAT.

Cet esclave n'est plus : un ordre, cher Osmin,
L'a fait précipiter dans le fond de l'Euxin.

OSMIN.

Mais le sultan, surpris d'une trop longue absence,
En cherchera bientôt la cause et la vengeance.
Que lui répondrez-vous?

ACOMAT.

Peut-être avant ce temps
Je saurai l'occuper de soins plus importants.
Je sais bien qu'Amurat a juré ma ruine:
Je sais à son retour l'accueil qu'il me destine.
Tu vois, pour m'arracher du cœur de ses soldats,
Qu'il va chercher sans moi les sieges, les combats:
Il commande l'armée; et moi, dans une ville
Il me laisse exercer un pouvoir inutile.
Quel emploi, quel séjour, Osmin, pour un visir!
Mais j'ai plus dignement employé ce loisir:
J'ai su lui préparer des craintes et des veilles;
Et le bruit en ira bientôt à ses oreilles.

OSMIN.

Quoi donc? qu'avez-vous fait?

ACOMAT.

J'espere qu'aujourd'hui
Bajazet se déclare, et Roxane avec lui.

OSMIN.

Quoi! Roxane, seigneur, qu'Amurat a choisie
Entre tant de beautés dont l'Europe et l'Asie
Dépeuplent leurs états et remplissent sa cour?

Car on dit qu'elle seule a fixé son amour ;
Et même il a voulu que l'heureuse Roxane,
Avant qu'elle eût un fils, prît le nom de sultane.

ACOMAT.

Il a fait plus pour elle, Osmin : il a voulu
Qu'elle eût dans son absence un pouvoir absolu.
Tu sais de nos sultans les rigueurs ordinaires :
Le frere rarement laisse jouir ses freres
De l'honneur dangereux d'être sortis d'un sang
Qui les a de trop près approchés de son rang.
L'imbécille Ibrahim, sans craindre sa naissance,
Traîne, exempt de péril, une éternelle enfance :
Indigne également de vivre et de mourir,
On l'abandonne aux mains qui daignent le nourrir.
L'autre, trop redoutable, et trop digne d'envie,
Voit sans cesse Amurat armé contre sa vie.
Car enfin Bajazet dédaigna de tout temps
La molle oisiveté des enfants des sultans :
Il vint chercher la guerre au sortir de l'enfance,
Et même en fit sous moi la noble expérience.
Toi-même tu l'as vu courir dans les combats,
Emporter après lui tous les cœurs des soldats,
Et goûter, tout sanglant, le plaisir et la gloire
Que donne aux jeunes cœurs la premiere victoire.
Mais, malgré ses soupçons, le cruel Amurat,
Avant qu'un fils naissant eût rassuré l'état,

N'osoit sacrifier ce frere à sa vengeance,
Ni du sang ottoman proscrire l'espérance.
Ainsi donc pour un temps Amurat désarmé
Laissa dans le serrail Bajazet enfermé.
Il partit, et voulut que, fidele à sa haine,
Et des jours de son frere arbitre souveraine,
Roxane, au moindre bruit, et sans autres raisons,
Le fit sacrifier à ses moindres soupçons.'
Pour moi, demeuré seul, une juste colere
Tourna bientôt mes vœux du côté de son frere.
J'entretins la sultane, et, cachant mon dessein,
Lui montrai d'Amurat le retour incertain,
Les murmures du camp, la fortune des armes:
Je plaignis Bajazet, je lui vantai ses charmes,
Qui, par un soin jaloux dans l'ombre retenus,
Si voisins de ses yeux, leur étoient inconnus.
Que te dirai-je enfin? la sultane éperdue
N'eut plus d'autre desir que celui de sa vue.

OSMIN.

Mais pouvoient-ils tromper tant de jaloux regards
Qui semblent mettre entre eux d'invincibles remparts?

ACOMAT.

Peut-être il te souvient qu'un récit peu fidele
De la mort d'Amurat fit courir la nouvelle.
La sultane, à ce bruit feignant de s'effrayer,
Par des cris douloureux eut soin de l'appuyer.

Sur la foi de ses pleurs ses esclaves tremblerent;
De l'heureux Bajazet les gardes se troublerent;
Et les dons achevant d'ébranler leur devoir,
Leurs captifs dans ce trouble oserent s'entrevoir.
Roxane vit le prince; elle ne put lui taire
L'ordre dont elle seule étoit dépositaire.
Bajazet est aimable; il vit que son salut
Dépendoit de lui plaire; et bientôt il lui plut.
Tout conspiroit pour lui : ses soins, sa complaisance,
Ce secret découvert, et cette intelligence,
Soupirs d'autant plus doux qu'il les falloit celer,
L'embarras irritant de ne s'oser parler,
Même témérité, périls, craintes communes,
Lierent pour jamais leurs cœurs et leurs fortunes.
Ceux mêmes dont les yeux les devoient éclairer,
Sortis de leur devoir, n'oserent y rentrer.

OSMIN.

Quoi! Roxane d'abord leur découvrant son ame
Osa-t-elle à leurs yeux faire éclater sa flamme?

ACOMAT.

Ils l'ignorent encore; et jusques à ce jour
Atalide a prêté son nom à cet amour.
Du pere d'Amurat Atalide est la niece;
Et même avec ses fils partageant sa tendresse,
Elle a vu son enfance élevée avec eux.
Du prince, en apparence, elle reçoit les vœux;

Mais elle les reçoit pour les rendre à Roxane,
Et veut bien, sous son nom, qu'il aime la sultane.
Cependant, cher Osmin, pour s'appuyer de moi,
L'un et l'autre ont promis Atalide à ma foi.

OSMIN.

Quoi! vous l'aimez, seigneur?

ACOMAT.

Voudrois-tu qu'à mon âge
Je fisse de l'amour le vil apprentissage?
Qu'un cœur qu'ont endurci la fatigue et les ans
Suivît d'un vain plaisir les conseils imprudents?
C'est par d'autres attraits qu'elle plaît à ma vue:
J'aime en elle le sang dont elle est descendue.
Par elle Bajazet, en m'approchant de lui,
Me va contre lui-même assurer un appui.
Un visir aux sultans fait toujours quelque ombrage;
A peine ils l'ont choisi qu'ils craignent leur ouvrage.
Sa dépouille est un bien qu'ils veulent recueillir,
Et jamais leurs chagrins ne nous laissent vieillir.
Bajazet aujourd'hui m'honore et me caresse;
Ses périls tous les jours réveillent sa tendresse:
Ce même Bajazet, sur le trône affermi,
Méconnoîtra peut-être un inutile ami,
Et moi, si mon devoir, si ma foi ne l'arrête,
S'il ose quelque jour me demander ma tête...
Je ne m'explique point, Osmin; mais je prétends

Que du moins il faudra la demander long-temps.
Je sais rendre aux sultans de fideles services;
Mais je laisse au vulgaire adorer leurs caprices,
Et ne me pique point du scrupule insensé
De bénir mon trépas quand ils l'ont prononcé.
    Voilà donc de ces lieux ce qui m'ouvre l'entrée,
Et comme enfin Roxane à mes yeux s'est montrée.
Invisible d'abord, elle entendoit ma voix,
Et craignoit du serrail les rigoureuses loix;
Mais enfin, bannissant cette importune crainte
Qui dans nos entretiens jettoit trop de contrainte,
Elle-même a choisi cet endroit écarté,
Où nos cœurs à nos yeux parlent en liberté.
Par un chemin obscur une esclave me guide,
Et... Mais on vient. C'est elle et sa chere Atalide.
Demeure; et, s'il le faut, sois prêt à confirmer
Le récit important dont je vais l'informer.

SCENE II.

ROXANE, ATALIDE, ACOMAT,
ZATIME, ZAÏRE, OSMIN.

ACOMAT.

La vérité s'accorde avec la renommée,
Madame. Osmin a vu le sultan et l'armée.
Le superbe Amurat est toujours inquiet;
Et toujours tous les cœurs penchent vers Bajazet:
D'une commune voix ils l'appellent au trône.
Cependant les Persans marchoient vers Babylone,
Et bientôt les deux camps au pied de son rempart
Devoient de la bataille éprouver le hasard.
Ce combat doit, dit-on, fixer nos destinées;
Et même, si d'Osmin je compte les journées,
Le ciel en a déja réglé l'événement,
Et le sultan triomphe, ou fuit en ce moment.
Déclarons-nous, madame, et rompons le silence:
Fermons-lui dès ce jour les portes de Byzance;
Et sans nous informer s'il triomphe ou s'il fuit,
Croyez-moi, hâtons-nous d'en prévenir le bruit.
S'il fuit, que craignez-vous? s'il triomphe au contraire,
Le conseil le plus prompt est le plus salutaire:

Vous voudrez, mais trop tard, soustraire à son pouvoir
Un peuple dans ses murs prêt à le recevoir.
Pour moi, j'ai su déja par mes brigues secretes
Gagner de notre loi les sacrés interpretes :
Je sais combien, crédule en sa dévotion,
Le peuple suit le frein de la religion.
Souffrez que Bajazet voie enfin la lumiere :
Des murs de ce palais ouvrez-lui la barriere;
Déployez en son nom cet étendard fatal,
Des extrêmes périls l'ordinaire signal.
Les peuples, prévenus de ce nom favorable,
Savent que sa vertu le rend seule coupable.
D'ailleurs, un bruit confus, par mes soins confirmé,
Fait croire heureusement à ce peuple alarmé
Qu'Amurat le dédaigne, et veut loin de Byzance
Transporter désormais son trône et sa présence.
Déclarons le péril dont son frere est pressé,
Montrons l'ordre cruel qui vous fut adressé :
Sur-tout qu'il se déclare et se montre lui-même,
Et fasse voir ce front digne du diadême.

ROXANE.

Il suffit. Je tiendrai tout ce que j'ai promis.
Allez, brave Acomat, assembler vos amis :
De tous leurs sentiments venez me rendre compte;
Je vous rendrai moi-même une réponse prompte.
Je verrai Bajazet. Je ne puis dire rien

Sans savoir si son cœur s'accorde avec le mien.
Allez; et revenez.

SCENE III.

ROXANE, ATALIDE, ZATIME, ZAÏRE.

ROXANE.
Enfin, belle Atalide,
Il faut de nos destins que Bajazet décide.
Pour la derniere fois je le vais consulter:
Je vais savoir s'il m'aime.

ATALIDE.
Est-il temps d'en douter,
Madame? Hâtez-vous d'achever votre ouvrage.
Vous avez du visir entendu le langage;
Bajazet vous est cher: savez-vous si demain
Sa liberté, ses jours seront en votre main?
Peut-être en ce moment Amurat en furie
S'approche pour tranchèr une si belle vie.
Et pourquoi de son cœur doutez-vous aujourd'hui?

ROXANE.
Mais m'en répondez-vous, vous qui parlez pour lui?

ATALIDE.
Quoi, madame! les soins qu'il a pris pour vous plaire,

Ce que vous avez fait, ce que vous pouvez faire,
Ses périls, ses respects, et sur-tout vos appas,
Tout cela de son cœur ne vous répond-il pas?
Croyez que vos bontés vivent dans sa mémoire.

ROXANE.

Hélas! pour mon repos que ne le puis-je croire!
Pourquoi faut-il au moins que, pour me consoler,
L'ingrat ne parle pas comme on le fait parler!
Vingt fois, sur vos discours pleine de confiance,
Du trouble de son cœur jouissant par avance,
Moi-même j'ai voulu m'assurer de sa foi,
Et l'ai fait en secret amener devant moi.
Peut-être trop d'amour me rend trop difficile :
Mais, sans vous fatiguer d'un récit inutile,
Je ne retrouvois point ce trouble, cette ardeur,
Que m'avoit tant promis un discours trop flatteur.
Enfin, si je lui donne et la vie et l'empire,
Ces gages incertains ne me peuvent suffire.

ATALIDE.

Quoi donc! à son amour qu'allez-vous proposer?

ROXANE.

S'il m'aime, dès ce jour il me doit épouser.

ATALIDE.

Vous épouser! Ô ciel! que prétendez-vous faire?

ROXANE.

Je sais que des sultans l'usage m'est contraire;

Je sais qu'ils se sont fait une superbe loi
De ne point à l'hymen assujettir leur foi.
Parmi tant de beautés qui briguent leur tendresse,
Ils daignent quelquefois choisir une maîtresse:
Mais, toujours inquiete avec tous ses appas,
Esclave, elle reçoit son maître dans ses bras;
Et sans sortir du joug où leur loi la condamne,
Il faut qu'un fils naissant la déclare sultane.
Amurat plus ardent et seul jusqu'à ce jour
A voulu que l'on dût ce titre à son amour.
J'en reçus la puissance aussi-bien que le titre;
Et des jours de son frere il me laissa l'arbitre.
Mais ce même Amurat ne me promit jamais
Que l'hymen dût un jour couronner ses bienfaits:
Et moi, qui n'aspirois qu'à cette seule gloire,
De ses autres bienfaits j'ai perdu la mémoire.
Toutefois que sert-il de me justifier?
Bajazet, il est vrai, m'a tout fait oublier:
Malgré tous ses malheurs, plus heureux que son frere,
Il m'a plu, sans peut-être aspirer à me plaire;
Femmes, gardes, visir, pour lui j'ai tout séduit,
En un mot, vous voyez jusqu'où je l'ai conduit.
Graces à mon amour, je me suis bien servie
Du pouvoir qu'Amurat me donna sur sa vie.
Bajazet touche presque au trône des sultans:
Il ne faut plus qu'un pas; mais c'est où je l'attends.

Malgré tout mon amour, si dans cette journée
Il ne m'attache à lui par un juste hyménée ;
S'il ose m'alléguer une odieuse loi ;
Quand je fais tout pour lui, s'il ne fait tout pour moi ;
Dès le même moment, sans songer si je l'aime,
Sans consulter enfin si je me perds moi-même,
J'abandonne l'ingrat, et le laisse rentrer
Dans l'état malheureux d'où je l'ai su tirer.
Voilà sur quoi je veux que Bajazet prononce :
Sa perte ou son salut dépend de sa réponse.
Je ne vous presse point de vouloir aujourd'hui
Me prêter votre voix pour m'expliquer à lui :
Je veux que, devant moi, sa bouche et son visage
Me découvrent son cœur, sans me laisser d'ombrage ;
Que lui-même, en secret amené dans ces lieux,
Sans être préparé se présente à mes yeux.
Adieu. Vous saurez tout après cette entrevue.

SCENE IV.

ATALIDE, ZAÏRE.

ATALIDE.

Zaïre, c'en est fait, Atalide est perdue.

ZAÏRE.

Vous ?

ATALIDE.

Je prévois déja tout ce qu'il faut prévoir.
Mon unique espérance est dans mon désespoir.

ZAÏRE.

Mais, madame, pourquoi?

ATALIDE.

Si tu venois d'entendre
Quel funeste dessein Roxane vient de prendre,
Quelles conditions elle veut imposer!
Bajazet doit périr, dit-elle, ou l'épouser.
S'il se rend, que deviens-je en ce malheur extrême?
Et, s'il ne se rend pas, que devient-il lui-même?

ZAÏRE.

Je conçois ce malheur. Mais, à ne point mentir,
Votre amour, dès long-temps, a dû le pressentir.

ATALIDE.

Ah Zaïre! l'amour a-t-il tant de prudence?
Tout sembloit avec nous être d'intelligence:
Roxane, se livrant toute entiere à ma foi,
Du cœur de Bajazet se reposoit sur moi,
M'abandonnoit le soin de tout ce qui le touche,
Le voyoit par mes yeux, lui parloit par ma bouche;
Et je croyois toucher au bienheureux moment
Où j'allois par ses mains couronner mon amant.
Le ciel s'est déclaré contre mon artifice.
Et que falloit-il donc, Zaïre, que je fisse?

TOME II.   15

A l'erreur de Roxane ai-je dû m'opposer,
Et perdre mon amant pour la désabuser?
Avant que dans son cœur cette amour fût formée,
J'aimois, et je pouvois m'assurer d'être aimée.
Dès nos plus jeunes ans, tu t'en souviens assez,
L'amour serra les nœuds par le sang commencés.
Élevée avec lui dans le sein de sa mere,
J'appris à distinguer Bajazet de son frere;
Elle-même, avec joie, unit nos volontés:
Et, quoiqu'après sa mort l'un de l'autre écartés,
Conservant, sans nous voir, le desir de nous plaire,
Nous avons su toujours nous aimer et nous taire.
Roxane, qui depuis, loin de s'en défier,
A ses desseins secrets voulut m'associer,
Ne put voir sans amour ce héros trop aimable:
Elle courut lui tendre une main favorable.
Bajazet étonné rendit grace à ses soins,
Lui rendit des respects. Pouvoit-il faire moins?
Mais qu'aisément l'amour croit tout ce qu'il souhaite!
De ses moindres respects Roxane satisfaite
Nous engagea tous deux, par sa facilité,
A la laisser jouir de sa crédulité.
Zaïre, il faut pourtant avouer ma foiblesse;
D'un mouvement jaloux je ne fus pas maîtresse.
Ma rivale, accablant mon amant de bienfaits,
Opposoit un empire à mes foibles attraits;

Mille soins la rendoient présente à sa mémoire;
Elle l'entretenoit de sa prochaine gloire:
Et moi, je ne puis rien; mon cœur, pour tout discours,
N'avoit que des soupirs qu'il répétoit toujours.
Le ciel seul sait combien j'en ai versé de larmes.
Mais enfin Bajazet dissipa mes alarmes:
Je condamnai mes pleurs, et jusques aujourd'hui
Je l'ai pressé de feindre, et j'ai parlé pour lui.
Hélas! tout est fini; Roxane méprisée
Bientôt de son erreur sera désabusée.
Car enfin Bajazet ne sait point se cacher:
Je connois sa vertu prompte à s'effaroucher;
Il faut qu'à tous moments, tremblante et secourable,
Je donne à ses discours un sens plus favorable.
Bajazet va se perdre. Ah! si, comme autrefois,
Ma rivale eût voulu lui parler par ma voix!
Au moins, si j'avois pu préparer son visage!
Mais, Zaïre, je puis l'attendre à son passage;
D'un mot ou d'un regard je puis le secourir.
Qu'il l'épouse, en un mot, plutôt que de périr.
Si Roxane le veut, sans doute il faut qu'il meure.
Il se perdra, te dis-je. Atalide, demeure;
Laisse, sans t'alarmer, ton amant sur sa foi.
Penses-tu mériter qu'on se perde pour toi?
Peut-être Bajazet, secondant ton envie,
Plus que tu ne voudras aura soin de sa vie.

ZAÏRE.

Ah! dans quels soins, madame, allez-vous vous plonger?
Toujours avant le temps faut-il vous affliger?
Vous n'en pouvez douter, Bajazet vous adore :
Suspendez, ou cachez l'ennui qui vous dévore :
N'allez point par vos pleurs déclarer vos amours.
La main qui l'a sauvé le sauvera toujours,
Pourvu qu'entretenue en son erreur fatale
Roxane jusqu'au bout ignore sa rivale.
Venez en d'autres lieux renfermer vos regrets,
Et de leur entrevue attendre le succès.

ATALIDE.

Hé bien, Zaïre, allons. Et toi, si ta justice
De deux jeunes amants veut punir l'artifice,
Ô ciel, si notre amour est condamné de toi,
Je suis la plus coupable, épuise tout sur moi.

FIN DU PREMIER ACTE.

ACTE SECOND.

SCENE I.

BAJAZET, ROXANE.

ROXANE.

PRINCE, l'heure fatale est enfin arrivée
Qu'à votre liberté le ciel a réservée.
Rien ne me retient plus; et je puis dès ce jour
Accomplir le dessein qu'a formé mon amour.
Non que, vous assurant d'un triomphe facile,
Je mette entre vos mains un empire tranquille;
Je fais ce que je puis, je vous l'avois promis:
J'arme votre valeur contre vos ennemis,
J'écarte de vos jours un péril manifeste;
Votre vertu, seigneur, achevera le reste.
Osmin a vu l'armée; elle penche pour vous;
Les chefs de notre loi conspirent avec nous;
Le visir Acomat vous répond de Byzance:
Et moi, vous le savez, je tiens sous ma puissance
Cette foule de chefs, d'esclaves, de muets,
Peuple que dans ses murs renferme ce palais,
Et dont à ma faveur les ames asservies
M'ont vendu dès long-temps leur silence et leurs vies.

Commencez maintenant : c'est à vous de courir
Dans le champ glorieux que j'ai su vous ouvrir.
Vous n'entreprenez point une injuste carriere,
Vous repoussez, seigneur, une main meurtriere :
L'exemple en est commun ; et, parmi les sultans,
Ce chemin à l'empire a conduit de tout temps.
Mais, pour mieux commencer, hâtons-nous l'un et l'autre
D'assurer à la fois mon bonheur et le vôtre.
Montrez à l'univers, en m'attachant à vous,
Que, quand je vous servois, je servois mon époux ;
Et, par le nœud sacré d'un heureux hyménée,
Justifiez la foi que je vous ai donnée.

BAJAZET.

Ah ! que proposez-vous, madame ?

ROXANE.

Hé quoi, seigneur !
Quel obstacle secret trouble notre bonheur ?

BAJAZET.

Madame, ignorez-vous que l'orgueil de l'empire...
Que ne m'épargnez-vous la douleur de le dire ?

ROXANE.

Oui, je sais que, depuis qu'un de vos empereurs,
Bajazet, d'un barbare éprouvant les fureurs,
Vit au char du vainqueur son épouse enchaînée,
Et par toute l'Asie à sa suite traînée,
De l'honneur ottoman ses successeurs jaloux

Ont daigné rarement prendre le nom d'époux.
Mais l'amour ne suit point ces loix imaginaires;
Et, sans vous rapporter des exemples vulgaires,
Soliman, (vous savez qu'entre tous vos aïeux,
Dont l'univers a craint le bras victorieux,
Nul n'éleva si haut la grandeur ottomane)
Ce Soliman jetta les yeux sur Roxelane.
Malgré tout son orgueil, ce monarque si fier
A son trône, à son lit daigna l'associer;
Sans qu'elle eût d'autres droits au rang d'impératrice,
Qu'un peu d'attraits peut-être, et beaucoup d'artifice.

BAJAZET.

Il est vrai. Mais aussi voyez ce que je puis,
Ce qu'étoit Soliman, et le peu que je suis.
Soliman jouissoit d'une pleine puissance:
L'Égypte ramenée à son obéissance;
Rhodes, des Ottomans ce redoutable écueil,
De tous ses défenseurs devenu le cercueil,
Du Danube asservi les rives désolées;
De l'empire persan les bornes reculées;
Dans leurs climats brûlants les Africains domtés,
Faisoient taire les loix devant ses volontés.
Que suis-je? J'attends tout du peuple et de l'armée:
Mes malheurs font encor toute ma renommée.
Infortuné, proscrit, incertain de régner,
Dois-je irriter les cœurs au lieu de les gagner?

Témoins de nos plaisirs, plaindront-ils nos miseres?
Croiront-ils mes périls et vos larmes sinceres?
Songez, sans me flatter du sort de Soliman,
Au meurtre tout récent du malheureux Osman:
Dans leur rebellion les chefs des janissaires,
Cherchant à colorer leurs desseins sanguinaires,
Se crurent à sa perte assez autorisés
Par le fatal hymen que vous me proposez.
Que vous dirai-je enfin? Maître de leur suffrage,
Peut-être avec le temps j'oserai davantage:
Ne précipitons rien; et daignez commencer
A me mettre en état de vous récompenser.

R O X A N E.

Je vous entends, seigneur. Je vois mon imprudence;
Je vois que rien n'échappe à votre prévoyance:
Vous avez pressenti jusqu'au moindre danger
Où mon amour trop prompt vous alloit engager.
Pour vous, pour votre honneur vous en craignez les suites;
Et je le crois, seigneur, puisque vous me le dites.
Mais avez-vous prévu, si vous ne m'épousez,
Les périls plus certains où vous vous exposez?
Songez-vous que sans moi tout vous devient contraire?
Que c'est à moi sur-tout qu'il importe de plaire?
Songez-vous que je tiens les portes du palais?
Que je puis vous l'ouvrir ou fermer pour jamais?
Que j'ai sur votre vie un empire suprême?

Que vous ne respirez qu'autant que je vous aime?
Et, sans ce même amour qu'offensent vos refus,
Songez-vous, en un mot, que vous ne seriez plus?

BAJAZET.

Oui, je tiens tout de vous; et j'avois lieu de croire
Que c'étoit pour vous-même une assez grande gloire,
En voyant devant moi tout l'empire à genoux,
De m'entendre avouer que je tiens tout de vous.
Je ne m'en défends point; ma bouche le confesse,
Et mon respect saura le confirmer sans cesse.
Je vous dois tout mon sang : ma vie est votre bien.
Mais enfin voulez-vous....

ROXANE.

Non, je ne veux plus rien.
Ne m'importune plus de tes raisons forcées;
Je vois combien tes vœux sont loin de mes pensées;
Je ne te presse plus, ingrat, d'y consentir:
Rentre dans le néant dont je t'ai fait sortir.
Car enfin qui m'arrête? et quelle autre assurance
Demanderois-je encor de son indifférence?
L'ingrat est-il touché de mes empressements?
L'amour même entre-t-il dans ses raisonnements?
Ah! je vois tes desseins. Tu crois, quoi que je fasse,
Que mes propres périls t'assurent de ta grace;
Qu'engagée avec toi par de si forts liens
Je ne puis séparer tes intérêts des miens.

TOME II.   16

Mais je m'assure encore aux bontés de ton frere;
Il m'aime; tu le sais : et, malgré sa colere,
Dans ton perfide sang je puis tout expier,
Et ta mort suffira pour me justifier.
N'en doute point, j'y cours, et dès ce moment même.
    Bajazet, écoutez, je sens que je vous aime:
Vous vous perdez. Gardez de me laisser sortir:
Le chemin est encore ouvert au repentir.
Ne désespérez point une amante en furie:
S'il m'échappoit un mot, c'est fait de votre vie.

                BAJAZET.

Vous pouvez me l'ôter, elle est entre vos mains:
Peut-être que ma mort, utile à vos desseins,
De l'heureux Amurat obtenant votre grace,
Vous rendra dans son cœur votre premiere place.

                ROXANE.

Dans son cœur? Ah! crois-tu, quand il le voudroit bien,
Que si je perds l'espoir de régner dans le tien,
D'une si douce erreur si long-temps possédée,
Je puisse désormais souffrir une autre idée,
Ni que je vive enfin, si je ne vis pour toi?
Je te donne, cruel, des armes contre moi,
Sans doute; et je devrois retenir ma foiblesse:
Tu vas en triompher. Oui, je te le confesse,
J'affectois à tes yeux une fausse fierté:
De toi dépend ma joie et ma félicité.

De ma sanglante mort ta mort sera suivie:
Quel fruit de tant de soins que j'ai pris pour ta vie!
Tu soupires enfin, et sembles te troubler:
Acheve, parle.

BAJAZET.

Ô ciel! que ne puis-je parler!

ROXANE.

Quoi donc? que dites-vous? et que viens-je d'entendre?
Vous avez des secrets que je ne puis apprendre?
Quoi! de vos sentiments je ne puis m'éclaircir?

BAJAZET.

Madame, encore un coup, c'est à vous de choisir:
Daignez m'ouvrir au trône un chemin légitime;
Ou bien, me voilà prêt, prenez votre victime.

ROXANE.

Ah! c'en est trop enfin, tu seras satisfait.
Holà, gardes, qu'on vienne.

S C E N E   I I.

R O X A N E, B A J A Z E T, A C O M A T.

R O X A N E.

Acomat, c'en est fait:
Vous pouvez retourner, je n'ai rien à vous dire.
Du sultan Amurat je reconnois l'empire:
Sortez. Que le serrail soit désormais fermé;
Et que tout rentre ici dans l'ordre accoutumé.

S C E N E   I I I.

B A J A Z E T, A C O M A T.

A C O M A T.

Seigneur, qu'ai-je entendu? Quelle surprise extrême!
Qu'allez-vous devenir? que deviens-je moi-même?
D'où naît ce changement? qui dois-je en accuser?
Ô ciel!

B A J A Z E T.

Il ne faut point ici vous abuser.
Roxane est offensée, et court à la vengeance:

Un obstacle éternel rompt notre intelligence.
Visir, songez à vous, je vous en averti;
Et, sans compter sur moi, prenez votre parti.

ACOMAT.

Quoi!

BAJAZET.

Vous et vos amis, cherchez quelque retraite.
Je sais dans quels périls mon amitié vous jette;
Et j'espérois un jour vous mieux récompenser.
Mais c'en est fait, vous dis-je, il n'y faut plus penser.

ACOMAT.

Et quel est donc, seigneur, cet obstacle invincible?
Tantôt dans le serrail j'ai laissé tout paisible:
Quelle fureur saisit votre esprit et le sien?

BAJAZET.

Elle veut, Acomat, que je l'épouse.

ACOMAT.

Hé bien!

L'usage des sultans à ses vœux est contraire;
Mais cet usage enfin est-ce une loi sévere
Qu'aux dépens de vos jours vous deviez observer?
La plus sainte des loix, ah! c'est de vous sauver,
Et d'arracher, seigneur, d'une mort manifeste
Le sang des Ottomans dont vous faites le reste.

BAJAZET.

Ce reste malheureux seroit trop acheté,

S'il faut le conserver par une lâcheté.

A C O M A T.

Et pourquoi vous en faire une image si noire?
L'hymen de Soliman ternit-il sa mémoire?
Cependant Soliman n'étoit point menacé
Des périls évidents dont vous êtes pressé.

B A J A Z E T.

Et ce sont ces périls et ce soin de ma vie
Qui d'un servile hymen feroient l'ignominie.
Soliman n'avoit point ce prétexte odieux:
Son esclave trouva grace devant ses yeux;
Et, sans subir le joug d'un hymen nécessaire,
Il lui fit de son cœur un présent volontaire.

A C O M A T.

Mais vous aimez Roxane.

B A J A Z E T.

Acomat, c'est assez.
Je me plains de mon sort moins que vous ne pensez.
La mort n'est point pour moi le comble des disgraces;
J'osai, tout jeune encor, la chercher sur vos traces;
Et l'indigne prison où je suis renfermé
A la voir de plus près m'a même accoutumé;
Amurat à mes yeux l'a vingt fois présentée:
Elle finit le cours d'une vie agitée.
Hélas! si je la quitte avec quelque regret...
Pardonnez, Acomat, je plains avec sujet

Des cœurs dont les bontés trop mal récompensées
M'avoient pris pour objet de toutes leurs pensées.

ACOMAT.

Ah ! si nous périssons, n'en accusez que vous,
Seigneur : dites un mot, et vous nous sauvez tous.
Tout ce qui reste ici de braves janissaires,
De la religion les saints dépositaires,
Du peuple byzantin ceux qui plus respectés
Par leur exemple seul reglent ses volontés,
Sont prêts de vous conduire à la porte sacrée
D'où les nouveaux sultans font leur premiere entrée.

BAJAZET.

Hé bien, brave Acomat, si je leur suis si cher,
Que des mains de Roxane ils viennent m'arracher :
Du serrail, s'il le faut, venez forcer la porte ;
Entrez accompagné de leur vaillante escorte.
J'aime mieux en sortir sanglant, couvert de coups,
Que chargé malgré moi du nom de son époux.
Peut-être je saurai, dans ce désordre extrême,
Par un beau désespoir me secourir moi-même ;
Attendre, en combattant, l'effet de votre foi,
Et vous donner le temps de venir jusqu'à moi.

ACOMAT.

Hé ! pourrai-je empêcher, malgré ma diligence,
Que Roxane d'un coup n'assure sa vengeance ?
Alors qu'aura servi ce zele impétueux,

Qu'à charger vos amis d'un crime infructueux?
Promettez : affranchi du péril qui vous presse,
Vous verrez de quel poids sera votre promesse.

BAJAZET.

Moi!

ACOMAT.

Ne rougissez point : le sang des Ottomans
Ne doit point en esclave obéir aux serments.
Consultez ces héros que le droit de la guerre
Mena victorieux jusqu'au bout de la terre :
Libres dans leur victoire, et maîtres de leur foi,
L'intérêt de l'état fut leur unique loi ;
Et d'un trône si saint la moitié n'est fondée
Que sur la foi promise et rarement gardée.
Je m'emporte, seigneur.

BAJAZET.

Oui, je sais, Acomat,
Jusqu'où les a portés l'intérêt de l'état :
Mais ces mêmes héros, prodigues de leur vie,
Ne la rachetoient point par une perfidie.

ACOMAT.

Ô courage inflexible! ô trop constante foi
Que, même en périssant, j'admire malgré moi!
Faut-il qu'en un moment un scrupule timide
Perde... Mais quel bonheur nous envoie Atalide?

SCENE IV.

BAJAZET, ATALIDE, ACOMAT.

ACOMAT.

Ah madame! venez avec moi vous unir.
Il se perd.

ATALIDE.

C'est de quoi je viens l'entretenir.
Mais laissez-nous : Roxane, à sa perte animée,
Veut que de ce palais la porte soit fermée.
Toutefois, Acomat, ne vous éloignez pas;
Peut-être on vous fera revenir sur vos pas.

SCENE V.

BAJAZET, ATALIDE.

BAJAZET.

Hé bien! c'est maintenant qu'il faut que je vous laisse.
Le ciel punit ma feinte, et confond votre adresse;
Rien ne m'a pu parer contre ses derniers coups :
Il falloit ou mourir, ou n'être plus à vous.
De quoi nous a servi cette indigne contrainte?
Je meurs plus tard : voilà tout le fruit de ma feinte,

B A J A Z E T.

Je vous l'avois prédit; mais vous l'avez voulu :
J'ai reculé vos pleurs autant que je l'ai pu.
Belle Atalide, au nom de cette complaisance,
Daignez de la sultane éviter la présence :
Vos pleurs vous trahiroient; cachez-les à ses yeux,
Et ne prolongez point de dangereux adieux.

                    A T A L I D E.

Non, seigneur. Vos bontés pour une infortunée
Ont assez disputé contre la destinée.
Il vous en coûte trop pour vouloir m'épargner :
Il faut vous rendre; il faut me quitter, et régner.

                    B A J A Z E T.

Vous quitter ?

                    A T A L I D E.

          Je le veux. Je me suis consultée.
De mille soins jaloux jusqu'alors agitée,
Il est vrai, je n'ai pu concevoir sans effroi
Que Bajazet pût vivre et n'être plus à moi;
Et lorsque quelquefois de ma rivale heureuse
Je me représentois l'image douloureuse,
Votre mort (pardonnez aux fureurs des amants)
Ne me paroissoit pas le plus grand des tourments.
Mais à mes tristes yeux votre mort préparée
Dans toute son horreur ne s'étoit pas montrée :
Je ne vous voyois pas, ainsi que je vous vois,
Prêt à me dire adieu pour la derniere fois.

Seigneur, je sais trop bien avec quelle constance
Vous allez de la mort affronter la présence;
Je sais que votre cœur se fait quelques plaisirs
De me prouver sa foi dans ses derniers soupirs:
Mais, hélas! épargnez une ame plus timide;
Mesurez vos malheurs aux forces d'Atalide;
Et ne m'exposez point aux plus vives douleurs
Qui jamais d'une amante épuiserent les pleurs.

BAJAZET.

Et que deviendrez-vous, si, dès cette journée,
Je célebre à vos yeux ce funeste hyménée?

ATALIDE.

Ne vous informez point ce que je deviendrai.
Peut-être à mon destin, seigneur, j'obéirai.
Que sais-je? A ma douleur je chercherai des charmes;
Je songerai peut-être, au milieu de mes larmes,
Qu'à vous perdre pour moi vous étiez résolu;
Que vous vivez; qu'enfin c'est moi qui l'ai voulu.

BAJAZET.

Non, vous ne verrez point cette fête cruelle.
Plus vous me commandez de vous être infidele,
Madame, plus je vois combien vous méritez
De ne point obtenir ce que vous souhaitez.
Quoi! cet amour si tendre, et né dans notre enfance,
Dont les feux avec nous ont crû dans le silence;
Vos larmes que ma main pouvoit seule arrêter;

Mes serments redoublés de ne vous point quitter:
Tout cela finiroit par une perfidie?
J'épouserois, et qui? (s'il faut que je le die)
Une esclave attachée à ses seuls intérêts,
Qui présente à mes yeux les supplices tout prêts,
Qui m'offre ou son hymen, ou la mort infaillible;
Tandis qu'à mes périls Atalide sensible,
Et trop digne du sang qui lui donna le jour,
Veut me sacrifier jusques à son amour.
Ah! qu'au jaloux sultan ma tête soit portée,
Puisqu'il faut à ce prix qu'elle soit rachetée.

ATALIDE.

Seigñeur, vous pourriez vivre, et ne me point trahir.

BAJAZET.

Parlez. Si je le puis, je suis prêt d'obéir.

ATALIDE.

La sultane vous aime; et, malgré sa colere,
Si vous preniez, seigneur, plus de soin de lui plaire;
Si vos soupirs daignoient lui faire pressentir
Qu'un jour...

BAJAZET.

Je vous entends : je n'y puis consentir.
Ne vous figurez point que, dans cette journée,
D'un lâche désespoir ma vertu consternée
Craigne les soins d'un trône où je pourrois monter,
Et par un prompt trépas cherche à les éviter.

J'écoute trop peut-être une imprudente audace:
Mais, sans cesse occupé des grands noms de ma race,
J'espérois que, fuyant un indigne repos,
Je prendrois quelque place entre tant de héros.
Mais, quelque ambition, quelque amour qui me brûle,
Je ne puis plus tromper une amante crédule.
En vain pour me sauver je vous l'aurois promis:
Et ma bouche et mes yeux, du mensonge ennemis,
Peut-être, dans le temps que je voudrois lui plaire,
Feroient par leur désordre un effet tout contraire;
Et de mes froids soupirs ses regards offensés
Verroient trop que mon cœur ne les a point poussés.
Ô ciel! combien de fois je l'aurois éclaircie,
Si je n'eusse à sa haine exposé que ma vie;
Si je n'avois pas craint que ses soupçons jaloux
N'eussent trop aisément remonté jusqu'à vous!
Et j'irois l'abuser d'une fausse promesse?
Je me parjurerois? et, par cette bassesse...
Ah! loin de m'ordonner cet indigne détour,
Si votre cœur étoit moins plein de son amour,
Je vous verrois, sans doute, en rougir la premiere.
Mais, pour vous épargner une injuste priere,
Adieu, je vais trouver Roxane de ce pas;
Et je vous quitte.

ATALIDE.

Et moi, je ne vous quitte pas.

Venez, cruel, venez, je vais vous y conduire;
Et de tous nos secrets c'est moi qui veux l'instruire.
Puisque, malgré mes pleurs, mon amant furieux
Se fait tant de plaisir d'expirer à mes yeux;
Roxane, malgré vous, nous joindra l'un et l'autre:
Elle aura plus de soif de mon sang que du vôtre;
Et je pourrai donner à vos yeux effrayés
Le spectacle sanglant que vous me prépariez.

BAJAZET.

Ô ciel! que faites-vous?

ATALIDE.

Cruel! pouvez-vous croire
Que je sois moins que vous jalouse de ma gloire?
Pensez-vous que cent fois, en vous faisant parler,
Ma rougeur ne fût pas prête à me déceler?
Mais on me présentoit votre perte prochaine.
Pourquoi faut-il, ingrat! quand la mienne est certaine,
Que vous n'osiez pour moi ce que j'osois pour vous?
Peut-être il suffira d'un mot un peu plus doux:
Roxane dans son cœur peut-être vous pardonne.
Vous-même, vous voyez le temps qu'elle vous donne:
A-t-elle, en vous quittant, fait sortir le visir?
Des gardes à mes yeux viennent-ils vous saisir?
Enfin, dans sa fureur implorant mon adresse,
Ses pleurs ne m'ont-ils pas découvert sa tendresse?
Peut-être elle n'attend qu'un espoir incertain

Qui lui fasse tomber les armes de la main.
Allez, seigneur, sauvez votre vie et la mienne.

BAJAZET.

Hé bien... Mais quels discours faut-il que je lui tienne?

ATALIDE.

Ah! daignez sur ce choix ne me point consulter:
L'occasion, le ciel pourra vous les dicter.
Allez: entre elle et vous je ne dois point paroître;
Votre trouble ou le mien nous feroit reconnoître.
Allez: encore un coup, je n'ose m'y trouver:
Dites... tout ce qu'il faut, seigneur, pour vous sauver.

FIN DU SECOND ACTE.

ACTE TROISIEME.

SCENE I.

ATALIDE, ZAÏRE.

ATALIDE.

Zaïre, il est donc vrai, sa grace est prononcée?

ZAÏRE.

Je vous l'ai dit, madame : une esclave empressée,
Qui couroit de Roxane accomplir le desir,
Aux portes du serrail a reçu le visir.
Ils ne m'ont point parlé : mais, mieux qu'aucun langage,
Le transport du visir marquoit sur son visage
Qu'un heureux changement le rappelle au palais,
Et qu'il y vient signer une éternelle paix.
Roxane a pris, sans doute, une plus douce voie.

ATALIDE.

Ainsi, de toutes parts, les plaisirs et la joie
M'abandonnent, Zaïre, et marchent sur leurs pas.
J'ai fait ce que j'ai dû, je ne m'en repens pas.

ZAÏRE.

Quoi, madame! quelle est cette nouvelle alarme?

ATALIDE.

Et ne t'a-t-on point dit, Zaïre, par quel charme,

Ou, pour mieux dire enfin, par quel engagement
Bajazet a pu faire un si prompt changement?
Roxane en sa fureur paroissoit inflexible;
A-t-elle de son cœur quelque gage infaillible?
Parle. L'épouse-t-il?

ZAÏRE.

Je n'en ai rien appris.
Mais enfin s'il n'a pu se sauver qu'à ce prix;
S'il fait ce que vous-même avez su lui prescrire;
S'il l'épouse, en un mot...

ATALIDE.

S'il l'épouse, Zaïre!

ZAÏRE.

Quoi! vous repentez-vous des généreux discours
Que vous dictoit le soin de conserver ses jours?

ATALIDE.

Non, non; il ne fera que ce qu'il a dû faire.
Sentiments trop jaloux, c'est à vous de vous taire;
Si Bajazet l'épouse, il suit mes volontés;
Respectez ma vertu qui vous a surmontés;
A ses nobles conseils ne mêlez point le vôtre;
Et loin de me le peindre entre les bras d'une autre,
Laissez-moi, sans regret, me le représenter
Au trône où mon amour l'a forcé de monter.
Oui, je me reconnois, je suis toujours la même.
Je voulois qu'il m'aimât, chere Zaïre; il m'aime:

Et du moins cet espoir me console aujourd'hui,
Que je vais mourir digne et contente de lui.

ZAÏRE.

Mourir! Quoi! vous auriez un dessein si funeste?

ATALIDE.

J'ai cédé mon amant; tu t'étonnes du reste?
Peux-tu compter, Zaïre, au nombre des malheurs
Une mort qui prévient et finit tant de pleurs?
Qu'il vive, c'est assez. Je l'ai voulu, sans doute;
Et je le veux toujours, quelque prix qu'il m'en coûte:
Je n'examine point ma joie ou mon ennui;
J'aime assez mon amant pour renoncer à lui.
Mais, hélas! il peut bien penser avec justice
Que, si j'ai pu lui faire un si grand sacrifice,
Ce cœur, qui de ses jours prend ce funeste soin,
L'aime trop pour vouloir en être le témoin.
Allons, je veux savoir...

ZAÏRE.

                    Modérez-vous, de grace:
On vient vous informer de tout ce qui se passe.
C'est le visir.

SCENE II.

ATALIDE, ACOMAT, ZAÏRE.

ACOMAT.

Enfin, nos amants sont d'accord,
Madame; un calme heureux nous remet dans le port.
La sultane a laissé désarmer sa colere;
Elle m'a déclaré sa volonté derniere;
Et, tandis qu'elle montre au peuple épouvanté
Du prophete divin l'étendard redouté,
Qu'à marcher sur mes pas Bajazet se dispose,
Je vais de ce signal faire entendre la cause,
Remplir tous les esprits d'une juste terreur,
Et proclamer enfin le nouvel empereur.
    Cependant permettez que je vous renouvelle
Le souvenir du prix qu'on promit à mon zele.
N'attendez point de moi ces doux emportements,
Tels que j'en vois paroître au cœur de ces amants:
Mais si, par d'autres soins plus dignes de mon âge,
Par de profonds respects, par un long esclavage,
Tel que nous le devons au sang de nos sultans,
Je puis...

ATALIDE.

Vous m'en pourrez instruire avec le temps:

Avec le temps aussi vous pourrez me connoître.
Mais quels sont ces transports qu'ils vous ont fait paroître?

ACOMAT.

Madame, doutez-vous des soupirs enflammés
De deux jeunes amants l'un de l'autre charmés?

ATALIDE.

Non : mais, à dire vrai, ce miracle m'étonne.
Et dit-on à quel prix Roxane lui pardonne?
L'épouse-t-il enfin?

ACOMAT.

           Madame, je le croi.
Voici tout ce qui vient d'arriver devant moi.
    Surpris, je l'avouerai, de leur fureur commune,
Querellant les amants, l'amour et la fortune,
J'étois de ce palais sorti désespéré.
Déja, sur un vaisseau dans le port préparé,
Chargeant de mon débris les reliques plus cheres,
Je méditois ma fuite aux terres étrangeres.
Dans ce triste dessein au palais rappellé,
Plein de joie et d'espoir, j'ai couru, j'ai volé.
La porte du serrail à ma voix s'est ouverte,
Et d'abord une esclave à mes yeux s'est offerte,
Qui m'a conduit sans bruit dans un appartement
Où Roxane attentive écoutoit son amant.
Tout gardoit devant eux un auguste silence:
Moi-même, résistant à mon impatience,

Et respectant de loin leur secret entretien,
J'ai long-temps, immobile, observé leur maintien.
Enfin, avec des yeux qui découvroient son ame,
L'une a tendu la main pour gage de sa flamme;
L'autre, avec des regards éloquents, pleins d'amour,
L'a de ses feux, madame, assurée à son tour.

ATALIDE.

Hélas!

ACOMAT.

　　Ils m'ont alors apperçu l'un et l'autre.
Voilà, m'a-t-elle dit, votre prince et le nôtre:
Je vais, brave Acomat, le remettre en vos mains.
Allez lui préparer les honneurs souverains,
Qu'un peuple obéissant l'attende dans le temple:
Le serrail va bientôt vous en donner l'exemple.
Aux pieds de Bajazet alors je suis tombé;
Et soudain à leurs yeux je me suis dérobé.
Trop heureux d'avoir pu, par un récit fidele,
De leur paix, en passant, vous conter la nouvelle,
Et m'acquitter vers vous de mes respects profonds,
Je vais le couronner, madame, et j'en réponds.

SCENE III.

ATALIDE, ZAÏRE.

ATALIDE.

Allons, retirons-nous, ne troublons point leur joie.

ZAÏRE.

Ah madame! croyez...

ATALIDE.

Que veux-tu que je croie?
Quoi donc! à ce spectacle irai-je m'exposer?
Tu vois que c'en est fait : ils se vont épouser;
La sultane est contente; il l'assure qu'il l'aime.
Mais je ne m'en plains pas, je l'ai voulu moi-même.
Cependant croyois-tu, quand, jaloux de sa foi,
Il s'alloit, plein d'amour, sacrifier pour moi;
Lorsque son cœur, tantôt m'exprimant sa tendresse,
Refusoit à Roxane une simple promesse;
Quand mes larmes en vain tâchoient de l'émouvoir;
Quand je m'applaudissois de leur peu de pouvoir;
Croyois-tu que son cœur, contre toute apparence,
Pour la persuader trouvât tant d'éloquence?
Ah! peut-être, après tout, que, sans trop se forcer,
Tout ce qu'il a pu dire, il a pu le penser:
Peut-être en la voyant, plus sensible pour elle,
Il a vu dans ses yeux quelque grace nouvelle;

Elle aura devant lui fait parler ses douleurs;
Elle l'aime; un empire autorise ses pleurs.
Tant d'amour touche enfin une ame généreuse.
Hélas! que de raisons contre une malheureuse!

ZAÏRE.

Mais ce succès, madame, est encore incertain.
Attendez.

ATALIDE.

Non, vois-tu, je le nierois en vain.
Je ne prends point plaisir à croître ma misere:
Je sais pour se sauver tout ce qu'il a dû faire;
Quand mes pleurs vers Roxane ont rappellé ses pas,
Je n'ai point prétendu qu'il ne m'obéît pas:
Mais après les adieux que je venois d'entendre,
Après tous les transports d'une douleur si tendre,
Je sais qu'il n'a point dû lui faire remarquer
La joie et les transports qu'on vient de m'expliquer.
Toi-même, juge-nous, et vois si je m'abuse.
Pourquoi de ce conseil moi seule suis-je excluse?
Au sort de Bajazet ai-je si peu de part?
A me chercher lui-même attendroit-il si tard,
N'étoit que de son cœur le trop juste reproche
Lui fait peut-être, hélas! éviter cette approche?
Mais non, je lui veux bien épargner ce souci:
Il ne me verra plus.

ZAÏRE.

Madame, le voici.

SCENE IV.

BAJAZET, ATALIDE, ZAÏRE.

BAJAZET.

C'en est fait, j'ai parlé, vous êtes obéie.
Vous n'avez plus, madame, à craindre pour ma vie :
Et je serois heureux, si la foi, si l'honneur
Ne me reprochoient point mon injuste bonheur ;
Si mon cœur, dont le trouble en secret me condamne,
Pouvoit me pardonner aussi-bien que Roxane.
Mais enfin je me vois les armes à la main ;
Je suis libre ; et je puis contre un frere inhumain,
Non plus par un silence aidé de votre adresse,
Disputer en ces lieux le cœur de sa maîtresse,
Mais par de vrais combats, par de nobles dangers,
Moi-même le cherchant aux climats étrangers,
Lui disputer les cœurs du peuple et de l'armée,
Et pour juge entre nous prendre la renommée.
Que vois-je? Qu'avez-vous? Vous pleurez!

ATALIDE.

                                        Non, seigneur:
Je ne murmure point contre votre bonheur ;
Le ciel, le juste ciel vous devoit ce miracle.
Vous savez si jamais j'y formai quelque obstacle :
Tant que j'ai respiré, vos yeux me sont témoins

Que votre seul péril occupoit tous mes soins;
Et puisqu'il ne pouvoit finir qu'avec ma vie,
C'est sans regret aussi que je la sacrifie.
Il est vrai, si le ciel eût écouté mes vœux,
Qu'il pouvoit m'accorder un trépas plus heureux:
Vous n'en auriez pas moins épousé ma rivale,
Vous pouviez l'assurer de la foi conjugale;
Mais vous n'auriez pas joint à ce titre d'époux
Tous ces gages d'amour qu'elle a reçus de vous.
Roxane s'estimoit assez récompensée:
Et j'aurois en mourant cette douce pensée,
Que, vous ayant moi-même imposé cette loi,
Je vous ai vers Roxane envoyé plein de moi;
Qu'emportant chez les morts toute votre tendresse,
Ce n'est point un amant en vous que je lui laisse.

BAJAZET.

Que parlez-vous, madame, et d'époux et d'amant?
Ô ciel! de ce discours quel est le fondement?
Qui peut vous avoir fait ce récit infidele?
Moi, j'aimerois Roxane, ou je vivrois pour elle,
Madame! Ah! croyez-vous que, loin de le penser,
Ma bouche seulement eût pu le prononcer?
Mais l'un ni l'autre enfin n'étoit point nécessaire.
La sultane a suivi son penchant ordinaire;
Et, soit qu'elle ait d'abord expliqué mon retour
Comme un gage certain qui marquoit mon amour;

Soit que le temps trop cher la pressât de se rendre,
A peine ai-je parlé, que, sans presque m'entendre,
Ses pleurs précipités ont coupé mes discours:
Elle met dans ma main sa fortune, ses jours,
Et, se fiant enfin à ma reconnoissance,
D'un hymen infaillible a formé l'espérance.
Moi-même, rougissant de sa crédulité,
Et d'un amour si tendre et si peu mérité,
Dans ma confusion, que Roxane, madame,
Attribuoit encore à l'excès de ma flamme,
Je me trouvois barbare, injuste, criminel.
Croyez qu'il m'a fallu, dans ce moment cruel,
Pour garder jusqu'au bout un silence perfide,
Rappeller tout l'amour que j'ai pour Atalide.
Cependant, quand je viens, après de tels efforts,
Chercher quelques secours contre tous mes remords,
Vous-même contre moi je vous vois irritée
Reprocher votre mort à mon ame agitée;
Je vois enfin, je vois qu'en ce même moment
Tout ce que je vous dis vous touche foiblement.

Madame, finissons et mon trouble et le vôtre:
Ne nous affligeons point vainement l'un et l'autre.
Roxane n'est pas loin : laissez agir ma foi;
J'irai, bien plus content et de vous et de moi,
Détromper son amour d'une feinte forcée,
Que je n'allois tantôt déguiser ma pensée.
La voici.

ATALIDE.

Juste ciel! où va-t-il s'exposer?
Si vous m'aimez, gardez de la désabuser.

SCENE V.

ROXANE, BAJAZET, ATALIDE, ZAÏRE.

ROXANE.

Venez, seigneur, venez : il est temps de paroître,
Et que tout le serrail reconnoisse son maître:
Tout ce peuple nombreux dont il est habité,
Assemblé par mon ordre, attend ma volonté.
Mes esclaves gagnés, que le reste va suivre,
Sont les premiers sujets que mon amour vous livre.
L'auriez-vous cru, madame, et qu'un si prompt retour
Fît à tant de fureur succéder tant d'amour?
Tantôt, à me venger fixe et déterminée,
Je jurois qu'il voyoit sa derniere journée:
A peine cependant Bajazet m'a parlé,
L'amour fit le serment, l'amour l'a violé.
J'ai cru dans son désordre entrevoir sa tendresse:
J'ai prononcé sa grace, et je crois sa promesse.

BAJAZET.

Oui, je vous ai promis et j'ai donné ma foi

De n'oublier jamais tout ce que je vous doi :
J'ai juré que mes soins, ma juste complaisance,
Vous répondront toujours de ma reconnoissance.
Si je puis à ce prix mériter vos bienfaits,
Je vais de vos bontés attendre les effets.

SCENE VI.

ROXANE, ATALIDE, ZAÏRE.

ROXANE.

De quel étonnement, ô ciel! suis-je frappée!
Est-ce un songe? et mes yeux ne m'ont-ils point trompée?
Quel est ce sombre accueil, et ce discours glacé
Qui semble révoquer tout ce qui s'est passé?
Sur quel espoir croit-il que je me sois rendue,
Et qu'il ait regagné mon amitié perdue?
J'ai cru qu'il me juroit que jusques à la mort
Son amour me laissoit maîtresse de son sort.
Se repent-il déja de m'avoir appaisée?
Mais moi-même tantôt me serois-je abusée?
Ah!... Mais il vous parloit : quels étoient ses discours,
Madame?

ATALIDE.

Moi, madame! Il vous aime toujours.

ROXANE.

Il y va de sa vie, au moins, que je le croie.
Mais, de grace, parmi tant de sujets de joie,
Répondez-moi, comment pouvez-vous expliquer
Ce chagrin qu'en sortant il m'a fait remarquer?

ATALIDE.

Madame, ce chagrin n'a point frappé ma vue.
Il m'a de vos bontés long-temps entretenue,
Il en étoit tout plein quand je l'ai rencontré :
J'ai cru le voir sortir tel qu'il étoit entré.
Mais, madame, après tout, faut-il être surprise
Que, tout prêt d'achever cette grande entreprise,
Bajazet s'inquiete, et qu'il laisse échapper
Quelque marque des soins qui doivent l'occuper?

ROXANE.

Je vois qu'à l'excuser votre adresse est extrême.
Vous parlez mieux pour lui qu'il ne parle lui-même.

ATALIDE.

Et quel autre intérêt...

ROXANE.

Madame, c'est assez :
Je conçois vos raisons mieux que vous ne pensez.
Laissez-moi : j'ai besoin d'un peu de solitude.
Ce jour me jette aussi dans quelque inquiétude :
J'ai, comme Bajazet, mon chagrin et mes soins,
Et je veux un moment y penser sans témoins.

SCENE VII.

ROXANE.

De tout ce que je vois que faut-il que je pense?
Tous deux à me tromper sont-ils d'intelligence?
Pourquoi ce changement, ce discours, ce départ?
N'ai-je pas même entre eux surpris quelque regard?
Bajazet interdit! Atalide étonnée!
Ô ciel, à cet affront m'auriez-vous condamnée?
De mon aveugle amour seroient-ce là les fruits?
Tant de jours douloureux, tant d'inquietes nuits,
Mes brigues, mes complots, ma trahison fatale,
N'aurois-je tout tenté que pour une rivale?
    Mais peut-être qu'aussi, trop prompte à m'affliger,
J'observe de trop près un chagrin passager:
J'impute à son amour l'effet de son caprice.
N'eût-il pas jusqu'au bout conduit son artifice?
Prêt à voir le succès de son déguisement,
Quoi! ne pouvoit-il pas feindre encore un moment?
Non, non, rassurons-nous: trop d'amour m'intimide.
Et pourquoi dans son cœur redouter Atalide?
Quel seroit son dessein? qu'a-t-elle fait pour lui?
Qui de nous deux enfin le couronne aujourd'hui?
Mais, hélas! de l'amour ignorons-nous l'empire?

Si par quelque autre charme Atalide l'attire,
Qu'importe qu'il nous doive et le sceptre et le jour?
Les bienfaits dans un cœur balancent-ils l'amour?
Et, sans chercher plus loin, quand l'ingrat me sut plaire,
Ai-je mieux reconnu les bontés de son frere?
Ah! si d'une autre chaîne il n'étoit point lié,
L'offre de mon hymen l'eût-il tant effrayé?
N'eût-il pas sans regret secondé mon envie?
L'eût-il refusé même aux dépens de sa vie?
Que de justes raisons... Mais qui vient me parler?
Que veut-on?

SCENE VIII.

ROXANE, ZATIME.

ZATIME.

Pardonnez si j'ose vous troubler:
Mais, madame, un esclave arrive de l'armée;
Et, quoique sur la mer la porte fût fermée,
Les gardes, sans tarder, l'ont ouverte à genoux,
Aux ordres du sultan qui s'adressent à vous.
Mais ce qui me surprend, c'est Orcan qu'il envoie.

ROXANE.

Orcan!

Z A T I M E.

Oui, de tous ceux que le sultan emploie,
Orcan, le plus fidele à servir ses desseins,
Né sous le ciel brûlant des plus noirs Africains.
Madame, il vous demande avec impatience.
Mais j'ai cru vous devoir avertir par avance;
Et, souhaitant sur-tout qu'il ne vous surprît pas,
Dans votre appartement j'ai retenu ses pas.

R O X A N E.

Quel malheur imprévu vient encor me confondre?
Quel peut être cet ordre, et que puis-je répondre?
Il n'en faut point douter, le sultan inquiet
Une seconde fois condamne Bajazet.
On ne peut sur ses jours sans moi rien entreprendre:
Tout m'obéit ici. Mais dois-je le défendre?
Quel est mon empereur? Bajazet? Amurat?
J'ai trahi l'un; mais l'autre est peut-être un ingrat.
Le temps presse; que faire en ce doute funeste?
Allons : employons bien le moment qui nous reste.
Ils ont beau se cacher, l'amour le plus discret
Laisse par quelque marque échapper son secret.
Observons Bajazet; étonnons Atalide:
Et couronnons l'amant; ou perdons le perfide.

FIN DU TROISIEME ACTE.

ACTE QUATRIEME.

SCENE I.

ATALIDE, ZAÏRE.

ATALIDE.

Ah! sais-tu mes frayeurs? sais-tu que dans ces lieux
J'ai vu du fier Orcan le visage odieux?
En ce moment fatal, que je crains sa venue!
Que je crains... Mais dis-moi, Bajazet t'a-t-il vue?
Qu'a-t-il dit? se rend-il, Zaïre, à mes raisons?
Ira-t-il voir Roxane, et calmer ses soupçons?

ZAÏRE.

Il ne peut plus la voir sans qu'elle le commande:
Roxane ainsi l'ordonne, elle veut qu'il l'attende.
Sans doute à cet esclave elle veut le cacher.
J'ai feint en le voyant de ne le point chercher:
J'ai rendu votre lettre, et j'ai pris sa réponse.
Madame, vous verrez ce qu'elle vous annonce.

ATALIDE lit.

Après tant d'injustes détours,
Faut-il qu'à feindre encor votre amour me convie?
Mais je veux bien prendre soin d'une vie
Dont vous jurez que dépendent vos jours.

TOME II.   29

Je verrai la sultane; et, par ma complaisance,
Par de nouveaux serments de ma reconnoissance,
J'appaiserai, si je puis, son courroux.
N'exigez rien de plus. Ni la mort, ni vous-même,
Ne me ferez jamais prononcer que je l'aime,
Puisque jamais je n'aimerai que vous.

Hélas! que me dit-il? Croit-il que je l'ignore?
Ne sais-je pas assez qu'il m'aime, qu'il m'adore?
Est-ce ainsi qu'à mes vœux il sait s'accommoder?
C'est Roxane, et non moi, qu'il faut persuader.
De quelle crainte encor me laisse-t-il saisie!
Funeste aveuglement! perfide jalousie!
Récit menteur! soupçons que je n'ai pu celer!
Falloit-il vous entendre, ou falloit-il parler?
C'étoit fait, mon bonheur surpassoit mon attente:
J'étois aimée, heureuse; et Roxane contente.
Zaïre, s'il se peut, retourne sur tes pas:
Qu'il l'appaise. Ces mots ne me suffisent pas.
Que sa bouche, ses yeux, tout l'assure qu'il l'aime:
Qu'elle le croie enfin. Que ne puis-je moi-même,
Échauffant par mes pleurs ses soins trop languissants,
Mettre dans ses discours tout l'amour que je sens!
Mais à d'autres périls je crains de le commettre.

ZAÏRE.

Roxane vient à vous.

ATALIDE.

Ah! cachons cette lettre.

SCENE II.

ROXANE, ATALIDE, ZATIME,
ZAÏRE.

ROXANE, à Zatime.

Viens. J'ai reçu cet ordre. Il faut l'intimider.

ATALIDE, à Zaïre.

Va, cours; et tâche enfin de le persuader.

SCENE III.

ROXANE, ATALIDE, ZATIME.

ROXANE.

Madame, j'ai reçu des lettres de l'armée.
De tout ce qui s'y passe êtes-vous informée?

ATALIDE.

On m'a dit que du camp un esclave est venu:
Le reste est un secret qui ne m'est pas connu.

ROXANE.

Amurat est heureux, la fortune est changée,
Madame, et sous ses loix Babylone est rangée.

ATALIDE.

Hé quoi, madame! Osmin...

ROXANE.

                  Étoit mal averti;
Et depuis son départ cet esclave est parti.
C'en est fait.

ATALIDE, à part.

    Quel revers!

ROXANE.

                  Pour comble de disgraces,
Le sultan, qui l'envoie, est parti sur ses traces.

ATALIDE.

Quoi! les Persans armés ne l'arrêtent donc pas?

ROXANE.

Non, madame. Vers nous il revient à grands pas.

ATALIDE.

Que je vous plains, madame! et qu'il est nécessaire
D'achever promptement ce que vous vouliez faire!

ROXANE.

Il est tard de vouloir s'opposer au vainqueur.

ATALIDE, à part.

Ô ciel!

ROXANE.

       Le temps n'a point adouci sa rigueur.
Vous voyez dans mes mains sa volonté suprême.

ATALIDE.

Et que vous mande-t-il?

ROXANE.

Voyez : lisez vous-même.
Vous connoissez, madame, et la lettre et le seing.

ATALIDE.

Du cruel Amurat je reconnois la main.

> Avant que Babylone éprouvât ma puissance,
> Je vous ai fait porter mes ordres absolus :
> Je ne veux point douter de votre obéissance,
> Et crois que maintenant Bajazet ne vit plus.
> Je laisse sous mes loix Babylone asservie,
> Et confirme en partant mon ordre souverain.
> Vous, si vous avez soin de votre propre vie,
> Ne vous montrez à moi que sa tête à la main.

ROXANE.

Hé bien?

ATALIDE, à part.

Cache tes pleurs, malheureuse Atalide.

ROXANE.

Que vous semble?

ATALIDE.

Il poursuit son dessein parricide.
Mais il pense proscrire un prince sans appui :
Il ne sait pas l'amour qui vous parle pour lui ;
Que vous et Bajazet vous ne faites qu'une ame ;
Que plutôt, s'il le faut, vous mourrez...

ROXANE.

Moi, madame?

Je voudrois le sauver, je ne le puis haïr;
Mais...

A T A L I D E.

Quoi donc? qu'avez-vous résolu?

R O X A N E.

D'obéir.

A T A L I D E.

D'obéir!

R O X A N E.

Et que faire en ce péril extrême?
Il le faut.

A T A L I D E.

Quoi! ce prince aimable... qui vous aime,
Verra finir ses jours qu'il vous a destinés!

R O X A N E.

Il le faut; et déja mes ordres sont donnés.

A T A L I D E.

Je me meurs.

Z A T I M E.

Elle tombe, et ne vit plus qu'à peine.

R O X A N E.

Allez, conduisez-la dans la chambre prochaine:
Mais au moins observez ses regards, ses discours,
Tout ce qui convaincra leurs perfides amours.

SCENE IV.

ROXANE.

Ma rivale à mes yeux s'est enfin déclarée.
Voilà sur quelle foi je m'étois assurée!
Depuis six mois entiers j'ai cru que, nuit et jour,
Ardente, elle veilloit au soin de mon amour:
Et c'est moi qui, du sien ministre trop fidele,
Semble depuis six mois ne veiller que pour elle;
Qui me suis appliquée à chercher les moyens
De lui faciliter tant d'heureux entretiens;
Et qui même souvent, prévenant son envie,
Ai hâté les moments les plus doux de sa vie.
Ce n'est pas tout : il faut maintenant m'éclaircir
Si dans sa perfidie elle a su réussir:
Il faut... Mais que pourrois-je apprendre davantage?
Mon malheur n'est-il pas écrit sur son visage?
Vois-je pas, au travers de son saisissement,
Un cœur dans ses douleurs content de son amant?
Exempte des soupçons dont je suis tourmentée,
Ce n'est que pour ses jours qu'elle est épouvantée.
N'importe : poursuivons. Elle peut, comme moi,
Sur des gages trompeurs s'assurer de sa foi.
Pour le faire expliquer tendons-lui quelque piege.

Mais quel indigne emploi moi-même m'imposé-je?
Quoi donc! à me gêner appliquant mes esprits,
J'irai faire à mes yeux éclater ses mépris?
Lui-même il peut prévoir et tromper mon adresse.
D'ailleurs, l'ordre, l'esclave, et le visir me presse.
Il faut prendre parti; l'on m'attend. Faisons mieux:
Sur tout ce que j'ai vu fermons plutôt les yeux;
Laissons de leur amour la recherche importune;
Poussons à bout l'ingrat, et tentons la fortune:
Voyons si, par mes soins sur le trône élevé,
Il osera trahir l'amour qui l'a sauvé,
Et si de mes bienfaits lâchement libérale
Sa main en osera couronner ma rivale.
Je saurai bien toujours retrouver le moment
De punir, s'il le faut, la rivale et l'amant:
Dans ma juste fureur observant le perfide,
Je saurai le surprendre avec son Atalide;
Et, d'un même poignard les unissant tous deux,
Les percer l'un et l'autre, et moi-même après eux.
Voilà, n'en doutons point, le parti qu'il faut prendre.
Je veux tout ignorer.

SCENE V.

ROXANE, ZATIME.

ROXANE.

Ah! que viens-tu m'apprendre,
Zatime? Bajazet en est-il amoureux?
Vois-tu dans ses discours qu'ils s'entendent tous deux?

ZATIME.

Elle n'a point parlé. Toujours évanouie,
Madame, elle ne marque aucun reste de vie,
Que par de longs soupirs et des gémissements,
Qu'il semble que son cœur va suivre à tous moments.
Vos femmes, dont le soin à l'envi la soulage,
Ont découvert son sein pour leur donner passage.
Moi-même, avec ardeur secondant ce dessein,
J'ai trouvé ce billet enfermé dans son sein:
Du prince votre amant j'ai reconnu la lettre;
Et j'ai cru qu'en vos mains je devois le remettre.

ROXANE.

Donne. Pourquoi frémir? et quel trouble soudain
Me glace à cet objet, et fait trembler ma main?
Il peut l'avoir écrit sans m'avoir offensée:
Il peut même... Lisons, et voyons sa pensée.

. . . . Ni la mort, ni vous-même,
Ne me ferez jamais prononcer que je l'aime,
Puisque jamais je n'aimerai que vous.

Ah! de la trahison me voilà donc instruite!
Je reconnois l'appât dont ils m'avoient séduite.
Ainsi donc mon amour étoit récompensé,
Lâche, indigne du jour que je t'avois laissé?
Ah! je respire enfin; et ma joie est extrême
Que le traître, une fois, se soit trahi lui-même.
Libre des soins cruels où j'allois m'engager,
Ma tranquille fureur n'a plus qu'à se venger.
Qu'il meure: vengeons-nous. Courez: qu'on le saisisse:
Que la main des muets s'arme pour son supplice;
Qu'ils viennent préparer ces nœuds infortunés
Par qui de ses pareils les jours sont terminés.
Cours, Zatime, sois prompte à servir ma colere.

ZATIME.

Ah madame!

ROXANE.

Quoi donc?

ZATIME.

Si, sans trop vous déplaire,
Dans les justes transports, madame, où je vous vois,
J'osois vous faire entendre une timide voix:
Bajazet, il est vrai, trop indigne de vivre,
Aux mains de ces cruels mérite qu'on le livre;

Mais, tout ingrat qu'il est, croyez-vous aujourd'hui
Qu'Amurat ne soit pas plus à craindre que lui?
Et qui sait si déja quelque bouche infidele
Ne l'a point averti de votre amour nouvelle?
Des cœurs comme le sien, vous le savez assez,
Ne se regagnent plus quand ils sont offensés;
Et la plus prompte mort, dans ce moment sévere,
Devient de leur amour la marque la plus chere.

ROXANE.

Avec quelle insolence et quelle cruauté
Ils se jouoient tous deux de ma crédulité!
Quel penchant, quel plaisir je sentois à les croire!
Tu ne remportois pas une grande victoire,
Perfide, en abusant ce cœur préoccupé,
Qui lui-même craignoit de se voir détrompé.
Moi qui, de ce haut rang qui me rendoit si fiere,
Dans le sein du malheur t'ai cherché la premiere
Pour attacher des jours tranquilles, fortunés,
Aux périls dont tes jours étoient environnés;
Après tant de bonté, de soin, d'ardeurs extrèmes,
Tu ne saurois jamais prononcer que tu m'aimes!
Mais dans quel souvenir me laissé-je égarer?
Tu pleures, malheureuse! Ah! tu devois pleurer
Lorsque, d'un vain desir à ta perte poussée,
Tu conçus de le voir la premiere pensée.
Tu pleures! et l'ingrat, tout prêt à te trahir,

Prépare les discours dont il veut t'éblouir;
Pour plaire à ta rivale, il prend soin de sa vie.
Ah traître! tu mourras! Quoi! tu n'es point partie!
Va. Mais nous-même allons, précipitons nos pas:
Qu'il me voie, attentive au soin de son trépas,
Lui montrer à la fois, et l'ordre de son frere,
Et de sa trahison ce gage trop sincere.
Toi, Zatime, retiens ma rivale en ces lieux.
Qu'il n'ait, en expirant, que ses cris pour adieux.
Qu'elle soit cependant fidèlement servie;
Prends soin d'elle: ma haine a besoin de sa vie.
Ah! si, pour son amant facile à s'attendrir,
La peur de son trépas la fit presque mourir,
Quel surcroît de vengeance et de douceur nouvelle
De le montrer bientôt pâle et mort devant elle;
De voir sur cet objet ses regards arrêtés
Me payer les plaisirs que je leur ai prêtés!
Va, retiens-la. Sur-tout, garde bien le silence.
Moi... Mais qui vient ici différer ma vengeance?

SCENE VI.

ROXANE, ACOMAT, OSMIN.

———

ACOMAT.

Que faites-vous, madame? en quels retardements
D'un jour si précieux perdez-vous les moments?
Byzance, par mes soins presque entiere assemblée,
Interroge ses chefs, de leur crainte troublée;
Et tous pour s'expliquer, ainsi que mes amis,
Attendent le signal que vous m'aviez promis.
D'où vient que, sans répondre à leur impatience,
Le serrail cependant garde un triste silence?
Déclarez-vous, madame; et, sans plus différer...

ROXANE.

Oui, vous serez content, je vais me déclarer.

ACOMAT.

Madame, quel regard et quelle voix sévere,
Malgré votre discours, m'assurent du contraire?
Quoi! déja votre amour des obstacles vaincu...

ROXANE.

Bajazet est un traître, et n'a que trop vécu.

ACOMAT.

Lui!

ROXANE.

Pour moi, pour vous-même, également perfide,
Il nous trompoit tous deux.

ACOMAT.

Comment?

ROXANE.

Cette Atalide,
Qui même n'étoit pas un assez digne prix
De tout ce que pour lui vous avez entrepris...

ACOMAT.

Hé bien?

ROXANE.

Lisez. Jugez, après cette insolence,
Si nous devons d'un traître embrasser la défense.
Obéissons plutôt à la juste rigueur
D'Amurat qui s'approche et retourne vainqueur:
Et, livrant sans regret un indigne complice,
Appaisons le sultan par un prompt sacrifice.

ACOMAT, lui rendant le billet.

Oui, puisque jusques-là l'ingrat m'ose outrager,
Moi-même, s'il le faut, je m'offre à vous venger,
Madame. Laissez-moi nous laver l'un et l'autre
Du crime que sa vie a jetté sur la nôtre.
Montrez-moi le chemin, j'y cours.

ROXANE.

Non, Acomat;

Laissez-moi le plaisir de confondre l'ingrat.
Je veux voir son désordre et jouir de sa honte :
Je perdròis ma vengeance en la rendant si prompte.
Je vais tout préparer. Vous, cependant, allez
Disperser promptement vos amis assemblés.

SCENE VII.

ACOMAT, OSMIN.

ACOMAT.

Demeure. Il n'est pas temps, cher Osmin, que je sorte.

OSMIN.

Quoi! jusques-là, seigneur, votre amour vous transporte?
N'avez-vous pas poussé la vengeance assez loin?
Voulez-vous de sa mort être encor le témoin?

ACOMAT.

Que veux-tu dire? Es-tu toi-même si crédule
Que de me soupçonner d'un courroux ridicule?
Moi, jaloux? Plût au ciel qu'en me manquant de foi
L'imprudent Bajazet n'eût offensé que moi!

OSMIN.

Et pourquoi donc, seigneur, au lieu de le défendre....

ACOMAT.

Et la sultane est-elle en état de m'entendre?

Ne voyois-tu pas bien, quand je l'allois trouver,
Que j'allois avec lui me perdre, ou me sauver?
Ah! de tant de conseils événement sinistre!
Prince aveugle! Ou plutôt trop aveugle ministre,
Il te sied bien d'avoir en de si jeunes mains,
Chargé d'ans et d'honneurs, confié tes desseins,
Et laissé d'un visir la fortune flottante
Suivre de ces amants la conduite imprudente!

OSMIN.

Hé! laissez-les entre eux exercer leur courroux:
Bajazet veut périr; seigneur, songez à vous.
Qui peut de vos desseins révéler le mystere,
Sinon quelques amis engagés à se taire?
Vous verrez par sa mort le sultan adouci.

ACOMAT.

Roxane en sa fureur peut raisonner ainsi.
Mais moi qui vois plus loin; qui, par un long usage,
Des maximes du trône ai fait l'apprentissage;
Qui, d'emplois en emplois, vieilli sous trois sultans,
Ai vu de mes pareils les malheurs éclatants;
Je sais, sans me flatter, que de sa seule audace
Un homme tel que moi doit attendre sa grace,
Et qu'une mort sanglante est l'unique traité
Qui reste entre l'esclave et le maître irrité.

OSMIN.

Fuyez donc.

ACOMAT.

J'approuvois tantôt cette pensée ;
Mon entreprise alors étoit moins avancée:
Mais il m'est désormais trop dur de reculer.
Par une belle chûte il faut me signaler,
Et laisser un débris du moins après ma fuite,
Qui de mes ennemis retarde la poursuite.
Bajazet vit encor : pourquoi nous étonner?
Acomat de plus loin a su le ramener.
Sauvons-le malgré lui de ce péril extrême,
Pour nous, pour nos amis, pour Roxane elle-même.
Tu vois combien son cœur, prêt à le protéger,
A retenu mon bras trop prompt à la venger.
Je connois peu l'amour; mais j'ose te répondre
Qu'il n'est pas condamné, puisqu'on veut le confondre;
Que nous avons du temps. Malgré son désespoir,
Roxane l'aime encore, Osmin, et le va voir.

OSMIN.

Enfin, que vous inspire une si noble audace?
Si Roxane l'ordonne, il faut quitter la place:
Ce palais est tout plein...

ACOMAT.

Oui, d'esclaves obscurs,
Nourris, loin de la guerre, à l'ombre de ses murs.
Mais toi, dont la valeur, d'Amurat oubliée,
Par de communs chagrins à mon sort s'est liée,

BAJAZET.

Voudras-tu jusqu'au bout seconder mes fureurs?

OSMIN.

Seigneur, vous m'offensez. Si vous mourez, je meurs.

ACOMAT.

D'amis et de soldats une troupe hardie
Aux portes du palais attend notre sortie;
La sultane d'ailleurs se fie à mes discours:
Nourri dans le serrail, j'en connois les détours;
Je sais de Bajazet l'ordinaire demeure;
Ne tardons plus, marchons : et, s'il faut que je meure,
Mourons; moi, cher Osmin, comme un visir; et toi,
Comme le favori d'un homme tel que moi.

FIN DU QUATRIEME ACTE.

ACTE CINQUIEME.

SCENE PREMIERE.

ATALIDE.

Hélas! je cherche en vain; rien ne s'offre à ma vue.
Malheureuse! comment puis-je l'avoir perdue?
Ciel, aurois-tu permis que mon funeste amour
Exposât mon amant tant de fois en un jour?
Que, pour dernier malheur, cette lettre fatale
Fût encor parvenue aux yeux de ma rivale?
J'étois en ce lieu même; et ma timide main,
Quand Roxane a paru, l'a cachée en mon sein.
Sa présence a surpris mon ame désolée;
Ses menaces, sa voix, un ordre m'a troublée;
J'ai senti défaillir ma force et mes esprits:
Ses femmes m'entouroient quand je les ai repris;
A mes yeux étonnés leur troupe est disparue.
Ah! trop cruelles mains qui m'avez secourue,
Vous m'avez vendu cher vos secours inhumains;
Et par vous cette lettre a passé dans ses mains.
Quels desseins maintenant occupent sa pensée?
Sur qui sera d'abord sa vengeance exercée?

Quel sang pourra suffire à son ressentiment?
Ah! Bajazet est mort, ou meurt en ce moment.
Cependant on m'arrête, on me tient enfermée.
On ouvre. De son sort je vais être informée.

SCENE II.

ROXANE, ATALIDE, ZATIME,

GARDES.

ROXANE, à Atalide.

Retirez-vous.

ATALIDE.

Madame... excusez l'embarras...

ROXANE.

Retirez-vous, vous dis-je, et ne répliquez pas.
Gardes, qu'on la retienne.

SCENE III.

ROXANE, ZATIME.

ROXANE.

Oui, tout est prêt, Zatime,
Orcan et les muets attendent leur victime.

Je suis pourtant toujours maîtresse de son sort:
Je puis le retenir. Mais s'il sort, il est mort.
Vient-il?

ZATIME.

Oui, sur mes pas un esclave l'amene;
Et, loin de soupçonner sa disgrace prochaine,
Il m'a paru, madame, avec empressement
Sortir, pour vous chercher, de son appartement.

ROXANE.

Ame lâche, et trop digne enfin d'être déçue,
Peux-tu souffrir encor qu'il paroisse à ta vue?
Crois-tu par tes discours le vaincre ou l'étonner?
Quand même il se rendroit, peux-tu lui pardonner?
Quoi! ne devrois-tu pas être déja vengée?
Ne crois-tu pas encore être assez outragée?
Sans perdre tant d'efforts sur ce cœur endurci,
Que ne le laissons-nous périr?... Mais le voici.

SCENE IV.

BAJAZET, ROXANE.

ROXANE.

Je ne vous ferai point de reproches frivoles;
Les moments sont trop chers pour les perdre en paroles:

Mes soins vous sont connus ; en un mot, vous vivez ;
Et je ne vous dirois que ce que vous savez.
Malgré tout mon amour, si je n'ai pu vous plaire,
Je n'en murmure point ; quoiqu'à ne vous rien taire,
Ce même amour peut-être, et ces mêmes bienfaits,
Auroient dû suppléer à mes foibles attraits :
Mais je m'étonne enfin que, pour reconnoissance,
Pour prix de tant d'amour, de tant de confiance,
Vous ayez si long-temps, par des détours si bas,
Feint un amour pour moi que vous ne sentiez pas.

BAJAZET.

Qui ? moi, madame ?

ROXANE.

               Oui, toi. Voudrois-tu point encore
Me nier un mépris que tu crois que j'ignore ?
Ne prétendrois-tu point, par tes fausses couleurs,
Déguiser un amour qui te retient ailleurs ;
Et me jurer enfin, d'une bouche perfide,
Tout ce que tu ne sens que pour ton Atalide ?

BAJAZET.

Atalide, madame ! Ô ciel ! Qui vous a dit...

ROXANE.

Tiens, perfide, regarde, et démens cet écrit.

BAJAZET, après avoir regardé la lettre.

Je ne vous dis plus rien : cette lettre sincere
D'un malheureux amour contient tout le mystere ;

Vous savez un secret que tout prêt à s'ouvrir
Mon cœur a mille fois voulu vous découvrir.
J'aime, je le confesse; et devant que votre ame,
Prévenant mon espoir, m'eût déclaré sa flamme,
Déja plein d'un amour dès l'enfance formé,
A tout autre desir mon cœur étoit fermé.
Vous me vîntes offrir et la vie et l'empire;
Et même votre amour, si j'ose vous le dire,
Consultant vos bienfaits, les crut, et sur leur foi
De tous mes sentiments vous répondit pour moi.
Je connus votre erreur. Mais que pouvois-je faire?
Je vis en même temps qu'elle vous étoit chere.
Combien le trône tente un cœur ambitieux!
Un si noble présent me fit ouvrir les yeux.
Je chéris, j'acceptai, sans tarder davantage,
L'heureuse occasion de sortir d'esclavage,
D'autant plus qu'il falloit l'accepter ou périr;
D'autant plus que vous-même, ardente à me l'offrir,
Vous ne craigniez rien tant que d'être refusée;
Que même mes refus vous auroient exposée;
Qu'après avoir osé me voir et me parler,
Il étoit dangereux pour vous de reculer.
Cependant, je n'en veux pour témoins que vos plaintes,
Ai-je pu vous tromper par des promesses feintes?
Songez combien de fois vous m'avez reproché
Un silence témoin de mon trouble caché:

Plus l'effet de vos soins et ma gloire étoient proches,
Plus mon cœur interdit se faisoit de reproches.
Le ciel, qui m'entendoit, sait bien qu'en même temps
Je ne m'arrêtois pas à des vœux impuissants :
Et si l'effet enfin, suivant mon espérance,
Eût ouvert un champ libre à ma reconnoissance,
J'aurois, par tant d'honneurs, par tant de dignités,
Contenté votre orgueil et payé vos bontés,
Que vous-même peut-être...

ROXANE.

Et que pourrois-tu faire?
Sans l'offre de ton cœur, par où peux-tu me plaire?
Quels seroient de tes vœux les inutiles fruits?
Ne te souvient-il plus de tout ce que je suis?
Maîtresse du serrail, arbitre de ta vie,
Et même de l'état qu'Amurat me confie,
Sultane, et, ce qu'en vain j'ai cru trouver en toi,
Souveraine d'un cœur qui n'eût aimé que moi :
Dans ce comble de gloire où je suis arrivée,
A quel indigne honneur m'avois-tu réservée?
Traînerois-je en ces lieux un sort infortuné,
Vil rebut d'un ingrat que j'aurois couronné,
De mon rang descendue, à mille autres égale,
Ou la premiere esclave enfin de ma rivale?

Laissons ces vains discours; et, sans m'importuner,
Pour la derniere fois, veux-tu vivre et régner?

J'ai l'ordre d'Amurat, et je puis t'y soustraire.
Mais tu n'as qu'un moment : parle.

BAZAJET.

Que faut-il faire?

ROXANE.

Ma rivale est ici : suis-moi sans différer;
Dans les mains des muets viens la voir expirer;
Et, libre d'un amour à ta gloire funeste,
Viens m'engager ta foi: le temps fera le reste.
Ta grace est à ce prix, si tu veux l'obtenir.

BAZAJET.

Je ne l'accepterois que pour vous en punir;
Que pour faire éclater aux yeux de tout l'empire
L'horreur et le mépris que cette offre m'inspire.
Mais à quelle fureur me laissant emporter,
Contre ses tristes jours vais-je vous irriter?
De mes emportements elle n'est point complice,
Ni de mon amour même et de mon injustice:
Loin de me retenir par des conseils jaloux,
Elle me conjuroit de me donner à vous.
En un mot, séparez ses vertus de mon crime.
Poursuivez, s'il le faut, un courroux légitime;
Aux ordres d'Amurat hâtez-vous d'obéir:
Mais laissez-moi du moins mourir sans vous haïr.
Amurat avec moi ne l'a point condamnée:
Épargnez une vie assez infortunée.

Ajoutez cette grace à tant d'autres bontés,
Madame; et si jamais je vous fus cher...

ROXANE.

Sortez.

SCENE V.

ROXANE, ZATIME.

ROXANE.

Pour la derniere fois, perfide, tu m'as vue;
Et tu vas rencontrer la peine qui t'est due.

ZATIME.

Atalide à vos pieds demande à se jetter,
Et vous prie un moment de vouloir l'écouter,
Madame. Elle vous veut faire l'aveu fidele
D'un secret important qui vous touche plus qu'elle.

ROXANE.

Oui, qu'elle vienne. Et toi, suis Bajazet qui sort;
Et, quand il sera temps, viens m'apprendre son sort.

SCENE VI.

ROXANE, ATALIDE.

ATALIDE.

Je ne viens plus, madame, à feindre disposée,
Tromper votre bonté si long-temps abusée;
Confuse, et digne objet de vos inimitiés,
Je viens mettre mon cœur et mon crime à vos pieds.
Oui, madame, il est vrai que je vous ai trompée :
Du soin de mon amour seulement occupée,
Quand j'ai vu Bajazet, loin de vous obéir,
Je n'ai dans mes discours songé qu'à vous trahir.
Je l'aimai dès l'enfance; et dès ce temps, madame,
J'avois par mille soins su prévenir son ame.
La sultane sa mere, ignorant l'avenir,
Hélas! pour son malheur, se plut à nous unir.
Vous l'aimâtes depuis: plus heureux l'un et l'autre,
Si, connoissant mon cœur, ou me cachant le vôtre,
Votre amour de la mienne eût su se défier!
Je ne me noircis point pour le justifier.
Je jure par le ciel qui me voit confondue,
Par ces grands Ottomans dont je suis descendue,
Et qui tous avec moi vous parlent à genoux
Pour le plus pur du sang qu'ils ont transmis en nous;

Bajazet à vos soins tôt ou tard plus sensible,
Madame, à tant d'attraits n'étoit pas invincible.
Jalouse, et toujours prête à lui représenter
Tout ce que je croyois digne de l'arrêter,
Je n'ai rien négligé, plaintes, larmes, colere,
Quelquefois attestant les mânes de sa mere;
Ce jour même, des jours le plus infortuné,
Lui reprochant l'espoir qu'il vous avoit donné,
Et de ma mort enfin le prenant à partie,
Mon importune ardeur ne s'est point ralentie
Qu'arrachant malgré lui des gages de sa foi
Je ne sois parvenue à le perdre avec moi.

    Mais pourquoi vos bontés seroient-elles lassées?
Ne vous arrêtez point à ses froideurs passées;
C'est moi qui l'y forçai. Les nœuds que j'ai rompus
Se rejoindront bientôt quand je ne serai plus.
Quelque peine pourtant qui soit due à mon crime,
N'ordonnez pas vous-même une mort légitime,
Et ne vous montrez point à son cœur éperdu
Couverte de mon sang par vos mains répandu :
D'un cœur trop tendre encore épargnez la foiblesse.
Vous pouvez de mon sort me laisser la maîtresse,
Madame; mon trépas n'en sera pas moins prompt.
Jouissez d'un bonheur dont ma mort vous répond;
Couronnez un héros dont vous serez chérie :
J'aurai soin de ma mort; prenez soin de sa vie.

Allez, madame, allez: avant votre retour,
J'aurai d'une rivale affranchi votre amour.
ROXANE.
Je ne mérite pas un si grand sacrifice:
Je me connois, madame, et je me fais justice.
Loin de vous séparer, je prétends aujourd'hui
Par des nœuds éternels vous unir avec lui:
Vous jouirez bientôt de son aimable vue.
Levez-vous. Mais que veut Zatime toute émue?

SCENE VII.

ROXANE, ATALIDE, ZATIME.

ZATIME.
Ah! venez vous montrer, madame, ou désormais
Le rebelle Acomat est maître du palais:
Profanant des sultans la demeure sacrée
Ses criminels amis en ont forcé l'entrée.
Vos esclaves tremblants, dont la moitié s'enfuit,
Doutent si le visir vous sert ou vous trahit.
ROXANE.
Ah les traîtres! Allons, et courons le confondre.
Toi, garde ma captive, et songe à m'en répondre.

SCENE VIII.

ATALIDE, ZATIME.

ATALIDE.

Hélas! pour qui mon cœur doit-il faire des vœux?
J'ignore quel dessein les anime tous deux.
Si de tant de malheurs quelque pitié te touche,
Je ne demande point, Zatime, que ta bouche
Trahisse en ma faveur Roxane et son secret;
Mais, de grace, dis-moi ce que fait Bajazet.
L'as-tu vu? Pour ses jours n'ai-je encor rien à craindre?

ZATIME.

Madame, en vos malheurs je ne puis que vous plaindre.

ATALIDE.

Quoi! Roxane déja l'a-t-elle condamné?

ZATIME.

Madame, le secret m'est sur-tout ordonné.

ATALIDE.

Malheureuse, dis-moi seulement s'il respire.

ZATIME.

Il y va de ma vie, et je ne puis rien dire.

ATALIDE.

Ah! c'en est trop, cruelle. Acheve, et que ta main
Lui donne de ton zele un gage plus certain;

Perce toi-même un cœur que ton silence accable,
D'une esclave barbare esclave impitoyable:
Précipite des jours qu'elle me veut ravir;
Montre-toi, s'il se peut, digne de la servir.
Tu me retiens en vain; et, dès cette même heure,
Il faut que je le voie, ou du moins que je meure.

SCENE IX.

ATALIDE, ACOMAT, ZATIME.

ACOMAT.

Ah! que fait Bajazet? où le puis-je trouver,
Madame? Aurai-je encor le temps de le sauver?
Je cours tout le serrail; et, même dès l'entrée,
De mes braves amis la moitié séparée
A marché sur les pas du courageux Osmin;
Le reste m'a suivi par un autre chemin.
Je cours, et je ne vois que des troupes craintives
D'esclaves effrayés, de femmes fugitives.

ATALIDE.

Ah! je suis de son sort moins instruite que vous.
Cette esclave le sait.

ACOMAT.

　　　　Crains mon juste courroux,
Malheureuse, réponds.

S C E N E X.
A T A L I D E, A C O M A T, Z A T I M E,
Z A Ï R E.

***

Z A Ï R E.

Madame...

A T A L I D E.

Hé bien, Zaïre?

Qu'est-ce?

Z A Ï R E.

Ne craignez plus : votre ennemie expire.

A T A L I D E.

Roxane...

Z A Ï R E.

Et ce qui va bien plus vous étonner,
Orcan lui-même, Orcan vient de l'assassiner.

A T A L I D E.

Quoi! lui?

Z A Ï R E.

Désespéré d'avoir manqué son crime,
Sans doute il a voulu prendre cette victime.

A T A L I D E.

Juste ciel, l'innocence a trouvé ton appui!
Bajazet vit encor : visir, courez à lui.

ZAÏRE.

Par la bouche d'Osmin vous serez mieux instruite;
Il a tout vu.

SCENE XI.

ATALIDE, ACOMAT, ZAÏRE,
OSMIN.

ACOMAT.

Ses yeux ne l'ont-ils point séduite?
Roxane est-elle morte?

OSMIN.

Oui; j'ai vu l'assassin
Retirer son poignard tout fumant de son sein.
Orcan, qui méditoit ce cruel stratagême,
La servoit à dessein de la perdre elle-même;
Et le sultan l'avoit chargé secrètement
De lui sacrifier l'amante après l'amant.
Lui-même d'aussi loin qu'il nous a vus paroître,
« Adorez, a-t-il dit, l'ordre de votre maître;
« De son auguste seing reconnoissez les traits,
« Perfides, et sortez de ce sacré palais. »
A ces discours, laissant la sultane expirante,

TOME II.   24

Il a marché vers nous; et d'une main sanglante
Il nous a déployé l'ordre dont Amurat
Autorise ce monstre à ce double attentat.
Mais, seigneur, sans vouloir l'écouter davantage,
Transportés à la fois de douleur et de rage,
Nos bras impatients ont puni son forfait,
Et vengé dans son sang la mort de Bajazet.

ATALIDE.

Bajazet!

ACOMAT.

Que dis-tu?

OSMIN.

Bajazet est sans vie.

L'ignoriez-vous?

ATALIDE.

Ô ciel!

OSMIN.

Son amante en furie,
Près de ces lieux, seigneur, craignant votre secours,
Avoit au nœud fatal abandonné ses jours.
Moi-même des objets j'ai vu le plus funeste,
Et de sa vie en vain j'ai cherché quelque reste;
Bajazet étoit mort. Nous l'avons rencontré
De morts et de mourants noblement entouré,
Que, vengeant sa défaite, et cédant sous le nombre,
Ce héros a forcés d'accompagner son ombre.

Mais, puisque c'en est fait, seigneur, songeons à nous.

ACOMAT.

Ah! destins ennemis, où me réduisez-vous?
Je sais en Bajazet la perte que vous faites,
Madame; je sais trop qu'en l'état où vous êtes
Il ne m'appartient point de vous offrir l'appui
De quelques malheureux qui n'espéroient qu'en lui:
Saisi, désespéré d'une mort qui m'accable,
Je vais, non point sauver cette tête coupable,
Mais, redevable aux soins de mes tristes amis,
Défendre jusqu'au bout leurs jours qu'ils m'ont commis.
Pour vous, si vous voulez qu'en quelque autre contrée
Nous allions confier votre tête sacrée,
Madame, consultez : maître de ce palais,
Mes fideles amis attendront vos souhaits;
Et moi, pour ne point perdre un temps si salutaire,
Je cours où ma présence est encor nécessaire,
Et jusqu'au pied des murs que la mer vient laver
Sur mes vaisseaux tout prêts je viens vous retrouver.

S C E N E X I I.

A T A L I D E, Z A I R E.

A T A L I D E.

Enfin c'en est donc fait; et, par mes artifices,
Mes injustes soupçons, mes funestes caprices,
Je suis donc arrivée au douloureux moment
Où je vois par mon crime expirer mon amant!
N'étoit-ce pas assez, cruelle destinée,
Qu'à lui survivre, hélas! je fusse condamnée?
Et falloit-il encor que, pour comble d'horreurs,
Je ne pusse imputer sa mort qu'à mes fureurs?
Oui, c'est moi, cher amant, qui t'arrache la vie;
Roxane ou le sultan ne te l'ont point ravie;
Moi seule j'ai tissu le lien malheureux
Dont tu viens d'éprouver les détestables nœuds.
Et je puis, sans mourir, en souffrir la pensée,
Moi qui n'ai pu tantôt, de ta mort menacée,
Retenir mes esprits prompts à m'abandonner!
Ah! n'ai-je eu de l'amour que pour t'assassiner?
Mais c'en est trop : il faut, par un prompt sacrifice,
Que ma fidele main te venge, et me punisse.

Vous, de qui j'ai troublé la gloire et le repos,
Héros, qui deviez tous revivre en ce héros;
Toi, mere malheureuse, et qui, dès notre enfance,
Me confias son cœur dans une autre espérance;
Infortuné visir, amis désespérés,
Roxane, venez tous, contre moi conjurés,
Tourmenter à la fois une amante éperdue,
Et prenez la vengeance enfin qui vous est due.

(elle se tue.)

Z A Ï R E.

Ah madame!... Elle expire. Ô ciel! en ce malheur ·
Que ne puis-je avec elle expirer de douleur!

F I N.

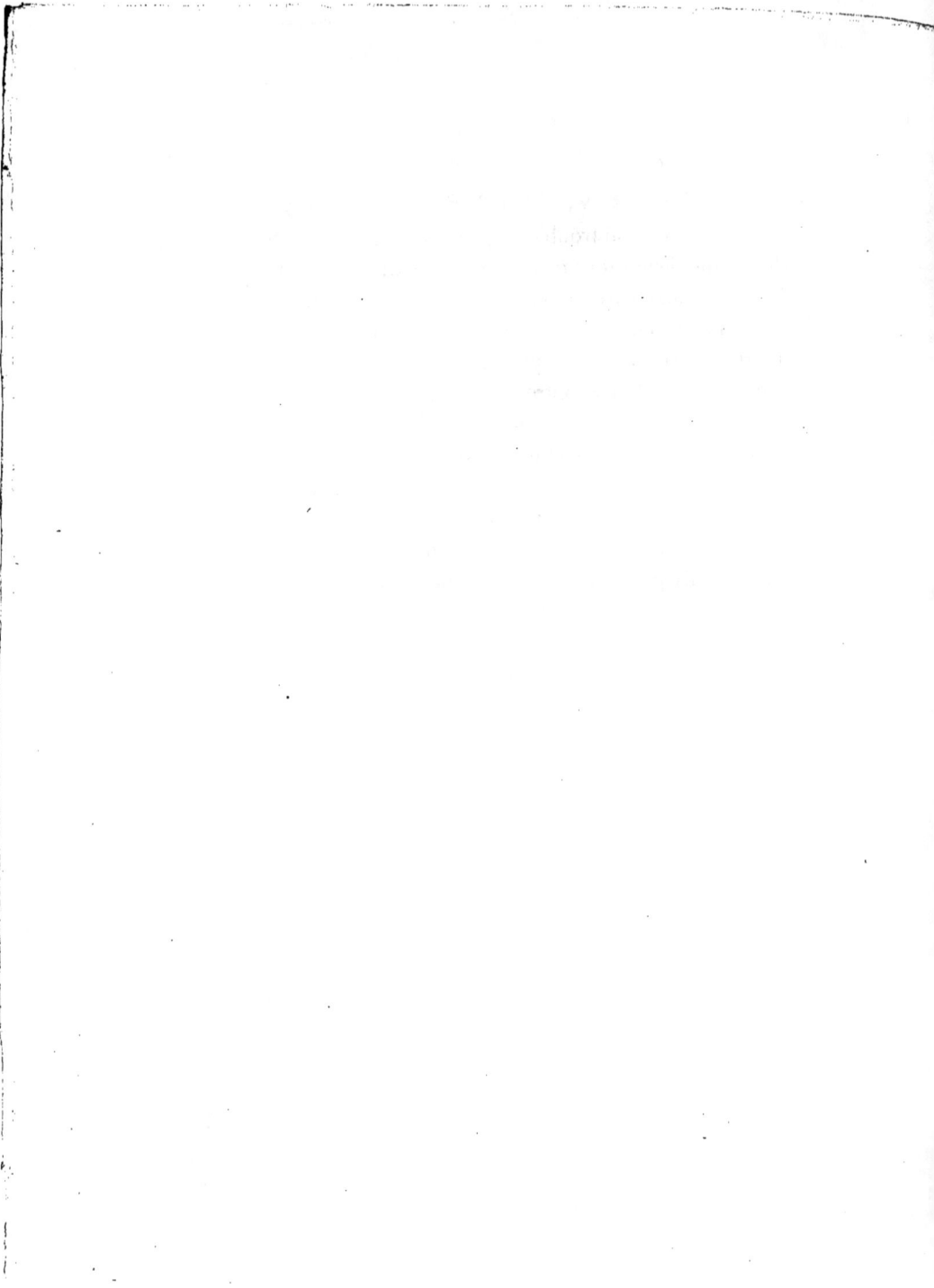

MITHRIDATE,

TRAGÉDIE.

1673.

PRÉFACE.

Il n'y a guere de nom plus connu que celui de Mithridate. Sa vie et sa mort font une partie considérable de l'histoire romaine; et, sans compter les victoires qu'il a remportées, on peut dire que ses seules défaites ont fait presque toute la gloire de trois des plus grands capitaines de la république, c'est à savoir, de Sylla, de Lucullus et de Pompée. Ainsi je ne pense pas qu'il soit besoin de citer ici mes auteurs: car, excepté quelques événements que j'ai un peu rapprochés par le droit que donne la poésie, tout le monde reconnoîtra aisément que j'ai suivi l'histoire avec beaucoup de fidélité. En effet, il n'y a guere d'actions éclatantes dans la vie de Mithridate, qui n'aient trouvé place dans ma tragédie. J'y ai inséré tout ce qui pouvoit mettre en jour les mœurs et les sentiments de ce prince, je veux dire sa haine violente contre les Romains; son grand courage, sa finesse, sa dissimulation, et enfin cette jalousie qui lui étoit si naturelle, et qui a tant de fois coûté la vie à ses maîtresses.

La seule chose qui pourroit n'être pas aussi connue que le reste, c'est le dessein que je lui fais prendre de passer dans l'Italie. Comme ce dessein m'a fourni une des scenes qui ont le plus réussi dans ma tragédie, je crois que le plaisir du lecteur pourra redoubler, quand il verra que presque tous les historiens ont dit ce que je fais dire ici à Mithridate.

Florus, Plutarque et Dion Cassius nomment les pays par où il devoit passer. Appien d'Alexandrie entre plus dans le détail; et, après avoir marqué les facilités et les secours que Mithridate espéroit trouver dans sa marche, il ajoute que ce projet fut le prétexte dont Pharnace se servit pour faire révolter toute l'armée, et que les soldats, effrayés de l'entreprise de son pere, la regarderent comme le désespoir d'un prince qui ne cherchoit qu'à périr avec éclat. Ainsi elle fut en partie cause de sa mort, qui est l'action de ma tragédie.

J'ai encore lié ce dessein de plus près à mon sujet; je m'en suis servi pour faire connoître à Mithridate les secrets sentiments de ses deux fils. On ne peut prendre trop de précaution pour ne rien mettre sur le théâtre, qui ne soit très nécessaire; et les plus belles scenes sont en danger d'ennuyer, du moment qu'on peut les séparer de l'action, et qu'elles l'interrompent au lieu de la conduire vers sa fin.

Voici la réflexion que fait Dion Cassius sur ce dessein de Mithridate. Cet homme, dit-il, étoit véritablement né pour entreprendre de grandes choses. Comme il avoit souvent éprouvé la bonne et la mauvaise fortune, il ne croyoit rien au-dessus de ses espérances et de son audace, et mesuroit ses desseins bien plus à la grandeur de son courage, qu'au mauvais état de ses affaires; bien résolu, si son entreprise ne réussissoit point, de faire une fin digne d'un grand roi, et de s'ensevelir lui-même sous les ruines de son empire, plutôt que de vivre dans l'obscurité et dans la bassesse.

J'ai choisi Monime entre les femmes que Mithridate a aimées. Il paroît que c'est celle de toutes qui a été la plus vertueuse, et qu'il a aimée le plus tendrement. Plutarque semble avoir pris plaisir à décrire le malheur et les sentiments de cette princesse. C'est lui qui m'a donné l'idée de Monime; et c'est en partie sur la peinture qu'il en a faite, que j'ai fondé un caractere que je puis dire qui n'a point déplu. Le lecteur trouvera bon que je rapporte ses paroles telles qu'Amyot les a traduites; car elles ont une grace dans le vieux style de ce traducteur, que je ne crois point pouvoir égaler dans notre langue moderne.

« Cette-ci estoit fort renommée entre les Grecs, pour
« ce que quelques sollicitations que lui sceust faire le
« roi en estant amoureux, jamais ne voulut entendre à
« toutes ses poursuites jusqu'à ce qu'il y eust accord de
« mariage passé entre eux, et qu'il lui eust envoyé le dia-
« dême ou bandeau royal, et appellé royne. La pauvre
« dame, depuis que ce roi l'eut espousée, avoit vécu en
« grande desplaisance, ne faisant continuellement autre
« chose que de plorer la malheureuse beauté de son

« corps, laquelle, au lieu d'un mari, lui avoit donné un
« maistre, et, au lieu de compaignie conjugale, et que
« doibt avoir une dame d'honneur, lui avoit baillé une
« garde et garnison d'hommes barbares qui la tenoient
« comme prisonniere loin du doulx pays de la Grece, en
« lieu où elle n'avoit qu'un songe et une ombre de biens;
« et au contraire avoit réellement perdu les véritables,
« dont elle jouissoit au pays de sa naissance. Et quand
« l'eunuque fut arrivé devers elle, et lui eut faict com-
« mandement de par le roi qu'elle eust à mourir, adonc
« elle s'arracha d'alentour de la teste son bandeau royal,
« et se le nouant à l'entour du col, s'en pendit. Mais le
« bandeau ne fut pas assez fort, et se rompit inconti-
« nent. Et lors elle se prit à dire : *O maudit et malheu-*
« *reux tissu, ne me serviras-tu point au moins à ce triste*
« *service?* En disant ces paroles, elle le jetta contre-terre,
« crachant dessus, et tendit la gorge à l'eunuque. »

Xipharès étoit fils de Mithridate et d'une de ses
femmes qui se nommoit Stratonice. Elle livra aux Romains une place de grande importance, où étoient les
trésors de Mithridate, pour mettre son fils Xipharès
dans les bonnes graces de Pompée. Il y a des historiens
qui prétendent que Mithridate fit mourir ce jeune prince
pour se venger de la perfidie de sa mere.

Je ne dis rien de Pharnace; car qui ne sait pas que
ce fut lui qui souleva contre Mithridate ce qui lui res-

toit de troupes, et qui força ce prince à se vouloir empoisonner, et à se passer son épée au travers du corps
pour ne pas tomber entre les mains de ses ennemis?
C'est ce même Pharnace qui fut vaincu depuis par Jules
César, et qui fut tué ensuite dans une autre bataille.

ACTEURS.

MITHRIDATE, roi de Pont et de quantité d'autres
royaumes.

MONIME, accordée avec Mithridate, et déja déclarée reine.

PHARNACE, ⎫ fils de Mithridate, mais de différentes
XIPHARÈS, ⎭ meres.

ARBATE, confident de Mithridate, et gouverneur
de la place de Nymphée.

PHŒDIME, confidente de Monime.

ARCAS, domestique de Mithridate.

GARDES.

La scene est à Nymphée, port de mer sur le Bosphore
Cimmérien, dans la Chersonese Taurique.

MITHRIDATE,

TRAGÉDIE.

ACTE PREMIER.

SCENE I.

XIPHARÈS, ARBATE.

XIPHARÈS.

On nous faisoit, Arbate, un fidele rapport:
Rome en effet triomphe, et Mithridate est mort.
Les Romains vers l'Euphrate ont attaqué mon pere,
Et trompé dans la nuit sa prudence ordinaire.
Après un long combat, tout son camp dispersé,
Dans la foule des morts, en fuyant, l'a laissé;
Et j'ai su qu'un soldat dans les mains de Pompée
Avec son diadême a remis son épée.
Ainsi ce roi, qui seul a durant quarante ans
Lassé tout ce que Rome eut de chefs importants,
Et qui, dans l'Orient balançant la fortune,
Vengeoit de tous les rois la querelle commune,
Meurt, et laisse après lui, pour venger son trépas,
Deux fils infortunés qui ne s'accordent pas.

ARBATE.

Vous, seigneur! Quoi! l'ardeur de régner en sa place
Rend déja Xipharès ennemi de Pharnace?

XIPHARÈS.

Non, je ne prétends point, cher Arbate, à ce prix
D'un malheureux empire acheter le débris.
Je sais en lui des ans respecter l'avantage;
Et, content des états marqués pour mon partage,
Je verrai sans regret tomber entre ses mains
Tout ce que lui promet l'amitié des Romains.

ARBATE.

L'amitié des Romains! le fils de Mithridate,
Seigneur! Est-il bien vrai?

XIPHARÈS.

N'en doute point, Arbate.
Pharnace, dès long-temps tout Romain dans le cœur,
Attend tout maintenant de Rome et du vainqueur:
Et moi, plus que jamais à mon pere fidele,
Je conserve aux Romains une haine immortelle.
Cependant et ma haine et ses prétentions
Sont les moindres sujets de nos divisions.

ARBATE.

Et quel autre intérêt contre lui vous anime?

XIPHARÈS.

Je m'en vais t'étonner. Cette belle Monime,
Qui du roi notre pere attira tous les vœux,

Dont Pharnace, après lui, se déclare amoureux...

ARBATE.

Hé bien, seigneur?

XIPHARÈS.

Je l'aime; et ne veux plus m'en taire,
Puisqu'enfin pour rival je n'ai plus que mon frere.
Tu ne t'attendois pas, sans doute, à ce discours:
Mais ce n'est point, Arbate, un secret de deux jours;
Cet amour s'est long-temps accru dans le silence.
Que n'en puis-je à tes yeux marquer la violence,
Et mes premiers soupirs, et mes derniers ennuis!
Mais, en l'état funeste où nous sommes réduits,
Ce n'est guere le temps d'occuper ma mémoire
A rappeller le cours d'une amoureuse histoire.
Qu'il te suffise donc, pour me justifier,
Que je vis, que j'aimai la reine le premier;
Que mon pere ignoroit jusqu'au nom de Monime
Quand je conçus pour elle un amour légitime.
Il la vit : mais au lieu d'offrir à ses beautés
Un hymen et des vœux dignes d'être écoutés,
Il crut que, sans prétendre une plus haute gloire,
Elle lui céderoit une indigne victoire.
Tu sais par quels efforts il tenta sa vertu,
Et que, lassé d'avoir vainement combattu,
Absent, mais toujours plein de son amour extrême,
Il lui fit par tes mains porter son diadême.

TOME II.   26

Juge de mes douleurs, quand des bruits trop certains
M'annoncerent du roi l'amour et les desseins;
Quand je sus qu'à son lit Monime réservée
Avoit pris avec toi le chemin de Nymphée.

Hélas! ce fut encor dans ce temps odieux,
Qu'aux offres des Romains ma mere ouvrit les yeux:
Ou pour venger sa foi par cet hymen trompée,
Ou ménageant pour moi la faveur de Pompée,
Elle trahit mon pere, et rendit aux Romains
La place et les trésors confiés en ses mains.
Quel devins-je au récit du crime de ma mere!
Je ne regardai plus mon rival dans mon pere;
J'oubliai mon amour par le sien traversé:
Je n'eus devant les yeux que mon pere offensé.
J'attaquai les Romains; et ma mere éperdue
Me vit, en reprenant cette place rendue,
A mille coups mortels contre eux me dévouer,
Et chercher, en mourant, à la désavouer.
L'Euxin, depuis ce temps, fut libre, et l'est encore;
Et des rives du Pont aux rives du Bosphore
Tout reconnut mon pere; et ses heureux vaisseaux
N'eurent plus d'ennemis que les vents et les eaux.
Je voulois faire plus: je prétendois, Arbate,
Moi-même à son secours m'avancer vers l'Euphrate.
Je fus soudain frappé du bruit de son trépas.
Au milieu de mes pleurs, je ne le cele pas,

Monime, qu'en tes mains mon pere avoit laissée,
Avec tous ses attraits revint en ma pensée.
Que dis-je? En ce malheur je tremblai pour ses jours;
Je redoutai du roi les cruelles amours:
Tu sais combien de fois ses jalouses tendresses
Ont pris soin d'assurer la mort de ses maîtresses.
Je volai vers Nymphée; et mes tristes regards
Rencontrerent Pharnace au pied de ses remparts.
J'en conçus, je l'avoue, un présage funeste.
Tu nous reçus tous deux, et tu sais tout le reste.
Pharnace, en ses desseins toujours impétueux,
Ne dissimula point ses vœux présomptueux;
De mon pere à la reine il conta la disgrace,
L'assura de sa mort, et s'offrit en sa place.
Comme il le dit, Arbate, il veut l'exécuter.
Mais enfin, à mon tour, je prétends éclater.
Autant que mon amour respecta la puissance
D'un pere à qui je fus dévoué dès l'enfance,
Autant ce même amour, maintenant révolté,
De ce nouveau rival brave l'autorité.
Ou Monime, à ma flamme elle-même contraire,
Condamnera l'aveu que je prétends lui faire;
Ou bien, quelque malheur qu'il en puisse avenir,
Ce n'est que par ma mort qu'on la peut obtenir.
    Voilà tous les secrets que je voulois t'apprendre.
C'est à toi de choisir quel parti tu dois prendre;

Qui des deux te paroît plus digne de ta foi,
L'esclave des Romains, ou le fils de ton roi.
Fier de leur amitié, Pharnace croit peut-être
Commander dans Nymphée et me parler en maître.
Mais ici mon pouvoir ne connoît point le sien :
Le Pont est son partage, et Colchos est le mien ;
Et l'on sait que toujours la Colchide et ses princes
Ont compté ce Bosphore au rang de leurs provinces.

ARBATE.

Commandez-moi, seigneur. Si j'ai quelque pouvoir,
Mon choix est déja fait, je ferai mon devoir :
Avec le même zele, avec la même audace,
Que je servois le pere, et gardois cette place
Et contre votre frere et même contre vous,
Après la mort du roi je vous sers contre tous.
Sans vous, ne sais-je pas que ma mort assurée
De Pharnace en ces lieux alloit suivre l'entrée ?
Sais-je pas que mon sang, par ses mains répandu,
Eût souillé ce rempart contre lui défendu ?
Assurez-vous du cœur et du choix de la reine :
Du reste, ou mon crédit n'est plus qu'une ombre vaine,
Ou Pharnace, laissant le Bosphore en vos mains,
Ira jouir ailleurs des bontés des Romains.

XIPHARÈS.

Que ne devrai-je point à cette ardeur extrême !
Mais on vient. Cours, ami. C'est Monime elle-même.

SCENE II.

MONIME, XIPHARÈS.

MONIME.

Seigneur, je viens à vous : car enfin, aujourd'hui,
Si vous m'abandonnez, quel sera mon appui?
Sans parents, sans amis, désolée et craintive,
Reine long-temps de nom, mais en effet captive,
Et veuve maintenant sans avoir eu d'époux,
Seigneur, de mes malheurs ce sont là les plus doux.
Je tremble à vous nommer l'ennemi qui m'opprime :
J'espere toutefois qu'un cœur si magnanime
Ne sacrifiera point les pleurs des malheureux
Aux intérêts du sang qui vous unit tous deux.
Vous devez à ces mots reconnoître Pharnace.
C'est lui, seigneur, c'est lui dont la coupable audace
Veut, la force à la main, m'attacher à son sort
Par un hymen pour moi plus cruel que la mort.
Sous quel astre ennemi faut-il que je sois née !
Au joug d'un autre hymen sans amour destinée,
A peine je suis libre et goûte quelque paix,
Qu'il faut que je me livre à tout ce que je hais.
Peut-être je devrois, plus humble en ma misere,
Me souvenir du moins que je parle à son frere :

Mais, soit raison, destin, soit que ma haine en lui
Confonde les Romains dont il cherche l'appui,
Jamais hymen formé sous le plus noir auspice
De l'hymen que je crains n'égala le supplice.
Et si Monime en pleurs ne vous peut émouvoir,
Si je n'ai plus pour moi que mon seul désespoir;
Au pied du même autel où je suis attendue,
Seigneur, vous me verrez, à moi-même rendue,
Percer ce triste cœur qu'on veut tyranniser,
Et dont jamais encor je n'ai pu disposer.

XIPHARÈS.

Madame, assurez-vous de mon obéissance;
Vous avez dans ces lieux une entiere puissance:
Pharnace ira, s'il veut, se faire craindre ailleurs.
Mais vous ne savez pas encor tous vos malheurs.

MONIME.

Hé! quel nouveau malheur peut affliger Monime,
Seigneur?

XIPHARÈS.

Si vous aimer c'est faire un si grand crime,
Pharnace n'en est pas seul coupable aujourd'hui;
Et je suis mille fois plus criminel que lui.

MONIME.

Vous!

XIPHARÈS.

Mettez ce malheur au rang des plus funestes;

Attestez, s'il le faut, les puissances célestes
Contre un sang malheureux, né pour vous tourmenter,
Pere, enfants, animés à vous persécuter:
Mais, avec quelque ennui que vous puissiez apprendre
Cet amour criminel qui vient de vous surprendre,
Jamais tous vos malheurs ne sauroient approcher
Des maux que j'ai soufferts en le voulant cacher.
Ne croyez point pourtant que, semblable à Pharnace,
Je vous serve aujourd'hui pour me mettre en sa place:
Vous voulez être à vous, j'en ai donné ma foi,
Et vous ne dépendrez ni de lui ni de moi.
Mais, quand je vous aurai pleinement satisfaite,
En quels lieux avez-vous choisi votre retraite?
Sera-ce loin, madame, ou près de mes états?
Me sera-t-il permis d'y conduire vos pas?
Verrez-vous d'un même œil le crime et l'innocence?
En fuyant mon rival, fuirez-vous ma présence?
Pour prix d'avoir si bien secondé vos souhaits,
Faudra-t-il me résoudre à ne vous voir jamais?

MONIME.

Ah! que m'apprenez-vous!

XIPHARÈS.

Hé quoi! belle Monime,
Si le temps peut donner quelque droit légitime,
Faut-il vous dire ici que le premier de tous
Je vous vis, je formai le dessein d'être à vous,

Quand vos charmes naissants, inconnus à mon pere,
N'avoient encor paru qu'aux yeux de votre mere?
Ah! si, par mon devoir forcé de vous quitter,
Tout mon amour alors ne put pas éclater,
Ne vous souvient-il plus, sans compter tout le reste,
Combien je me plaignis de ce devoir funeste?
Ne vous souvient-il plus, en quittant vos beaux yeux,
Quelle vive douleur attendrit mes adieux?
Je m'en souviens tout seul : avouez-le, madame,
Je vous rappelle un songe effacé de votre ame.
Tandis que, loin de vous, sans espoir de retour,
Je nourrissois encore un malheureux amour,
Contente et résolue à l'hymen de mon pere,
Tous les malheurs du fils ne vous affligeoient guere.

MONIME.

Hélas!

XIPHARÈS.

Avez-vous plaint un moment mes ennuis?

MONIME.

Prince... n'abusez point de l'état où je suis.

XIPHARÈS.

En abuser, ô ciel! quand je cours vous défendre,
Sans vous demander rien, sans oser rien prétendre;
Que vous dirai-je enfin? lorsque je vous promets
De vous mettre en état de ne me voir jamais!

MONIME.

C'est me promettre plus que vous ne sauriez faire.

XIPHARÈS.

Quoi! malgré mes serments, vous croyez le contraire?
Vous croyez qu'abusant de mon autorité
Je prétends attenter à votre liberté?
On vient, madame, on vient : expliquez-vous, de grace;
Un mot.

MONIME.

        Défendez-moi des fureurs de Pharnace :
Pour me faire, seigneur, consentir à vous voir,
Vous n'aurez pas besoin d'un injuste pouvoir.

XIPHARÈS.

Ah madame!

MONIME.

        Seigneur, vous voyez votre frere.

SCENE III.

MONIME, PHARNACE, XIPHARÈS.

PHARNACE.

Jusques à quand, madame, attendrez-vous mon pere?
Des témoins de sa mort viennent à tous moments
Condamner votre doute et vos retardements.

Venez, fuyez l'aspect de ce climat sauvage,
Qui ne parle à vos yeux que d'un triste esclavage :
Un peuple obéissant vous attend à genoux
Sous un ciel plus heureux et plus digne de vous.
Le Pont vous reconnoît dès long-temps pour sa reine,
Vous en portez encor la marque souveraine,
Et ce bandeau royal fut mis sur votre front
Comme un gage assuré de l'empire de Pont.
Maître de cet état que mon pere me laisse,
Madame, c'est à moi d'accomplir sa promesse.
Mais il faut, croyez-moi, sans attendre plus tard,
Ainsi que notre hymen presser notre départ ;
Nos intérêts communs et mon cœur le demandent.
Prêts à vous recevoir mes vaisseaux vous attendent ;
Et du pied de l'autel vous y pouvez monter,
Souveraine des mers qui vous doivent porter.

MONIME.

Seigneur, tant de bontés ont lieu de me confondre.
Mais, puisque le temps presse, et qu'il faut vous répondre,
Puis-je, laissant la feinte et les déguisements,
Vous découvrir ici mes secrets sentiments?

PHARNACE.

Vous pouvez tout.

MONIME.

Je crois que je vous suis connue.
Éphese est mon pays : mais je suis descendue

D'aïeux, ou rois, seigneur, ou héros qu'autrefois
Leur vertu, chez les Grecs, mit au-dessus des rois.
Mithridate me vit; Éphese, et l'Ionie,
A son heureux empire étoit alors unie :
Il daigna m'envoyer ce gage de sa foi.
Ce fut pour ma famille une suprême loi :
Il fallut obéir. Esclave couronnée,
Je partis pour l'hymen où j'étois destinée.
Le roi, qui m'attendoit au sein de ses états,
Vit emporter ailleurs ses desseins et ses pas,
Et, tandis que la guerre occupoit son courage,
M'envoya dans ces lieux éloignés de l'orage.
J'y vins : j'y suis encor. Mais cependant, seigneur,
Mon pere paya cher ce dangereux honneur;
Et les Romains vainqueurs, pour premiere victime,
Prirent Philopœmen, le pere de Monime.
Sous ce titre funeste il se vit immoler;
Et c'est de quoi, seigneur, j'ai voulu vous parler.
Quelque juste fureur dont je sois animée,
Je ne puis point à Rome opposer une armée;
Inutile témoin de tous ses attentats,
Je n'ai pour me venger ni sceptre ni soldats :
Enfin, je n'ai qu'un cœur. Tout ce que je puis faire,
C'est de garder la foi que je dois à mon pere,
De ne point dans son sang aller tremper mes mains
En épousant en vous l'allié des Romains.

PHARNACE.

Que parlez-vous de Rome et de son alliance?
Pourquoi tout ce discours et cette défiance?
Qui vous dit qu'avec eux je prétends m'allier?

MONIME.

Mais vous-même, seigneur, pouvez-vous le nier?
Comment m'offririez-vous l'entrée et la couronne
D'un pays que par-tout leur armée environne,
Si le traité secret qui vous lie aux Romains
Ne vous en assuroit l'empire et les chemins?

PHARNACE.

De mes intentions je pourrois vous instruire,
Et je sais les raisons que j'aurois à vous dire,
Si, laissant en effet les vains déguisements,
Vous m'aviez expliqué vos secrets sentiments.
Mais enfin je commence, après tant de traverses,
Madame, à rassembler vos excuses diverses;
Je crois voir l'intérêt que vous voulez celer,
Et qu'un autre qu'un pere ici vous fait parler.

XIPHARÈS.

Quel que soit l'intérêt qui fait parler la reine,
La réponse, seigneur, doit-elle être incertaine?
Et contre les Romains votre ressentiment
Doit-il pour éclater balancer un moment?
Quoi! nous aurons d'un pere entendu la disgrace;
Et, lents à le venger, prompts à remplir sa place,

Nous mettrons notre honneur et son sang en oubli!
Il est mort : savons-nous s'il est enseveli?
Qui sait si, dans le temps que votre ame empressée
Forme d'un doux hymen l'agréable pensée,
Ce roi, que l'Orient tout plein de ses exploits
Peut nommer justement le dernier de ses rois,
Dans ses propres états privé de sépulture,
Ou couché sans honneur dans une foule obscure,
N'accuse point le ciel qui le laisse outrager,
Et deux indignes fils qui n'osent le venger?
Ah! ne languissons plus dans un coin du Bosphore:
Si dans tout l'univers quelque roi libre encore,
Parthe, scythe ou sarmate, aime sa liberté,
Voilà nos alliés; marchons de ce côté.
Vivons, ou périssons dignes de Mithridate;
Et songeons bien plutôt, quelque amour qui nous flatte,
A défendre du joug et nous et nos états,
Qu'à contraindre des cœurs qui ne se donnent pas.

PHARNACE.

Il sait vos sentiments. Me trompois-je, madame?
Voilà cet intérêt si puissant sur votre ame,
Ce pere, ces Romains que vous me reprochez.

XIPHARÈS.

J'ignore de son cœur les sentiments cachés;
Mais je m'y soumettrois sans vouloir rien prétendre,
Si, comme vous, seigneur, je croyois les entendre.

PHARNACE.

Vous feriez bien ; et moi je fais ce que je doi.
Votre exemple n'est pas une regle pour moi.

XIPHARÈS.

Toutefois en ces lieux je ne connois personne
Qui ne doive imiter l'exemple que je donne.

PHARNACE.

Vous pourriez à Colchos vous expliquer ainsi.

XIPHARÈS.

Je le puis à Colchos, et je le puis ici.

PHARNACE.

Ici vous y pourriez rencontrer votre perte.

SCENE IV.

MONIME, PHARNACE, XIPHARÈS, PHŒDIME.

PHŒDIME.

Princes, toute la mer est de vaisseaux couverte ;
Et bientôt, démentant le faux bruit de sa mort,
Mithridate lui-même arrive dans le port.

MONIME.

Mithridate !

XIPHARÈS.

Mon pere !

PHARNACE.

Ah! que viens-je d'entendre!

PHŒDIME.

Quelques vaisseaux légers sont venus nous l'apprendre;
C'est lui-même : et déja, pressé de son devoir,
Arbate loin du bord l'est allé recevoir.

XIPHARÈS, à Monime.

Qu'avons-nous fait!

MONIME, à Xipharès.

Adieu, prince. Quelle nouvelle!

SCENE V.

PHARNACE, XIPHARÈS.

PHARNACE, à part.

Mithridate revient! Ah fortune cruelle!
Ma vie et mon amour tous deux courent hasard.
Les Romains que j'attends arriveront trop tard:
Comment faire?   (à Xipharès.)

J'entends que votre cœur soupire,
Et j'ai conçu l'adieu qu'elle vient de vous dire,
Prince : mais ce discours demande un autre temps;
Nous avons aujourd'hui des soins plus importants.
Mithridate revient, peut-être inexorable:

Plus il est malheureux, plus il est redoutable;
Le péril est pressant plus que vous ne pensez.
Nous sommes criminels; et vous le connoissez :
Rarement l'amitié désarme sa colere,
Ses propres fils n'ont point de juge plus sévere;
Et nous l'avons vu même à ses cruels soupçons
Sacrifier deux fils pour de moindres raisons.
Craignons pour vous, pour moi, pour la reine elle-même;
Je la plains d'autant plus que Mithridate l'aime :
Amant avec transport, mais jaloux sans retour,
Sa haine va toujours plus loin que son amour.
Ne vous assurez point sur l'amour qu'il vous porte :
Sa jalouse fureur n'en sera que plus forte.
Songez-y. Vous avez la faveur des soldats,
Et j'aurai des secours que je n'explique pas.
M'en croirez-vous? courons assurer notre grace :
Rendons-nous, vous et moi, maîtres de cette place;
Et faisons qu'à ses fils il ne puisse dicter
Que les conditions qu'ils voudront accepter.

XIPHARÈS.

Je sais quel est mon crime, et je connois mon pere;
Et j'ai par-dessus vous le crime de ma mere :
Mais, quelque amour encor qui me pût éblouir,
Quand mon pere paroît je ne sais qu'obéir.

PHARNACE.

Soyons-nous donc au moins fideles l'un à l'autre;

Vous savez mon secret; j'ai pénétré le vôtre.
Le roi, toujours fertile en dangereux détours,
S'armera contre nous de nos moindres discours:
Vous savez sa coutume, et sous quelles tendresses
Sa haine sait cacher ses trompeuses adresses.
Allons; puisqu'il le faut, je marche sur vos pas:
Mais en obéissant ne nous trahissons pas.

FIN DU PREMIER ACTE.

ACTE SECOND.

SCENE I.

MONIME, PHŒDIME.

PHŒDIME.

Quoi! vous êtes ici quand Mithridate arrive!
Quand, pour le recevoir, chacun court sur la rive!
Que faites-vous, madame? et quel ressouvenir
Tout-à-coup vous arrête, et vous fait revenir?
N'offenserez-vous point un roi qui vous adore,
Qui, presque votre époux...

MONIME.

             Il ne l'est pas encore,
Phœdime; et jusques-là je crois que mon devoir
Est de l'attendre ici, sans l'aller recevoir.

PHŒDIME.

Mais ce n'est point, madame, un amant ordinaire.
Songez qu'à ce grand roi promise par un pere
Vous avez de ses feux un gage solemnel
Qu'il peut, quand il voudra, confirmer à l'autel.
Croyez-moi, montrez-vous; venez à sa rencontre.

MONIME.

Regarde en quel état tu veux que je me montre :
Vois ce visage en pleurs ; et, loin de le chercher,
Dis-moi plutôt, dis-moi que je m'aille cacher.

PHŒDIME.

Que dites-vous ? Ô dieux !

MONIME.

                Ah ! retour qui me tue !
Malheureuse, comment paroîtrai-je à sa vue,
Son diadême au front, et, dans le fond du cœur,
Phœdime... Tu m'entends, et tu vois ma rougeur.

PHŒDIME.

Ainsi vous retombez dans les mêmes alarmes
Qui vous ont dans la Grece arraché tant de larmes ;
Et toujours Xipharès revient vous traverser.

MONIME.

Mon malheur est plus grand que tu ne peux penser :
Xipharès ne s'offroit alors à ma mémoire
Que tout plein de vertus, que tout brillant de gloire ;
Et je ne savois pas que, pour moi plein de feux,
Xipharès des mortels fût le plus amoureux.

PHŒDIME.

Il vous aime, madame ! Et ce héros aimable...

MONIME.

Est aussi malheureux que je suis misérable.
Il m'adore, Phœdime ; et les mêmes douleurs

Qui m'affligeoient ici le tourmentoient ailleurs.

PHŒDIME.

Sait-il en sa faveur jusqu'où va votre estime?
Sait-il que vous l'aimez?

MONIME.

Il l'ignore, Phœdime.
Les dieux m'ont secourue, et mon cœur affermi
N'a rien dit, ou du moins n'a parlé qu'à demi.
Hélas! si tu savois, pour garder le silence,
Combien ce triste cœur s'est fait de violence,
Quels assauts, quels combats j'ai tantôt soutenus!
Phœdime, si je puis, je ne le verrai plus:
Malgré tous les efforts que je pourrois me faire,
Je verrois ses douleurs, je ne pourrois me taire.
Il viendra malgré moi m'arracher cet aveu:
Mais n'importe, s'il m'aime, il en jouira peu;
Je lui vendrai si cher ce bonheur qu'il ignore,
Qu'il vaudroit mieux pour lui qu'il l'ignorât encore.

PHŒDIME.

On vient. Que faites-vous, madame?

MONIME.

Je ne puis:
Je ne paroîtrai point, dans le trouble où je suis.

SCENE II.

MITHRIDATE, PHARNACE, XIPHARÈS,
ARBATE, GARDES.

MITHRIDATE.

Princes, quelques raisons que vous me puissiez dire,
Votre devoir ici n'a point dû vous conduire,
Ni vous faire quitter, en de si grands besoins,
Vous, le Pont, vous, Colchos, confiés à vos soins:
Mais vous avez pour juge un pere qui vous aime.
Vous avez cru des bruits que j'ai semés moi-même:
Je vous crois innocents, puisque vous le voulez,
Et je rends grace au ciel qui nous a rassemblés.
Tout vaincu que je suis, et voisin du naufrage,
Je médite un dessein digne de mon courage.
Vous en serez tantôt instruits plus amplement.
Allez, et laissez-moi reposer un moment.

SCENE III.

MITHRIDATE, ARBATE.

MITHRIDATE.

Enfin, après un an, tu me revois, Arbate,
Non plus, comme autrefois, cet heureux Mithridate
Qui, de Rome toujours balançant le destin,
Tenois entre elle et moi l'univers incertain :
Je suis vaincu. Pompée a saisi l'avantage
D'une nuit qui laissoit peu de place au courage :
Mes soldats presque nus, dans l'ombre intimidés,
Les rangs de toutes parts mal pris et mal gardés,
Le désordre par-tout redoublant les alarmes,
Nous-mêmes contre nous tournant nos propres armes,
Les cris que les rochers renvoyoient plus affreux,
Enfin toute l'horreur d'un combat ténébreux ;
Que pouvoit la valeur dans ce trouble funeste ?
Les uns sont morts, la fuite a sauvé tout le reste ;
Et je ne dois la vie, en ce commun effroi,
Qu'au bruit de mon trépas que je laisse après moi.
Quelque temps inconnu, j'ai traversé le Phase ;
Et de là, pénétrant jusqu'au pied du Caucase,
Bientôt, dans des vaisseaux sur l'Euxin préparés,
J'ai rejoint de mon camp les restes séparés.
Voilà par quels malheurs poussé dans le Bosphore

J'y trouve des malheurs qui m'attendoient encore.
Toujours du même amour tu me vois enflammé :
Ce cœur nourri de sang, et de guerre affamé,
Malgré le faix des ans et du sort qui m'opprime,
Traîne par-tout l'amour qui l'attache à Monime,
Et n'a point d'ennemis qui lui soient odieux
Plus que deux fils ingrats que je trouve en ces lieux.

ARBATE.

Deux fils, seigneur !

MITHRIDATE.

　　　　　Écoute. A travers ma colere,
Je veux bien distinguer Xipharès de son frere.
Je sais que, de tout temps à mes ordres soumis,
Il hait autant que moi nos communs ennemis ;
Et j'ai vu sa valeur, à me plaire attachée,
Justifier pour lui ma tendresse cachée :
Je sais même, je sais avec quel désespoir,
A tout autre intérêt préférant son devoir,
Il courut démentir une mere infidele,
Et tira de son crime une gloire nouvelle ;
Et je ne puis encor ni n'oserois penser
Que ce fils si fidele ait voulu m'offenser.
Mais tous deux en ces lieux que pouvoient-ils attendre ?
L'un et l'autre à la reine ont-ils osé prétendre ?
Avec qui semble-t-elle en secret s'accorder ?
Moi-même de quel œil dois-je ici l'aborder ?

Parle. Quelque desir qui m'entraîne auprès d'elle,
Il me faut de leurs cœurs rendre un compte fidele.
Qu'est-ce qui s'est passé? qu'as-tu vu? que sais-tu?
Depuis quel temps, pourquoi, comment t'es-tu rendu?

ARBATE.

Seigneur, depuis huit jours l'impatient Pharnace
Aborda le premier au pied de cette place,
Et, de votre trépas autorisant le bruit,
Dans ses murs aussitôt voulut être introduit.
Je ne m'arrêtai point à ce bruit téméraire;
Et je n'écoutois rien, si le prince son frere,
Bien moins par ses discours, seigneur, que par ses pleurs,
Ne m'eût en arrivant confirmé vos malheurs.

MITHRIDATE.

Enfin, que firent-ils?

ARBATE.

Pharnace entroit à peine,
Qu'il courut de ses feux entretenir la reine,
Et s'offrit d'assurer, par un hymen prochain,
Le bandeau qu'elle avoit reçu de votre main.

MITHRIDATE.

Traître! sans lui donner le loisir de répandre
Les pleurs que son amour auroit dus à ma cendre!
Et son frere?

ARBATE.

Son frere, au moins jusqu'à ce jour,

Seigneur, dans ses desseins n'a point marqué d'amour;
Et toujours avec vous son cœur d'intelligence
N'a semblé respirer que guerre et que vengeance.

MITHRIDATE.

Mais encor, quel dessein le conduisoit ici?

ARBATE.

Seigneur, vous en serez tôt ou tard éclairci.

MITHRIDATE.

Parle, je te l'ordonne, et je veux tout apprendre.

ARBATE.

Seigneur, jusqu'à ce jour ce que j'ai pu comprendre,
Ce prince a cru pouvoir, après votre trépas,
Compter cette province au rang de ses états;
Et, sans connoître ici de loix que son courage,
Il venoit par la force appuyer son partage.

MITHRIDATE.

Ah! c'est le moindre prix qu'il se doit proposer,
Si le ciel de mon sort me laisse disposer.
Oui, je respire, Arbate, et ma joie est extrême:
Je tremblois, je l'avoue, et pour un fils que j'aime,
Et pour moi, qui craignois de perdre un tel appui,
Et d'avoir à combattre un rival tel que lui.
Que Pharnace m'offense, il offre à ma colere
Un rival dès long-temps soigneux de me déplaire,
Qui, toujours des Romains admirateur secret,
Ne s'est jamais contre eux déclaré qu'à regret;

Et s'il faut que pour lui Monime prévenue
Ait pu porter ailleurs une amour qui m'est due,
Malheur au criminel qui vient me la ravir,
Et qui m'ose offenser et n'ose me servir.
L'aime-t-elle?

ARBATE.

Seigneur, je vois venir la reine.

MITHRIDATE.

Dieux, qui voyez ici mon amour et ma haine,
Épargnez mes malheurs, et daignez empêcher
Que je ne trouve encor ceux que je vais chercher!
Arbate, c'est assez : qu'on me laisse avec elle.

SCENE IV.

MITHRIDATE, MONIME.

MITHRIDATE.

Madame, enfin le ciel près de vous me rappelle,
Et, secondant du moins mes plus tendres souhaits,
Vous rend à mon amour plus belle que jamais.
Je ne m'attendois pas que de notre hyménée
Je dusse voir si tard arriver la journée,
Ni qu'en vous retrouvant, mon funeste retour
Fît voir mon infortune, et non pas mon amour.

C'est pourtant cet amour qui, de tant de retraites,
Ne me laisse choisir que les lieux où vous êtes;
Et les plus grands malheurs pourront me sembler doux,
Si ma présence ici n'en est point un pour vous.
C'est vous en dire assez, si vous voulez m'entendre.
Vous devez à ce jour dès long-temps vous attendre;
Et vous portez, madame, un gage de ma foi,
Qui vous dit tous les jours que vous êtes à moi.
Allons donc assurer cette foi mutuelle.
Ma gloire loin d'ici vous et moi nous appelle;
Et, sans perdre un moment pour ce noble dessein,
Aujourd'hui votre époux, il faut partir demain.

MONIME.

Seigneur, vous pouvez tout : ceux par qui je respire
Vous ont cédé sur moi leur souverain empire;
Et, quand vous userez de ce droit tout-puissant,
Je ne vous répondrai qu'en vous obéissant.

MITHRIDATE.

Ainsi, prête à subir un joug qui vous opprime,
Vous n'allez à l'autel que comme une victime;
Et moi, tyran d'un cœur qui se refuse au mien,
Même en vous possédant je ne vous devrai rien.
Ah madame! est-ce là de quoi me satisfaire?
Faut-il que désormais, renonçant à vous plaire,
Je ne prétende plus qu'à vous tyranniser?
Mes malheurs, en un mot, me font-ils mépriser?

Ah! pour tenter encor de nouvelles conquêtes
Quand je ne verrois pas des routes toutes prêtes,
Quand le sort ennemi m'auroit jetté plus bas,
Vaincu, persécuté, sans secours, sans états,
Errant de mers en mers, et moins roi que pirate,
Conservant pour tous biens le nom de Mithridate,
Apprenez que, suivi d'un nom si glorieux,
Par-tout de l'univers j'attacherois les yeux;
Et qu'il n'est point de rois, s'ils sont dignes de l'être,
Qui, sur le trône assis, n'enviassent peut-être
Au-dessus de leur gloire un naufrage élevé,
Que Rome et quarante ans ont à peine achevé.
Vous-même, d'un autre œil me verriez-vous, madame,
Si ces Grecs vos aïeux revivoient dans votre ame?
Et, puisqu'il faut enfin que je sois votre époux,
N'étoit-il pas plus noble, et plus digne de vous,
De joindre à ce devoir votre propre suffrage,
D'opposer votre estime au destin qui m'outrage,
Et de me rassurer, en flattant ma douleur,
Contre la défiance attachée au malheur?

   Hé quoi! n'avez-vous rien, madame, à me répondre?
Tout mon empressement ne sert qu'à vous confondre.
Vous demeurez muette; et, loin de me parler,
Je vois, malgré vos soins, vos pleurs prêts à couler.

M O N I M E.

Moi, seigneur? je n'ai point de larmes à répandre.

J'obéis : n'est-ce pas assez me faire entendre?
Et ne suffit-il pas...

MITHRIDATE.

Non, ce n'est pas assez.
Je vous entends ici mieux que vous ne pensez:
Je vois qu'on m'a dit vrai; ma juste jalousie
Par vos propres discours est trop bien éclaircie :
Je vois qu'un fils perfide, épris de vos beautés,
Vous a parlé d'amour, et que vous l'écoutez.
Je vous jette pour lui dans des craintes nouvelles:
Mais il jouira peu de vos pleurs infideles,
Madame; et désormais tout est sourd à mes loix,
Ou bien vous l'avez vu pour la derniere fois.
Appellez Xipharès.

MONIME.

Ah! que voulez-vous faire?
Xipharès...

MITHRIDATE.

Xipharès n'a point trahi son pere:
Vous vous pressez en vain de le désavouer;
Et ma tendre amitié ne peut que s'en louer.
Ma honte en seroit moindre, ainsi que votre crime,
Si ce fils, en effet digne de votre estime,
A quelque amour encore avoit pu vous forcer.
Mais qu'un traître, qui n'est hardi qu'à m'offenser,
De qui nulle vertu n'accompagne l'audace,

Que Pharnace, en un mot, ait pu prendre ma place,
Qu'il soit aimé, madame, et que je sois haï...

SCENE V.

MITHRIDATE, MONIME, XIPHARÈS.

MITHRIDATE.

Venez, mon fils, venez, votre pere est trahi.
Un fils audacieux insulte à ma ruine,
Traverse mes desseins, m'outrage, m'assassine,
Aime la reine enfin, lui plaît, et me ravit
Un cœur que son devoir à moi seul asservit.
Heureux pourtant, heureux, que dans cette disgrace
Je ne puisse accuser que la main de Pharnace;
Qu'une mere infidele, un frere audacieux,
Vous présentent en vain leur exemple odieux.
Oui, mon fils, c'est vous seul sur qui je me repose,
Vous seul qu'aux grands desseins que mon cœur se propose
J'ai choisi dès long-temps pour digne compagnon,
L'héritier de mon sceptre, et sur-tout de mon nom.
Pharnace, en ce moment, et ma flamme offensée,
Ne peuvent pas tout seuls occuper ma pensée:
D'un voyage important les soins et les apprêts,
Mes vaisseaux qu'à partir il faut tenir tout prêts,
Mes soldats, dont je veux tenter la complaisance,

Dans ce même moment demandent ma présence.
Vous cependant ici veillez pour mon repos;
D'un rival insolent arrêtez les complots.
Ne quittez point la reine, et, s'il se peut, vous-même
Rendez-la moins contraire aux vœux d'un roi qui l'aime;
Détournez-la, mon fils, d'un choix injurieux:
Juge sans intérêt, vous la convaincrez mieux.
En un mot, c'est assez éprouver ma foiblesse:
Qu'elle ne pousse point cette même tendresse,
Que sais-je? à des fureurs, dont mon cœur outragé
Ne se repentiroit qu'après s'être vengé.

SCENE VI.

MONIME, XIPHARÈS.

XIPHARÈS.

Que dirai-je, madame? et comment dois-je entendre
Cet ordre, ce discours que je ne puis comprendre?
Seroit-il vrai, grands dieux! que trop aimé de vous
Pharnace eût en effet mérité ce courroux?
Pharnace auroit-il part à ce désordre extrême?

MONIME.

Pharnace? ô ciel! Pharnace? Ah! qu'entends-je moi-même?
Ce n'est donc pas assez que ce funeste jour
A tout ce que j'aimois m'arrache sans retour,

Et que, de mon devoir esclave infortunée,
A d'éternels ennuis je me voie enchaînée ;
Il faut qu'on joigne encor l'outrage à mes douleurs :
A l'amour de Pharnace on impute mes pleurs ;
Malgré toute ma haine on veut qu'il m'ait su plaire.
Je le pardonne au roi qu'aveugle sa colere,
Et qui de mes secrets ne peut être éclairci :
Mais vous, seigneur, mais vous, me traitez-vous ainsi ?

XIPHARÈS.

Ah madame ! excusez un amant qui s'égare,
Qui lui-même, lié par un devoir barbare,
Se voit prêt de tout perdre, et n'ose se venger.
Mais des fureurs du roi que puis-je enfin juger ?
Il se plaint qu'à ses vœux un autre amour s'oppose :
Quel heureux criminel en peut être la cause ?
Qui ? Parlez.

MONIME.

Vous cherchez, prince, à vous tourmenter.
Plaignez votre malheur, sans vouloir l'augmenter.

XIPHARÈS.

Je sais trop quel tourment je m'apprête moi-même.
C'est peu de voir un pere épouser ce que j'aime ;
Voir encore un rival honoré de vos pleurs,
Sans doute c'est pour moi le comble des malheurs :
Mais dans mon désespoir je cherche à les accroître.
Madame, par pitié, faites-le-moi connoître ;

Quel est-il cet amant? qui dois-je soupçonner?

MONIME.

Avez-vous tant de peine à vous l'imaginer?
Tantôt, quand je fuyois une injuste contrainte,
A qui contre Pharnace ai-je adressé ma plainte?
Sous quel appui tantôt mon cœur s'est-il jetté?
Quel amour ai-je enfin sans colere écouté?

XIPHARÈS.

Ô ciel! Quoi! je serois ce bienheureux coupable
Que vous avez pu voir d'un regard favorable?
Vos pleurs pour Xipharès auroient daigné couler?

MONIME.

Oui, prince: il n'est plus temps de le dissimuler;
Ma douleur pour se taire a trop de violence.
Un rigoureux devoir me condamne au silence;
Mais il faut bien enfin, malgré ses dures loix,
Parler pour la premiere et la derniere fois.
Vous m'aimez dès long-temps: une égale tendresse
Pour vous depuis long-temps m'afflige et m'intéresse.
Songez depuis quel jour ces funestes appas
Firent naître un amour qu'ils ne méritoient pas;
Rappellez un espoir qui ne vous dura guere,
Le trouble où vous jetta l'amour de votre pere,
Le tourment de me perdre et de le voir heureux,
Les rigueurs d'un devoir contraire à tous vos vœux:
Vous n'en sauriez, seigneur, retracer la mémoire,

TOME II.   30

Ni conter vos malheurs, sans conter mon histoire;
Et, lorsque ce matin j'en écoutois le cours,
Mon cœur vous répondoit tous vos mêmes discours.
Inutile, ou plutôt funeste sympathie!
Trop parfaite union par le sort démentie!
Ah! par quel soin cruel le ciel avoit-il joint
Deux cœurs que l'un pour l'autre il ne destinoit point!
Car, quel que soit vers vous le penchant qui m'attire,
Je vous le dis, seigneur, pour ne plus vous le dire,
Ma gloire me rappelle et m'entraîne à l'autel,
Où je vais vous jurer un silence éternel.
J'entends; vous gémissez: mais, telle est ma misere,
Je ne suis point à vous, je suis à votre pere.
Dans ce dessein vous-même il faut me soutenir,
Et de mon foible cœur m'aider à vous bannir:
J'attends du moins, j'attends de votre complaisance
Que désormais par-tout vous fuirez ma présence.
J'en viens de dire assez pour vous persuader
Que j'ai trop de raisons de vous le commander.
Mais après ce moment, si ce cœur magnanime
D'un véritable amour a brûlé pour Monime,
Je ne reconnois plus la foi de vos discours,
Qu'au soin que vous prendrez de m'éviter toujours.

XIPHARÈS.

Quelle marque, grands dieux! d'un amour déplorable!
Combien, en un moment, heureux et misérable!

De quel comble de gloire et de félicités
Dans quel abîme affreux vous me précipitez!
Quoi! j'aurai pu toucher un cœur comme le vôtre;
Vous aurez pu m'aimer; et cependant un autre
Possédera ce cœur dont j'attirois les vœux!
Pere injuste, cruel, mais d'ailleurs malheureux!
Vous voulez que je fuie et que je vous évite;
Et cependant le roi m'attache à votre suite.
Que dira-t-il?

MONIME.

N'importe, il me faut obéir.
Inventez des raisons qui puissent l'éblouir.
D'un héros tel que vous c'est là l'effort suprême:
Cherchez, prince, cherchez, pour vous trahir vous-même,
Tout ce que, pour jouir de leurs contentements,
L'amour fait inventer aux vulgaires amants.
Enfin, je me connois, il y va de ma vie:
De mes foibles efforts ma vertu se défie.
Je sais qu'en vous voyant, un tendre souvenir
Peut m'arracher du cœur quelque indigne soupir;
Que je verrai mon ame, en secret déchirée,
Revoler vers le bien dont elle est séparée:
Mais je sais bien aussi que, s'il dépend de vous
De me faire chérir un souvenir si doux,
Vous n'empêcherez pas que ma gloire offensée
N'en punisse aussitôt la coupable pensée,

Que ma main dans mon cœur ne vous aille chercher
Pour y laver ma honte, et vous en arracher.
Que dis-je? en ce moment, le dernier qui nous reste,
Je me sens arrêter par un plaisir funeste:
Plus je vous parle, et plus, trop foible que je suis,
Je cherche à prolonger le péril que je fuis.
Il faut pourtant, il faut se faire violence;
Et, sans perdre en adieux un reste de constance,
Je fuis. Souvenez-vous, prince, de m'éviter;
Et méritez les pleurs que vous m'allez coûter.

XIPHARÈS.

Ah madame!... Elle fuit et ne veut plus m'entendre.
Malheureux Xipharès, quel parti dois-tu prendre?
On t'aime; on te bannit: toi-même tu vois bien
Que ton propre devoir s'accorde avec le sien.
Cours par un prompt trépas abréger ton supplice.
Toutefois attendons que son sort s'éclaircisse;
Et s'il faut qu'un rival la ravisse à ma foi,
Du moins en expirant ne la cédons qu'au roi.

FIN DU SECOND ACTE.

ACTE TROISIEME.

SCENE I.

MITHRIDATE, PHARNACE, XIPHARÈS.

MITHRIDATE.

Approchez, mes enfants. Enfin l'heure est venue
Qu'il faut que mon secret éclate à votre vue :
A mes nobles projets je vois tout conspirer ;
Il ne me reste plus qu'à vous les déclarer.
    Je fuis : ainsi le veut la fortune ennemie.
Mais vous savez trop bien l'histoire de ma vie
Pour croire que long-temps, soigneux de me cacher,
J'attende en ces déserts qu'on me vienne chercher.
La guerre a ses faveurs, ainsi que ses disgraces :
Déja plus d'une fois, retournant sur mes traces,
Tandis que l'ennemi, par ma fuite trompé,
Tenoit après son char un vain peuple occupé,
Et gravant en airain ses frêles avantages,
De mes états conquis enchaînoit les images,
Le Bosphore m'a vu, par de nouveaux apprêts,
Ramener la terreur du fond de ses marais,

Et, chassant les Romains de l'Asie étonnée,
Renverser en un jour l'ouvrage d'une année.
D'autres temps, d'autres soins. L'Orient accablé
Ne peut plus soutenir leur effort redoublé :
Il voit plus que jamais ses campagnes couvertes
De Romains que la guerre enrichit de nos pertes.
Des biens des nations ravisseurs altérés,
Le bruit de nos trésors les a tous attirés ;
Ils y courent en foule, et, jaloux l'un de l'autre,
Désertent leur pays pour inonder le nôtre.
Moi seul je leur résiste : ou lassés, ou soumis,
Ma funeste amitié pese à tous mes amis ;
Chacun à ce fardeau veut dérober sa tête.
Le grand nom de Pompée assure sa conquête ;
C'est l'effroi de l'Asie : et, loin de l'y chercher,
C'est à Rome, mes fils, que je prétends marcher.
    Ce dessein vous surprend ; et vous croyez peut-être
Que le seul désespoir aujourd'hui le fait naître.
J'excuse votre erreur : et, pour être approuvés,
De semblables projets veulent être achevés.
Ne vous figurez point que de cette contrée
Par d'éternels remparts Rome soit séparée :
Je sais tous les chemins par où je dois passer ;
Et, si la mort bientôt ne me vient traverser,
Sans reculer plus loin l'effet de ma parole,
Je vous rends dans trois mois au pied du capitole.

Doutez-vous que l'Euxin ne me porte en deux jours
Aux lieux où le Danube y vient finir son cours?
Que du Scythe avec moi l'alliance jurée
De l'Europe en ces lieux ne me livre l'entrée?
Recueilli dans leurs ports, accru de leurs soldats,
Nous verrons notre camp grossir à chaque pas.
Daces, Pannoniens, la fiere Germanie,
Tous n'attendent qu'un chef contre la tyrannie.
Vous avez vu l'Espagne, et sur-tout les Gaulois,
Contre ces mêmes murs qu'ils ont pris autrefois
Exciter ma vengeance, et, jusques dans la Grece,
Par des ambassadeurs accuser ma paresse:
Ils savent que, sur eux prêt à se déborder,
Ce torrent, s'il m'entraîne, ira tout inonder;
Et vous les verrez tous, prévenant son ravage,
Guider dans l'Italie et suivre mon passage.
    C'est là qu'en arrivant, plus qu'en tout le chemin,
Vous trouverez par-tout l'horreur du nom romain,
Et la triste Italie encor toute fumante
Des feux qu'a rallumés sa liberté mourante.
Non, princes, ce n'est point au bout de l'univers
Que Rome fait sentir tout le poids de ses fers:
Et de près inspirant les haines les plus fortes,
Tes plus grands ennemis, Rome, sont à tes portes.
Ah! s'ils ont pu choisir pour leur libérateur
Spartacus, un esclave, un vil gladiateur,

S'ils suivent au combat des brigands qui les vengent;
De quelle noble ardeur pensez-vous qu'ils se rangent
Sous les drapeaux d'un roi long-temps victorieux,
Qui voit jusqu'à Cyrus remonter ses aïeux?
Que dis-je? en quel état croyez-vous la surprendre?
Vuide de légions qui la puissent défendre,
Tandis que tout s'occupe à me persécuter,
Leurs femmes, leurs enfants pourront-ils m'arrêter?

Marchons, et dans son sein rejettons cette guerre
Que sa fureur envoie aux deux bouts de la terre:
Attaquons dans leurs murs ces conquérants si fiers;
Qu'ils tremblent à leur tour pour leurs propres foyers.
Annibal l'a prédit, croyons-en ce grand homme,
Jamais on ne vaincra les Romains que dans Rome.
Noyons-la dans son sang justement répandu:
Brûlons ce capitole où j'étois attendu:
Détruisons ses honneurs, et faisons disparoître
La honte de cent rois, et la mienne peut-être;
Et, la flamme à la main, effaçons tous ces noms
Que Rome y consacroit à d'éternels affronts.

Voilà l'ambition dont mon ame est saisie.
Ne croyez point pourtant qu'éloigné de l'Asie
J'en laisse les Romains tranquilles possesseurs:
Je sais où je lui dois trouver des défenseurs;
Je veux que, d'ennemis par-tout enveloppée,
Rome rappelle en vain le secours de Pompée.

Le Parthe, des Romains comme moi la terreur,
Consent de succéder à ma juste fureur;
Prêt d'unir avec moi sa haine et sa famille,
Il me demande un fils pour époux à sa fille.
Cet honneur vous regarde, et j'ai fait choix de vous,
Pharnace : allez, soyez ce bienheureux époux.
Demain, sans différer, je prétends que l'aurore
Découvre mes vaisseaux déja loin du Bosphore.
Vous, que rien n'y retient, partez dès ce moment,
Et méritez mon choix par votre empressement:
Achevez cet hymen; et, repassant l'Euphrate,
Faites voir à l'Asie un autre Mithridate.
Que nos tyrans communs en pâlissent d'effroi;
Et que le bruit à Rome en vienne jusqu'à moi.

PHARNACE.

Seigneur, je ne vous puis déguiser ma surprise.
J'écoute avec transport cette grande entreprise;
Je l'admire; et jamais un plus hardi dessein
Ne mit à des vaincus les armes à la main:
Sur-tout j'admire en vous ce cœur infatigable
Qui semble s'affermir sous le faix qui l'accable.
Mais, si j'ose parler avec sincérité,
En êtes-vous réduit à cette extrémité?
Pourquoi tenter si loin des courses inutiles,
Quand vos états encor vous offrent tant d'asyles?
Et vouloir affronter des travaux infinis,

Dignes plutôt d'un chef de malheureux bannis,
Que d'un roi qui naguere avec quelque apparence
De l'aurore au couchant portoit son espérance,
Fondoit sur trente états son trône florissant
Dont le débris est même un empire puissant?
Vous seul, seigneur, vous seul, après quarante années,
Pouvez encor lutter contre les destinées.
Implacable ennemi de Rome et du repos,
Comptez-vous vos soldats pour autant de héros?
Pensez-vous que ces cœurs, tremblants de leur défaite,
Fatigués d'une longue et pénible retraite,
Cherchent avidement sous un ciel étranger
La mort, et le travail pire que le danger?
Vaincus plus d'une fois aux yeux de la patrie,
Soutiendront-ils ailleurs un vainqueur en furie?
Sera-t-il moins terrible, et le vaincront-ils mieux,
Dans le sein de sa ville, à l'aspect de ses dieux?
      Le Parthe vous recherche et vous demande un gendre.
Mais ce Parthe, seigneur, ardent à nous défendre
Lorsque tout l'univers sembloit nous protéger,
D'un gendre sans appui voudra-t-il se charger?
M'en irai-je, moi seul, rebut de la fortune,
Essuyer l'inconstance au Parthe si commune;
Et peut-être, pour fruit d'un téméraire amour,
Exposer votre nom au mépris de sa cour?
Du moins, s'il faut céder, si, contre notre usage,

Il faut d'un suppliant emprunter le visage,
Sans m'envoyer du Parthe embrasser les genoux,
Sans vous-même implorer des rois moindres que vous,
Ne pourrions-nous pas prendre une plus sûre voie?
Jettons-nous dans les bras qu'on nous tend avec joie:
Rome en votre faveur facile à s'appaiser...

X I P H A R È S.

Rome, mon frere! Ô ciel! qu'osez-vous proposer?
Vous voulez que le roi s'abaisse et s'humilie?
Qu'il démente en un jour tout le cours de sa vie?
Qu'il se fie aux Romains, et subisse des loix
Dont il a quarante ans défendu tous les rois?

Continuez, seigneur. Tout vaincu que vous êtes,
La guerre, les périls sont vos seules retraites.
Rome poursuit en vous un ennemi fatal
Plus conjuré contre elle et plus craint qu'Annibal.
Tout couvert de son sang, quoi que vous puissiez faire,
N'en attendez jamais qu'une paix sanguinaire,
Telle qu'en un seul jour un ordre de vos mains
La donna dans l'Asie à cent mille Romains.

Toutefois épargnez votre tête sacrée:
Vous-même n'allez point de contrée en contrée
Montrer aux nations Mithridate détruit,
Et de votre grand nom diminuer le bruit.
Votre vengeance est juste; il la faut entreprendre:
Brûlez le capitole, et mettez Rome en cendre;

Mais c'est assez pour vous d'en ouvrir les chemins,
Faites porter ce feu par de plus jeunes mains;
Et tandis que l'Asie occupera Pharnace,
De cette autre entreprise honorez mon audace.
Commandez : laissez-nous, de votre nom suivis,
Justifier par-tout que nous sommes vos fils.
Embrasez par nos mains le couchant et l'aurore;
Remplissez l'univers, sans sortir du Bosphore;
Que les Romains, pressés de l'un à l'autre bout,
Doutent où vous serez, et vous trouvent par-tout.

    Dès ce même moment ordonnez que je parte.
Ici tout vous retient; et moi, tout m'en écarte :
Et, si ce grand dessein surpasse ma valeur,
Du moins ce désespoir convient à mon malheur.
Trop heureux d'avancer la fin de ma misere,
J'irai... J'effacerai le crime de ma mere:
Seigneur, vous m'en voyez rougir à vos genoux;
J'ai honte de me voir si peu digne de vous;
Tout mon sang doit laver une tache si noire.
Mais je cherche un trépas utile à votre gloire;
Et Rome, unique objet d'un désespoir si beau,
Du fils de Mithridate est le digne tombeau.

            M I T H R I D A T E, se levant.
Mon fils, ne parlons plus d'une mere infidele.
Votre pere est content, il connoît votre zele,
Et ne vous verra point affronter de danger

Qu'avec vous son amour ne veuille partager :
Vous me suivrez ; je veux que rien ne nous sépare.

    Et vous, à m'obéir, prince, qu'on se prépare ;
Les vaisseaux sont tout prêts : j'ai moi-même ordonné
La suite et l'appareil qui vous est destiné.
Arbate, à cet hymen chargé de vous conduire,
De votre obéissance aura soin de m'instruire.
Allez ; et, soutenant l'honneur de vos aïeux,
Dans cet embrassement recevez mes adieux.

PHARNACE.

Seigneur...

MITHRIDATE.

        Ma volonté, prince, vous doit suffire.
Obéissez. C'est trop vous le faire redire.

PHARNACE.

Seigneur, si, pour vous plaire, il ne faut que périr,
Plus ardent qu'aucun autre on m'y verra courir :
Combattant à vos yeux permettez que je meure.

MITHRIDATE.

Je vous ai commandé de partir tout-à-l'heure.
Mais après ce moment... Prince, vous m'entendez,
Et vous êtes perdu si vous me répondez.

PHARNACE.

Dussiez-vous présenter mille morts à ma vue,
Je ne saurois chercher une fille inconnue.
Ma vie est en vos mains.

MITHRIDATE.

                        Ah! c'est où je t'attends.
Tu ne saurois partir, perfide; et je t'entends.
Je sais pourquoi tu fuis l'hymen où je t'envoie:
Il te fâche en ces lieux d'abandonner ta proie;.
Monime te retient; ton amour criminel
Prétendoit l'arracher à l'hymen paternel.
Ni l'ardeur dont tu sais que je l'ai recherchée,
Ni déja sur son front ma couronne attachée,
Ni cet asyle même où je la fais garder,
Ni mon juste courroux n'ont pu t'intimider.
Traître, pour les Romains tes lâches complaisances
N'étoient pas à mes yeux d'assez noires offenses;
Il te manquoit encor ces perfides amours
Pour être le supplice et l'horreur de mes jours.
Loin de t'en repentir, je vois sur ton visage
Que ta confusion ne part que de ta rage:
Il te tarde déja qu'échappé de mes mains
Tu ne coures me perdre, et me vendre aux Romains.
Mais, avant que partir, je me ferai justice:
Je te l'ai dit. Holà, gardes.

SCENE II.

MITHRIDATE, PHARNACE, XIPHARÈS, GARDES.

MITHRIDATE.
                    Qu'on le saisisse.
Oui, lui-même, Pharnace. Allez; et de ce pas
Qu'enfermé dans la tour on ne le quitte pas.

PHARNACE.
Hé bien, sans me parer d'une innocence vaine,
Il est vrai, mon amour mérite votre haine.
J'aime. L'on vous a fait un fidele récit.
Mais Xipharès, seigneur, ne vous a pas tout dit;
C'est le moindre secret qu'il pouvoit vous apprendre:
Et ce fils si fidele a dû vous faire entendre
Que, des mêmes ardeurs dès long-temps enflammé,
Il aime aussi la reine, et même en est aimé.

SCENE III.

MITHRIDATE, XIPHARÈS.

XIPHARÈS.

Seigneur, le croirez-vous qu'un dessein si coupable...

MITHRIDATE.

Mon fils, je sais de quoi votre frere est capable.
Me préserve le ciel de soupçonner jamais
Que d'un prix si cruel vous payiez mes bienfaits ;
Qu'un fils qui fut toujours le bonheur de ma vie
Ait pu percer ce cœur qu'un pere lui confie !
Je ne le croirai point. Allez : loin d'y songer,
Je ne vais désormais penser qu'à nous venger.

SCENE IV.

MITHRIDATE.

Je ne le croirai point ? Vain espoir qui me flatte !
Tu ne le crois que trop, malheureux Mithridate !
Xipharès mon rival ? et, d'accord avec lui,
La reine auroit osé me tromper aujourd'hui ?
Quoi ! de quelque côté que je tourne la vue,

La foi de tous les cœurs est pour moi disparue!
Tout m'abandonne ailleurs! tout me trahit ici!
Pharnace, amis, maîtresse! et toi, mon fils, aussi!
Toi, de qui la vertu consolant ma disgrace...
Mais ne connois-je pas le perfide Pharnace?
Quelle foiblesse à moi d'en croire un furieux
Qu'arme contre son frere un courroux envieux,
Ou dont le désespoir, me troublant par des fables,
Grossit, pour se sauver, le nombre des coupables!
Non, ne l'en croyons point; et, sans trop nous presser,
Voyons, examinons. Mais par où commencer?
Qui m'en éclaircira? quels témoins? quel indice?
Le ciel en ce moment m'inspire un artifice.
Qu'on appelle la reine. Oui, sans aller plus loin,
Je veux l'ouïr : mon choix s'arrête à ce témoin.
L'amour avidement croit tout ce qui le flatte.
Qui peut de son vainqueur mieux parler que l'ingrate?
Voyons qui son amour accusera des deux.
S'il n'est digne de moi le piege est digne d'eux.
Trompons qui nous trahit : et, pour connoître un traître,
Il n'est point de moyens... Mais je la vois paroître:
Feignons; et de son cœur, d'un vain espoir flatté,
Par un mensonge adroit tirons la vérité.

SCENE V.

MITHRIDATE, MONIME.

MITHRIDATE.

Enfin j'ouvre les yeux, et je me fais justice :
C'est faire à vos beautés un triste sacrifice,
Que de vous présenter, madame, avec ma foi,
Tout l'âge et le malheur que je traîne avec moi.
Jusqu'ici la fortune et la victoire mêmes
Cachoient mes cheveux blancs sous trente diadêmes.
Mais ce temps-là n'est plus : je régnois ; et je fuis :
Mes ans se sont accrus ; mes honneurs sont détruits ;
Et mon front, dépouillé d'un si noble avantage,
Du temps qui l'a flétri laisse voir tout l'outrage.
D'ailleurs mille desseins partagent mes esprits :
D'un camp prêt à partir vous entendez les cris ;
Sortant de mes vaisseaux, il faut que j'y remonte.
Quel temps pour un hymen, qu'une fuite si prompte,
Madame ! Et de quel front vous unir à mon sort,
Quand je ne cherche plus que la guerre et la mort ?
Cessez pourtant, cessez de prétendre à Pharnace :
Quand je me fais justice, il faut qu'on se la fasse.
Je ne souffrirai point que ce fils odieux,

Que je viens pour jamais de bannir de mes yeux,
Possédant une amour qui me fut déniée,
Vous fasse des Romains devenir l'alliée.
Mon trône vous est dû : loin de m'en repentir,
Je vous y place même avant que de partir,
Pourvu que vous vouliez qu'une main qui m'est chere,
Un fils, le digne objet de l'amour de son pere,
Xipharès, en un mot, devenant votre époux,
Me venge de Pharnace, et m'acquitte envers vous.

MONIME.

Xipharès! lui, seigneur?

MITHRIDATE.

Oui, lui-même, madame.
D'où peut naître à ce nom le trouble de votre ame?
Contre un si juste choix qui peut vous révolter?
Est-ce quelque mépris qu'on ne puisse domter?
Je le répete encor : c'est un autre moi-même,
Un fils victorieux, qui me chérit, que j'aime,
L'ennemi des Romains, l'héritier et l'appui
D'un empire et d'un nom qui va renaître en lui;
Et, quoi que votre amour ait osé se promettre,
Ce n'est qu'entre ses mains que je puis vous remettre.

MONIME.

Que dites-vous? Ô ciel! Pourriez-vous approuver...
Pourquoi, seigneur, pourquoi voulez-vous m'éprouver?
Cessez de tourmenter une ame infortunée:

Je sais que c'est à vous que je fus destinée;
Je sais qu'en ce moment, pour ce nœud solemnel,
La victime, seigneur, nous attend à l'autel.
Venez.

MITHRIDATE.

Je le vois bien : quelque effort que je fasse,
Madame, vous voulez vous garder à Pharnace.
Je reconnois toujours vos injustes mépris;
Ils ont même passé sur mon malheureux fils.

MONIME.

Je le méprise!

MITHRIDATE.

Hé bien, n'en parlons plus, madame;
Continuez; brûlez d'une honteuse flamme.
Tandis qu'avec mon fils je vais, loin de vos yeux,
Chercher au bout du monde un trépas glorieux,
Vous cependant ici servez avec son frere,
Et vendez aux Romains le sang de votre pere.
Venez : je ne saurois mieux punir vos dédains,
Qu'en vous mettant moi-même en ses serviles mains;
Et, sans plus me charger du soin de votre gloire,
Je veux laisser de vous jusqu'à votre mémoire.
Allons, madame, allons. Je m'en vais vous unir.

MONIME.

Plutôt de mille morts dussiez-vous me punir!

MITHRIDATE.

Vous résistez en vain, et j'entends votre fuite.

MONIME.

En quelle extrémité, seigneur, suis-je réduite!
Mais enfin je vous crois, et je ne puis penser
Qu'à feindre si long-temps vous puissiez vous forcer.
Les dieux me sont témoins qu'à vous plaire bornée
Mon ame à tout son sort s'étoit abandonnée.
Mais si quelque foiblesse avoit pu m'alarmer,
Si de tous ses efforts mon cœur a dû s'armer,
Ne croyez point, seigneur, qu'auteur de mes alarmes
Pharnace m'ait jamais coûté les moindres larmes.
Ce fils victorieux que vous favorisez,
Cette vivante image en qui vous vous plaisez,
Cet ennemi de Rome, et cet autre vous-même,
Enfin, ce Xipharès que vous voulez que j'aime...

MITHRIDATE.

Vous l'aimez?

MONIME.

Si le sort ne m'eût donnée à vous,
Mon bonheur dépendoit de l'avoir pour époux.
Avant que votre amour m'eût envoyé ce gage,
Nous nous aimions. Seigneur, vous changez de visage!

MITHRIDATE.

Non, madame. Il suffit. Je vais vous l'envoyer.

Allez. Le temps est cher, il le faut employer.
Je vois qu'à m'obéir vous êtes disposée:
Je suis content.

MONIME, en s'en allant.

Ô ciel! me serois-je abusée?

SCENE VI.

MITHRIDATE.

Ils s'aiment. C'est ainsi qu'on se jouoit de nous.
Ah fils ingrat! tu vas me répondre pour tous;
Tu périras. Je sais combien ta renommée
Et tes fausses vertus ont séduit mon armée:
Perfide, je te veux porter des coups certains;
Il faut pour te mieux perdre écarter les mutins,
Et, faisant à mes yeux partir les plus rebelles,
Ne garder près de moi que des troupes fideles.
Allons. Mais, sans montrer un visage offensé,
Dissimulons encor, comme j'ai commencé.

FIN DU TROISIEME ACTE.

ACTE QUATRIEME.

SCENE I.

MONIME, PHŒDIME.

MONIME.

Phœdime, au nom des dieux, fais ce que je desire;
Va voir ce qui se passe, et reviens me le dire.
Je ne sais; mais mon cœur ne se peut rassurer:
Mille soupçons affreux viennent me déchirer.
Que tarde Xipharès! Et d'où vient qu'il differe
A seconder des vœux qu'autorise son pere?
Son pere, en me quittant, me l'alloit envoyer.
Mais il feignoit peut-être. Il falloit tout nier.
Le roi feignoit! Et moi, découvrant ma pensée...
Ô dieux! en ce péril m'auriez-vous délaissée?
Et se pourroit-il bien qu'à son ressentiment
Mon amour indiscret eût livré mon amant?
Quoi, prince! quand tout plein de ton amour extrême
Pour savoir mon secret tu me pressois toi-même,
Mes refus trop cruels vingt fois te l'ont caché;
Je t'ai même puni de l'avoir arraché:
Et quand de toi peut-être un pere se défie,
Que dis-je? quand peut-être il y va de ta vie,

Je parle; et, trop facile à me laisser tromper,
Je lui marque le cœur où sa main doit frapper !

PHŒDIME.

Ah ! traitez-le, madame, avec plus de justice;
Un grand roi descend-il jusqu'à cet artifice?
A prendre ce détour qui l'auroit pu forcer?
Sans murmure à l'autel vous l'alliez devancer.
Vouloit-il perdre un fils qu'il aime avec tendresse?
Jusqu'ici les effets secondent sa promesse :
Madame, il vous disoit qu'un important dessein,
Malgré lui, le forçoit à vous quitter demain :
Ce seul dessein l'occupe, et, hâtant son voyage,
Lui-même ordonne tout, présent sur le rivage;
Ses vaisseaux en tous lieux se chargent de soldats,
Et par-tout Xipharès accompagne ses pas.
D'un rival en fureur est-ce là la conduite?
Et voit-on ses discours démentis par la suite?

MONIME.

Pharnace cependant, par son ordre arrêté,
Trouve en lui d'un rival toute la dureté.
Phœdime, à Xipharès fera-t-il plus de grace?

PHŒDIME.

C'est l'ami des Romains qu'il punit en Pharnace;
L'amour a peu de part à ses justes soupçons.

MONIME.

Autant que je le puis, je cede à tes raisons;

Elles calment un peu l'ennui qui me dévore.
Mais pourtant Xipharès ne paroît point encore.

PHŒDIME.

Vaine erreur des amants, qui, pleins de leurs desirs,
Voudroient que tout cédât au soin de leurs plaisirs!
Qui prêts à s'irriter contre le moindre obstacle...

MONIME.

Ma Phœdime, eh! qui peut concevoir ce miracle?
Après deux ans d'ennuis, dont tu sais tout le poids,
Quoi! je puis respirer pour la premiere fois!
Quoi! cher prince, avec toi je me verrois unie!
Et loin que ma tendresse eût exposé ta vie,
Tu verrois ton devoir, je verrois ma vertu,
Approuver un amour si long-temps combattu!
Je pourrois tous les jours t'assurer que je t'aime!
Que ne viens-tu?

SCENE II.

MONIME, XIPHARÈS, PHŒDIME.

MONIME.

Seigneur, je parlois de vous-même.

Mon ame souhaitoit de vous voir en ce lieu
Pour vous...

XIPHARÈS.

C'est maintenant qu'il faut vous dire adieu.

MONIME.

Adieu! vous?

XIPHARÈS.

Oui, madame, et pour toute ma vie.

MONIME.

Qu'entends-je? On me disoit... Hélas! ils m'ont trahie.

XIPHARÈS.

Madame, je ne sais quel ennemi couvert,
Révélant nos secrets, vous trahit, et me perd.
Mais le roi, qui tantôt n'en croyoit point Pharnace,
Maintenant dans nos cœurs sait tout ce qui se passe.
Il feint, il me caresse, et cache son dessein:
Mais moi, qui, dès l'enfance élevé dans son sein,
De tous ses mouvements ai trop d'intelligence,
J'ai lu dans ses regards sa prochaine vengeance.
Il presse, il fait partir tous ceux dont mon malheur
Pourroit à la révolte exciter la douleur.
De ses fausses bontés j'ai connu la contrainte.
Un mot même d'Arbate a confirmé ma crainte;
Il a su m'aborder; et les larmes aux yeux,
« On sait tout, m'a-t-il dit, sauvez-vous de ces lieux ».
Ce mot m'a fait frémir du péril de ma reine;
Et ce cher intérêt est le seul qui m'amene.
Je vous crains pour vous-même; et je viens à genoux

Vous prier, ma princesse, et vous fléchir pour vous.
Vous dépendez ici d'une main violente,
Que le sang le plus cher rarement épouvante;
Et je n'ose vous dire à quelle cruauté
Mithridate jaloux s'est souvent emporté.
Peut-être c'est moi seul que sa fureur menace;
Peut-être, en me perdant, il veut vous faire grace:
Daignez, au nom des dieux, daignez en profiter;
Par de nouveaux refus n'allez point l'irriter.
Moins vous l'aimez, et plus tâchez de lui complaire;
Feignez; efforcez-vous : songez qu'il est mon pere.
Vivez; et permettez que dans tous mes malheurs
Je puisse à votre amour ne coûter que des pleurs.

MONIME.

Ah! je vous ai perdu!

XIPHARÈS.

·Généreuse Monime,
Ne vous imputez point le malheur qui m'opprime.
Votre seule bonté n'est point ce qui me nuit:
Je suis un malheureux que le destin poursuit;
C'est lui qui m'a ravi l'amitié de mon pere,
Qui le fit mon rival, qui révolta ma mere,
Et vient de susciter, dans ce moment affreux,
Un secret ennemi pour nous trahir tous deux.

MONIME.

Hé quoi! cet ennemi vous l'ignorez encore?

XIPHARÈS.

Pour surcroît de douleur, madame, je l'ignore.
Heureux si je pouvois, avant que m'immoler,
Percer le traître cœur qui m'a pu déceler!

MONIME.

Hé bien, seigneur, il faut vous le faire connoître.
Ne cherchez point ailleurs cet ennemi, ce traître;
Frappez : aucun respect ne vous doit retenir.
J'ai tout fait; et c'est moi que vous devez punir.

XIPHARÈS.

Vous!

MONIME.

Ah! si vous saviez, prince, avec quelle adresse
Le cruel est venu surprendre ma tendresse!
Quelle amitié sincere il affectoit pour vous!
Content, s'il vous voyoit devenir mon époux!
Qui n'auroit cru... Mais non, mon amour plus timide
Devoit moins vous livrer à sa bonté perfide.
Les dieux qui m'inspiroient, et que j'ai mal suivis,
M'ont fait taire trois fois par de secrets avis.
J'ai dû continuer; j'ai dû dans tout le reste...
Que sais-je enfin? j'ai dû vous être moins funeste;
J'ai dû craindre du roi les dons empoisonnés,
Et je m'en punirai si vous me pardonnez.

XIPHARÈS.

Quoi! madame, c'est vous, c'est l'amour qui m'expose;

Mon malheur est parti d'une si belle cause ;
Trop d'amour a trahi nos secrets amoureux :
Et vous vous excusez de m'avoir fait heureux !
Que voudrois-je de plus ? glorieux et fidele,
Je meurs. Un autre sort au trône vous appelle :
Consentez-y, madame ; et, sans plus résister,
Achevez un hymen qui vous y fait monter.

M O N I M E.

Quoi ! vous me demandez que j'épouse un barbare
Dont l'odieux amour pour jamais nous sépare ?

X I P H A R È S.

Songez que ce matin, soumise à ses souhaits,
Vous deviez l'épouser, et ne me voir jamais.

M O N I M E.

Eh ! connoissois-je alors toute sa barbarie ?
Ne voudriez-vous point qu'approuvant sa furie,
Après vous avoir vu tout percé de ses coups,
Je suivisse à l'autel un tyrannique époux ;
Et que, dans une main de votre sang fumante,
J'allasse mettre, hélas ! la main de votre amante ?
Allez ; de ses fureurs songez à vous garder,
Sans perdre ici le temps à me persuader :
Le ciel m'inspirera quel parti je dois prendre.
Que seroit-ce, grands dieux ! s'il venoit vous surprendre !
Que dis-je ? On vient. Allez : courez. Vivez enfin ;
Et du moins attendez quel sera mon destin.

SCENE III.

MONIME, PHŒDIME.

PHŒDIME.

Madame, à quels périls il exposoit sa vie !
C'est le roi.

MONIME.

Cours l'aider à cacher sa sortie.
Va, ne le quitte point ; et qu'il se garde bien
D'ordonner de son sort, sans être instruit du mien.

SCENE IV.

MITHRIDATE, MONIME.

MITHRIDATE.

Allons, madame, allons. Une raison secrete
Me fait quitter ces lieux et hâter ma retraite.
Tandis que mes soldats, prêts à suivre leur roi,
Rentrent dans mes vaisseaux pour partir avec moi,
Venez, et qu'à l'autel ma promesse accomplie
Par des nœuds éternels l'un à l'autre nous lie.

MONIME.

Nous, seigneur?

MITHRIDATE.

Quoi! madame, osez-vous balancer?

MONIME.

Et ne m'avez-vous pas défendu d'y penser?

MITHRIDATE.

J'eus mes raisons alors : oublions-les, madame.
Ne songez maintenant qu'à répondre à ma flamme.
Songez que votre cœur est un bien qui m'est dû.

MONIME.

Hé! pourquoi donc, seigneur, me l'avez-vous rendu?

MITHRIDATE.

Quoi! pour un fils ingrat toujours préoccupée,
Vous croiriez...

MONIME.

Quoi! seigneur, vous m'auriez donc trompée?

MITHRIDATE.

Perfide! il vous sied bien de tenir ce discours,
Vous qui, gardant au cœur d'infideles amours,
Quand je vous élevois au comble de la gloire,
M'avez des trahisons préparé la plus noire!
Ne vous souvient-il plus, cœur ingrat et sans foi,
Plus que tous les Romains conjuré contre moi,
De quel rang glorieux j'ai bien voulu descendre
Pour vous porter au trône où vous n'osiez prétendre?

Ne me regardez point vaincu, persécuté :
Revoyez-moi vainqueur, et par-tout redouté.
Songez de quelle ardeur dans Éphese adorée
Aux filles de cent rois je vous ai préférée ;
Et, négligeant pour vous tant d'heureux alliés,
Quelle foule d'états je mettois à vos pieds.
Ah ! si d'un autre amour le penchant invincible
Dès lors à mes bontés vous rendoit insensible,
Pourquoi chercher si loin un odieux époux ?
Avant que de partir, pourquoi vous taisiez-vous ?
Attendiez-vous, pour faire un aveu si funeste,
Que le sort ennemi m'eût ravi tout le reste,
Et que, de toutes parts me voyant accabler,
J'eusse en vous le seul bien qui me pût consoler ?
Cependant, quand je veux oublier cet outrage,
Et cacher à mon cœur cette funeste image,
Vous osez à mes yeux rappeller le passé ;
Vous m'accusez encor, quand je suis offensé !
Je vois que pour un traître un fol espoir vous flatte.
A quelle épreuve, ô ciel ! réduis-tu Mithridate ?
Par quel charme secret laissé-je retenir
Ce courroux si sévere et si prompt à punir ?
Profitez du moment que mon amour vous donne :
Pour la derniere fois, venez, je vous l'ordonne.
N'attirez point sur vous des périls superflus,
Pour un fils insolent que vous ne verrez plus.

Sans vous parer pour lui d'une foi qui m'est due,
Perdez-en la mémoire aussi-bien que la vue;
Et désormais, sensible à ma seule bonté,
Méritez le pardon qui vous est présenté.

M O N I M E.

Je n'ai point oublié quelle reconnoissance,
Seigneur, m'a dû ranger sous votre obéissance:
Quelque rang où jadis soient montés mes aïeux,
Leur gloire de si loin n'éblouit point mes yeux.
Je songe avec respect de combien je suis née
Au-dessous des grandeurs d'un si noble hyménée:
Et, malgré mon penchant et mes premiers desseins
Pour un fils, après vous, le plus grand des humains,
Du jour que sur mon front on mit ce diadême,
Je renonçai, seigneur, à ce prince, à moi-même.
Tous deux d'intelligence à nous sacrifier,
Loin de moi, par mon ordre, il couroit m'oublier.
Dans l'ombre du secret ce feu s'alloit éteindre;
Et même de mon sort je ne pouvois me plaindre,
Puisqu'enfin, aux dépens de mes vœux les plus doux,
Je faisois le bonheur d'un héros tel que vous.
Vous seul, seigneur, vous seul, vous m'avez arrachée
A cette obéissance où j'étois attachée;
Et ce fatal amour dont j'avois triomphé,
Ce feu que dans l'oubli je croyois étouffé,
Dont la cause à jamais s'éloignoit de ma vue,

Vos détours l'ont surpris, et m'en ont convaincue :
Je vous l'ai confessé, je le dois soutenir.
En vain vous en pourriez perdre le souvenir ;
Et cet aveu honteux où vous m'avez forcée
Demeurera toujours présent à ma pensée ;
Toujours je vous croirois incertain de ma foi :
Et le tombeau, seigneur, est moins triste pour moi
Que le lit d'un époux qui m'a fait cet outrage,
Qui s'est acquis sur moi ce cruel avantage ;
Et qui, me préparant un éternel ennui,
M'a fait rougir d'un feu qui n'étoit pas pour lui.

MITHRIDATE.

C'est donc votre réponse : et, sans plus me complaire,
Vous refusez l'honneur que je voulois vous faire ?
Pensez-y bien. J'attends pour me déterminer.

MONIME.

Non, seigneur, vainement vous croyez m'étonner.
Je vous connois ; je sais tout ce que je m'apprête,
Et je vois quels malheurs j'assemble sur ma tête :
Mais le dessein est pris ; rien ne peut m'ébranler.
Jugez-en, puisqu'ainsi je vous ose parler,
Et m'emporte au-delà de cette modestie
Dont jusqu'à ce moment je n'étois point sortie.
Vous vous êtes servi de ma funeste main
Pour mettre à votre fils un poignard dans le sein :
De ses feux innocents j'ai trahi le mystere ;

Et, quand il n'en perdroit que l'amour de son pere,
Il en mourra, seigneur. Ma foi ni mon amour
Ne seront point le prix d'un si cruel détour.
Après cela, jugez. Perdez une rebelle;
Armez-vous du pouvoir qu'on vous donna sur elle:
J'attendrai mon arrêt; vous pouvez commander.
Tout ce qu'en vous quittant j'ose vous demander,
Croyez (à la vertu je dois cette justice)
Que je vous trahis seule, et n'ai point de complice;
Et que d'un plein succès vos vœux seroient suivis
Si j'en croyois, seigneur, les vœux de votre fils.

S C E N E V.

M I T H R I D A T E.

Elle me quitte! Et moi, dans un lâche silence,
Je semble de sa fuite approuver l'insolence!
Peu s'en faut que mon cœur, penchant de son côté,
Ne me condamne encor de trop de cruauté!
Qui suis-je? Est-ce Monime? Et suis-je Mithridate?
Non, non, plus de pardon, plus d'amour pour l'ingrate.
Ma colere revient, et je me reconnois:
Immolons, en partant, trois ingrats à la fois.
Je vais à Rome; et c'est par de tels sacrifices
Qu'il faut à ma fureur rendre les dieux propices.

Je le dois, je le puis; ils n'ont plus de support;
Les plus séditieux sont déja loin du bord.
Sans distinguer entre eux qui je hais ou qui j'aime,
Allons, et commençons par Xipharès lui-même.

    Mais quelle est ma fureur! et qu'est-ce que je dis!
Tu vas sacrifier... qui, malheureux? Ton fils!
Un fils que Rome craint! qui peut venger son pere!
Pourquoi répandre un sang qui m'est si nécessaire?
Ah! dans l'état funeste où ma chûte m'a mis,
Est-ce que mon malheur m'a laissé trop d'amis?
Songeons plutôt, songeons à gagner sa tendresse:
J'ai besoin d'un vengeur, et non d'une maîtresse.
Quoi! ne vaut-il pas mieux, puisqu'il faut m'en priver,
La céder à ce fils que je veux conserver?
Cédons-la. Vains efforts, qui ne font que m'instruire
Des foiblesses d'un cœur qui cherche à se séduire!
Je brûle, je l'adore; et, loin de la bannir...
Ah! c'est un crime encor dont je la veux punir.
Quelle pitié retient mes sentiments timides?
N'en ai-je pas déja puni de moins perfides?
Ô Monime! ô mon fils! Inutile courroux!
Et vous, heureux Romains, quel triomphe pour vous
Si vous saviez ma honte, et qu'un avis fidele
De mes lâches combats vous portât la nouvelle!
Quoi! des plus cheres mains craignant les trahisons,
J'ai pris soin de m'armer contre tous les poisons;

J'ai su, par une longue et pénible industrie,
Des plus mortels venins prévenir la furie :
Ah! qu'il eût mieux valu, plus sage et plus heureux,
Et repoussant les traits d'un amour dangereux,
Ne pas laisser remplir d'ardeurs empoisonnées
Un cœur déja glacé par le froid des années!
De ce trouble fatal par où dois-je sortir?

SCENE VI.

MITHRIDATE, ARBATE.

ARBATE.

Seigneur, tous vos soldats refusent de partir :
Pharnace les retient, Pharnace leur révele
Que vous cherchez à Rome une guerre nouvelle.

MITHRIDATE.

Pharnace?

ARBATE.

Il a séduit ses gardes les premiers,
Et le seul nom de Rome étonne les plus fiers.
De mille affreux périls ils se forment l'image.
Les uns avec transport embrassent le rivage;
Les autres, qui partoient, s'élancent dans les flots,
Ou présentent leurs dards aux yeux des matelots.

Le désordre est par-tout; et, loin de nous entendre,
Ils demandent la paix, et parlent de se rendre.
Pharnace est à leur tête; et, flattant leurs souhaits,
De la part des Romains il leur promet la paix.

MITHRIDATE.

Ah le traître! Courez : qu'on appelle son frere;
Qu'il me suive, qu'il vienne au secours de son pere.

ARBATE.

J'ignore son dessein. Mais un soudain transport
L'a déja fait descendre et courir vers le port;
Et l'on dit que suivi d'un gros d'amis fideles
On l'a vu se mêler au milieu des rebelles.
C'est tout ce que j'en sais.

MITHRIDATE.

                              Ah! qu'est-ce que j'entends!
Perfides, ma vengeance a tardé trop long-temps.
Mais je ne vous crains point : malgré leur insolence,
Les mutins n'oseroient soutenir ma présence.
Je ne veux que les voir; je ne veux qu'à leurs yeux
Immoler de ma main deux fils audacieux.

SCENE VII.

MITHRIDATE, ARBATE, ARCAS.

ARCAS.

Seigneur, tout est perdu. Les rebelles, Pharnace,
Les Romains, sont en foule autour de cette place.

MITHRIDATE.

Les Romains!

ARCAS.

De Romains le rivage est chargé,
Et bientôt dans ces murs vous êtes assiégé.

MITHRIDATE.

Ciel! courons.   (à Arcas.)

Écoutez.... Du malheur qui me presse
Tu ne jouiras pas, infidele princesse.

FIN DU QUATRIEME ACTE.

ACTE CINQUIEME.

SCENE I.

MONIME, PHŒDIME.

PHŒDIME.

Madame, où courez-vous? Quels aveugles transports
Vous font tenter sur vous de criminels efforts?
Hé quói! vous avez pu, trop cruelle à vous-même,
Faire un affreux lien d'un sacré diadême!
Ah! ne voyez-vous pas que les dieux plus humains
Ont eux-mêmes rompu ce bandeau dans vos mains?

MONIME.

Hé! par quelle fureur, obstinée à me suivre,
Toi-même malgré moi veux-tu me faire vivre?
Xipharès ne vit plus; le roi désespéré
Lui-même n'attend plus qu'un trépas assuré :
Quel fruit te promets-tu de ta coupable audace?
Perfide, prétends-tu me livrer à Pharnace?

PHŒDIME.

Ah! du moins attendez qu'un fidele rapport
De son malheureux frere ait confirmé la mort.

Dans la confusion que nous venons d'entendre,
Les yeux peuvent-ils pas aisément se méprendre?
D'abord, vous le savez, un bruit injurieux
Le rangeoit du parti d'un camp séditieux;
Maintenant on vous dit que ces mêmes rebelles
Ont tourné contre lui leurs armes criminelles.
Jugez de l'un par l'autre, et daignez écouter.

M O N I M E.

Xipharès ne vit plus, il n'en faut point douter:
L'événement n'a point démenti mon attente.
Quand je n'en aurois pas la nouvelle sanglante,
Il est mort; et j'en ai pour garants trop certains
Son courage et son nom trop suspects aux Romains.
Ah! que d'un si beau sang dès long-temps altérée
Rome tient maintenant sa victoire assurée!
Quel ennemi son bras leur alloit opposer!
Mais sur qui, malheureuse, oses-tu t'excuser?
Quoi! tu ne veux pas voir que c'est toi qui l'opprimes,
Et dans tous ses malheurs reconnoître tes crimes?
De combien d'assassins l'avois-je enveloppé!
Comment à tant de coups seroit-il échappé?
Il évitoit en vain les Romains et son frere:
Ne le livrois-je pas aux furcurs de son pere?
C'est moi qui, les rendant l'un de l'autre jaloux,
Vins allumer le feu qui les embrase tous:
Tison de la discorde, et fatale furie,

Que le démon de Rome a formée et nourrie.
Et je vis! Et j'attends que de leur sang baigné
Pharnace des Romains revienne accompagné,
Qu'il étale à mes yeux sa parricide joie!
La mort au désespoir ouvre plus d'une voie:
Oui, cruelles, en vain vos injustes secours
Me ferment du tombeau les chemins les plus courts;
Je trouverai la mort jusques dans vos bras même.

    Et toi, fatal tissu, malheureux diadême,
Instrument et témoin de toutes mes douleurs,
Bandeau, que mille fois j'ai trempé de mes pleurs,
Au moins, en terminant ma vie et mon supplice,
Ne pouvois-tu me rendre un funeste service?
A mes tristes regards, va, cesse de t'offrir;
D'autres armes sans toi sauront me secourir:
Et périsse le jour et la main meurtriere
Qui jadis sur mon front t'attacha la premiere!

PHŒDIME.

On vient, madame, on vient; et j'espere qu'Arcas,
Pour bannir vos frayeurs, porte vers vous ses pas.

SCENE II.

MONIME, PHŒDIME, ARCAS.

MONIME.

En est-ce fait, Arcas? et le cruel Pharnace...

ARCAS.

Ne me demandez rien de tout ce qui se passe,
Madame; on m'a chargé d'un plus funeste emploi,
Et ce poison vous dit les volontés du roi.

PHŒDIME.

Malheureuse princesse!

MONIME.

Ah! quel comble de joie!
Donnez. Dites, Arcas, au roi qui me l'envoie,
Que de tous les présents que m'a faits sa bonté
Je reçois le plus cher et le plus souhaité.
A la fin je respire; et le ciel me délivre
Des secours importuns qui me forçoient de vivre.
Maîtresse de moi-même, il veut bien qu'une fois
Je puisse de mon sort disposer à mon choix.

PHŒDIME.

Hélas!

MONIME.

Retiens tes cris, et par d'indignes larmes

De cet heureux moment ne trouble point les charmes:
Si tu m'aimois, Phœdime, il falloit me pleurer
Quand d'un titre funeste on me vint honorer,
Et lorsque, m'arrachant du doux sein de la Grece,
Dans ce climat barbare on traîna ta maîtresse.
Retourne maintenant chez ces peuples heureux;
Et, si mon nom encor s'est conservé chez eux,
Dis-leur ce que tu vois, et de toute ma gloire,
Phœdime, conte-leur la malheureuse histoire.

    Et toi, qui de ce cœur, dont tu fus adoré,
Par un jaloux destin fus toujours séparé,
Héros, avec qui même en terminant ma vie
Je n'osé en un tombeau demander d'être unie,
Reçois ce sacrifice; et puisse, en ce moment,
Ce poison expier le sang de mon amant!

SCENE III.

MONIME, ARBATE, PHŒDIME, ARCAS.

ARBATE.

Arrêtez! arrêtez!

ARCAS.
Que faites-vous, Arbate?

ARBATE.

Arrêtez! j'accomplis l'ordre de Mithridate.

MONIME.

Ah! laissez-moi...

ARBATE, *jettant le poison.*

Cessez, vous dis-je, et laissez-moi,
Madame, exécuter les volontés du roi:
Vivez. Et vous, Arcas, du succès de mon zele
Courez à Mithridate apprendre la nouvelle.

SCENE IV.

MONIME, ARBATE, PHŒDIME.

MONIME.

Ah! trop cruel Arbate, à quoi m'exposez-vous!
Est-ce qu'on croit encor mon supplice trop doux?
Et le roi, m'enviant une mort si soudaine,
Veut-il plus d'un trépas pour contenter sa haine?

ARBATE.

Vous l'allez voir paroître; et j'ose m'assurer
Que vous-même avec moi vous allez le pleurer.

MONIME.

Quoi! le roi...

ARBATE.

Le roi touche à son heure derniere,

Madame, et ne voit plus qu'un reste de lumiere.
Je l'ai laissé sanglant, porté par des soldats;
Et Xipharès en pleurs accompagne leurs pas.

MONIME.

Xipharès! Ah grands dieux! je doute si je veille,
Et n'ose qu'en tremblant en croire mon oreille.
Xipharès vit encor! Xipharès, que mes pleurs...

ARBATE.

Il vit, chargé de gloire, accablé de douleurs.
De sa mort en ces lieux la nouvelle semée
Ne vous a pas vous seule et sans cause alarmée:
Les Romains, qui par-tout l'appuyoient par des cris,
Ont par ce bruit fatal glacé tous les esprits.
Le roi, trompé lui-même, en a versé des larmes,
Et, désormais certain du malheur de ses armes,
Par un rebelle fils de toutes parts pressé,
Sans espoir de secours, tout près d'être forcé,
Et voyant, pour surcroît de douleur et de haine,
Parmi ses étendards porter l'aigle romaine,
Il n'a plus aspiré qu'à s'ouvrir des chemins
Pour éviter l'affront de tomber dans leurs mains.

D'abord il a tenté les atteintes mortelles
Des poisons que lui-même a crus les plus fideles;
Il les a trouvés tous sans force et sans vertu.
« Vain secours, a-t-il dit, que j'ai trop combattu!
« Contre tous les poisons soigneux de me défendre,

« J'ai perdu tout le fruit que j'en pouvois attendre.
« Essayons maintenant des secours plus certains,
« Et cherchons un trépas plus funeste aux Romains. »
Il parle; et défiant leurs nombreuses cohortes,
Du palais, à ces mots, il fait ouvrir les portes.
A l'aspect de ce front dont la noble fureur
Tant de fois dans leurs rangs répandit la terreur,
Vous les eussiez vus tous, retournant en arriere,
Laisser entre eux et nous une large carriere;
Et déja quelques uns couroient épouvantés
Jusques dans les vaisseaux qui les ont apportés.
Mais, le dirai-je? ô ciel! rassurés par Pharnace,
Et la honte en leurs cœurs réveillant leur audace,
Ils reprennent courage, ils attaquent le roi
Qu'un reste de soldats défendoit avec moi.
Qui pourroit exprimer par quels faits incroyables,
Quels coups, accompagnés de regards effroyables,
Son bras, se signalant pour la derniere fois,
A de ce grand héros terminé les exploits?
Enfin, las et couvert de sang et de poussiere,
Il s'étoit fait de morts une noble barriere:
Un autre bataillon s'est avancé vers nous.
Les Romains pour le joindre ont suspendu leurs coups:
Ils vouloient tous ensemble accabler Mithridate.
Mais lui : « C'en est assez, m'a-t-il dit, cher Arbate;
« Le sang et la fureur m'emportent trop avant.

Ne livrons pas sur-tout Mithridate vivant. »
Aussitôt dans son sein il plonge son épée.
Mais la mort fuit encor sa grande ame trompée.
Ce héros dans mes bras est tombé tout sanglant,
Foible, et qui s'irritoit contre un trépas si lent;
Et se plaignant à moi de ce reste de vie,
Il soulevoit encor sa main appesantie,
Et, marquant à mon bras la place de son cœur,
Sembloit d'un coup plus sûr implorer la faveur.
Tandis que, possédé de ma douleur extrême,
Je songe bien plutôt à me percer moi-même,
De grands cris ont soudain attiré mes regards;
J'ai vu, qui l'auroit cru? j'ai vu de toutes parts
Vaincus et renversés les Romains et Pharnace,
Fuyant vers leurs vaisseaux, abandonner la place;
Et le vainqueur, vers nous s'avançant de plus près,
A mes yeux éperdus a montré Xipharès.

MONIME,

Juste ciel!

ARBATE.

Xipharès toujours resté fidele,
Et qu'au fort du combat une troupe rebelle,
Par ordre de son frere, avoit enveloppé,
Mais qui, d'entre leurs bras à la fin échappé,
Forçant les plus mutins, et regagnant le reste,
Heureux et plein de joie en ce moment funeste,

A travers mille morts, ardent, victorieux,
S'étoit fait vers son pere un chemin glorieux.
Jugez de quelle horreur cette joie est suivie:
Son bras aux pieds du roi l'alloit jetter sans vie;
Mais on court, on s'oppose à son emportement.
Le roi m'a regardé dans ce triste moment,
Et m'a dit, d'une voix qu'il poussoit avec peine:
« S'il en est temps encor, cours, et sauve la reine. »
Ces mots m'ont fait trembler pour vous, pour Xipharès:
J'ai craint, j'ai soupçonné quelques ordres secrets.
Tout lassé que j'étois, ma frayeur et mon zele
M'ont donné pour courir une force nouvelle;
Et, malgré nos malheurs, je me tiens trop heureux
D'avoir paré le coup qui vous perdoit tous deux.

MONIME.

Ah! que, de tant d'horreurs justement étonnée,
Je plains de ce grand roi la triste destinée!
Hélas! et plût aux dieux qu'à son sort inhumain
Moi-même j'eusse pu ne point prêter la main,
Et que, simple témoin du malheur qui l'accable,
Je le pusse pleurer sans en être coupable!
Il vient. Quel nouveau trouble excite en mes esprits
Le sang du pere, ô ciel! et les larmes du fils!

SCENE V.

MITHRIDATE, MONIME, XIPHARÈS,

ARBATE, ARCAS; GARDES qui soutiennent Mithridate.

MONIME.

Ah! que vois-je, seigneur, et quel sort est le vôtre!

MITHRIDATE.

Cessez et retenez vos larmes l'un et l'autre:

(montrant Xipharès.)

Mon sort de sa tendresse et de votre amitié
Veut d'autres sentiments que ceux de la pitié;
Et ma gloire, plutôt digne d'être admirée,
Ne doit point par des pleurs être déshonorée.

J'ai vengé l'univers autant que je l'ai pu:
La mort dans ce projet m'a seule interrompu.
Ennemi des Romains et de la tyrannie,
Je n'ai point de leur joug subi l'ignominie;
Et j'ose me flatter qu'entre les noms fameux
Qu'une pareille haine a signalés contre eux,
Nul ne leur a plus fait acheter la victoire,
Ni de jours malheureux plus rempli leur histoire.
Le ciel n'a pas voulu qu'achevant mon dessein
Rome en cendre me vît expirer dans son sein:
Mais au moins quelque joie en mourant me console;

J'expire environné d'ennemis que j'immole;
Dans leur sang odieux j'ai pu tremper mes mains;
Et mes derniers regards ont vu fuir les Romains.
A mon fils Xipharès je dois cette fortune;
Il épargne à ma mort leur présence importune.
Que ne puis-je payer ce service important
De tout ce que mon trône eut de plus éclatant!
Mais vous me tenez lieu d'empire, de couronne;
Vous seule me restez : souffrez que je vous donne,
Madame; et tous ces vœux que j'exigeois de vous,
Mon cœur pour Xipharès vous les demande tous.

                    MONIME.

Vivez, seigneur, vivez, pour le bonheur du monde,
Et pour sa liberté qui sur vous seul se fonde;
Vivez pour triompher d'un ennemi vaincu,
Pour venger...

                    MITHRIDATE.

                    C'en est fait, madame, et j'ai vécu.
Mon fils, songez à vous : gardez-vous de prétendre
Que de tant d'ennemis vous puissiez vous défendre.
Bientôt tous les Romains, de leur honte irrités,
Viendront ici sur vous fondre de tous côtés.
Ne perdez point le temps que vous laisse leur fuite
A rendre à mon tombeau des soins dont je vous quitte:
Tant de Romains sans vie, en cent lieux dispersés,
Suffisent à ma cendre et l'honorent assez.

Cachez-leur pour un temps vos noms et votre vie.
Allez, réservez-vous...

XIPHARÈS.

Moi, seigneur, que je fuie?
Que Pharnace impuni, les Romains triomphants,
N'éprouvent pas bientôt...

MITHRIDATE.

Non, je vous le défends.
Tôt ou tard il faudra que Pharnace périsse:
Fiez-vous aux Romains du soin de son supplice.
Mais je sens affoiblir ma force et mes esprits.
Je sens que je me meurs... Approchez-vous, mon fils;
Dans cet embrassement dont la douceur me flatte,
Venez, et recevez l'ame de Mithridate.

MONIME.

Il expire.

XIPHARÈS.

Ah madame! unissons nos douleurs,
Et par tout l'univers cherchons-lui des vengeurs.

FIN.

IPHIGÉNIE,

TRAGÉDIE.

1674.

PRÉFACE.

Il n'y a rien de plus célebre dans les poëtes que le sacrifice d'Iphigénie : mais ils ne s'accordent pas tous ensemble sur les plus importantes particularités de ce sacrifice.
Les uns, comme Eschyle dans Agamemnon, Sophocle
dans Électre, et après eux, Lucrece, Horace, et beaucoup d'autres, veulent qu'on ait en effet répandu le sang
d'Iphigénie, fille d'Agamemnon, et qu'elle soit morte
en Aulide. Il ne faut que lire Lucrece au commence-
ment de son premier livre.

> Aulide quo pacto Triviaï virginis aram
> Iphianassaï turpârunt sanguine fœdè
> Ductores Danaum, &c.

Et Clytemnestre dit dans Eschyle qu'Agamemnon son
mari, qui vient d'expirer, rencontrera dans les enfers
Iphigénie sa fille qu'il a autrefois immolée.

D'autres ont feint que Diane ayant eu pitié de cette
jeune princesse, l'avoit enlevée et portée dans la Tau-
ride, au moment qu'on l'alloit sacrifier ; et que la déesse
avoit fait trouver en sa place ou une biche, ou une autre
victime de cette nature. Euripide a suivi cette fable, et
Ovide l'a mise au nombre des métamorphoses.

Il y a une troisieme opinion, qui n'est pas moins an-
cienne que les deux autres, sur Iphigénie. Plusieurs
auteurs, et entr'autres Stésichorus, l'un des plus fameux et des plus anciens poëtes lyriques, ont écrit qu'il

étoit bien vrai qu'une princesse de ce nom avoit été sa-
crifiée, mais que cette Iphigénie étoit une fille qu'Hélene avoit eue de Thésée. Hélene, disent ces auteurs,
ne l'avoit osé avouer pour sa fille, parcequ'elle n'osoit
déclarer à Ménélas qu'elle eût été mariée en secret avec
Thésée. Pausanias (Corinth. pag. 125.) rapporte et le témoi-
gnage et les noms des poëtes qui ont été de ce sentiment; et il ajoute que c'étoit la créance commune de
tout le pays d'Argos.

Homere enfin, le pere des poëtes, a si peu prétendu qu'Iphigénie, fille d'Agamemnon, eût été ou sacri-
fiée en Aulide, ou transportée dans la Scythie, que,
dans le neuvieme livre de l'Iliade, c'est-à-dire près de
dix ans depuis l'arrivée des Grecs devant Troie, Agamemnon fait offrir en mariage à Achille sa fille Iphigénie, qu'il a, dit-il, laissée à Mycene, dans sa maison.

J'ai rapporté tous ces avis si différents, et sur-tout
le passage de Pausanias, parceque c'est à cet auteur que
je dois l'heureux personnage d'Ériphile, sans lequel je
n'aurois jamais osé entreprendre cette tragédie. Quelle
apparence que j'eusse souillé la scene par le meurtre
horrible d'une personne aussi vertueuse et aussi aimable qu'il falloit représenter Iphigénie? Et quelle apparence encore de dénouer ma tragédie par le secours
d'une déesse et d'une machine, et par une métamor-
phose qui pouvoit bien trouver quelque créance du
temps d'Euripide, mais qui seroit trop absurde et trop
incroyable parmi nous?

Je puis dire donc que j'ai été très heureux de trouver dans les anciens cette autre Iphigénie que j'ai pu
représenter telle qu'il m'a plu, et qui, tombant dans
le malheur où cette amante jalouse vouloit précipiter
sa rivale, mérite en quelque façon d'être punie, sans
être pourtant tout-à-fait indigne de compassion. Ainsi
le dénouement de la piece est tiré du fond même de
la piece. Et il ne faut que l'avoir vu représenter pour
comprendre quel plaisir j'ai fait au spectateur, et en
sauvant à la fin une princesse vertueuse pour qui il s'est
si fort intéressé dans le cours de la tragédie, et en la
sauvant par une autre voie que par un miracle, qu'il
n'auroit pu souffrir, parcequ'il ne le sauroit jamais
croire.

Le voyage d'Achille à Lesbos, dont ce héros se rend
maître, et d'où il enleve Ériphile avant que de venir
en Aulide, n'est pas non plus sans fondement. Eupho-
rion de Chalcide, poëte très connu parmi les anciens,
et dont Virgile (Eglog. 10.) et Quintilien (Instit. l. 10.) font
une mention honorable, parloit de ce voyage de Lesbos. Il disoit dans un de ses poëmes, au rapport de Par-
thénius, qu'Achille avoit fait la conquête de cette isle
avant que de joindre l'armée des Grecs, et qu'il y avoit
même trouvé une princesse qui s'étoit éprise d'amour
pour lui.

Voilà les principales choses en quoi je me suis un
peu éloigné de l'économie et de la fable d'Euripide.
Pour ce qui regarde les passions, je me suis attaché à

le suivre plus exactement. J'avoue que je lui dois un
bon nombre des endroits qui ont été le plus approuvés
dans ma tragédie ; et je l'avoue d'autant plus volontiers,
que ces approbations m'ont confirmé dans l'estime et
dans la vénération que j'ai toujours eues pour les ouvrages qui nous restent de l'antiquité. J'ai reconnu avec
plaisir, par l'effet qu'a produit sur notre théâtre tout
ce que j'ai imité ou d'Homere ou d'Euripide, que le
bon sens et la raison étoient les mêmes dans tous les
siecles. Le goût de Paris s'est trouvé conforme à celui
d'Athenes : mes spectateurs ont été émus des mêmes
choses qui ont mis autrefois en larmes le plus savant peuple de la Grece, et qui ont fait dire qu'entre les poëtes
Euripide étoit extrêmement tragique, *tragicôtatos*, c'est-
à-dire, qu'il savoit merveilleusement exciter la compassion et la terreur, qui sont les véritables effets de la tragédie.

Je m'étonne après cela que les modernes aient té-
moigné depuis peu tant de dégoût pour ce grand poëte,
dans le jugement qu'ils ont fait de son ALCESTE. Il ne s'a-
git point ici de l'ALCESTE ; mais en vérité j'ai trop d'obli-
gation à Euripide pour ne pas prendre quelque soin
de sa mémoire, et pour laisser échapper l'occasion de
le réconcilier avec ces messieurs. Je m'assure qu'il n'est
si mal dans leur esprit, que parcequ'ils n'ont pas bien
lu l'ouvrage sur lequel ils l'ont condamné. J'ai choisi la
plus importante de leurs objections pour leur montrer
que j'ai raison de parler ainsi : je dis la plus importante

de leurs objections; car ils la répetent à chaque page, et ils ne soupçonnent pas seulement que l'on y puisse répliquer.

Il y a dans l'ALCESTE d'Euripide une scene merveilleuse, où Alceste qui se meurt, et qui ne peut plus se soutenir, dit à son mari les derniers adieux. Admete, tout en larmes, la prie de reprendre ses forces, et de ne se point abandonner elle-même. Alceste, qui a l'image de la mort devant les yeux, lui parle ainsi :

> Je vois déja la rame et la barque fatale,
> J'entends le vieux nocher sur la rive infernale:
> Impatient, il crie : On t'attend ici bas,
> Tout est prêt, descends, viens, ne me retarde pas.

J'aurois souhaité de pouvoir exprimer dans ces vers les graces qu'ils ont dans l'original : mais au moins en voilà le sens. Voici comme ces messieurs les ont entendus. Il leur est tombé entre les mains une malheureuse édition d'Euripide, où l'imprimeur a oublié de mettre dans le latin à côté de ces vers un AL. qui signifie que c'est Alceste qui parle; et à côté des vers suivants un AD. qui signifie que c'est Admete qui répond. Là-dessus il leur est venu dans l'esprit la plus étrange pensée du monde: ils ont mis dans la bouche d'Admete les paroles qu'Alceste dit à Admete et celles qu'elle se fait dire par Caron. Ainsi ils supposent qu'Admete, quoiqu'il soit en parfaite santé, pense voir déja Caron qui le vient prendre : et, au lieu que, dans ce passage d'Euripide, Caron impatient presse Alceste de le venir trouver, selon ces messieurs c'est Admete effrayé qui est l'impatient, et qui presse Alceste d'expirer, de peur que Caron ne le prenne. « Il l'exhorte (ce sont leurs termes) à avoir cou-« rage, à ne pas faire une lâcheté, et à mourir de bonne « grace; il interrompt les adieux d'Alceste pour lui dire « de se dépêcher de mourir ». Peu s'en faut, à les entendre, qu'il ne la fasse mourir lui-même.

Ce sentiment leur a paru fort vilain. Et ils ont raison : il n'y a personne qui n'en fût très scandalisé. Mais comment l'ont-ils pu attribuer à Euripide? En vérité, quand toutes les autres éditions où cet AL. n'a point été oublié ne donneroient pas un démenti au malheureux imprimeur qui les a trompés, la suite de ces quatre vers, et tous les discours qu'Admete tient dans la même scene, étoient plus que suffisants pour les empêcher de tomber dans une erreur si déraisonnable. Car Admete, bien éloigné de presser Alceste de mourir, s'écrie « que tou-« tes les morts ensemble lui seroient moins cruelles « que de la voir dans l'état où il la voit : il la conjure de « l'entraîner avec elle; il ne peut plus vivre si elle meurt: « il vit en elle ; il ne respire que pour elle. »

Ils ne sont pas plus heureux dans les autres objections. Ils disent, par exemple, qu'Euripide a fait deux époux surannés d'Admete et d'Alceste; que l'un est un vieux mari, et l'autre une princesse déja sur l'âge. Euripide a pris soin de leur répondre en un seul vers, où il fait dire par le chœur, qu'Alceste toute jeune, et dans la premiere fleur de son âge, expire pour son jeune époux.

Ils reprochent encore à Alceste qu'elle a deux grands enfants à marier. Comment n'ont-ils point lu le contraire en cent endroits, et sur-tout dans ce beau récit où l'on dépeint Alceste mourante au milieu de ses deux petits enfants qui la tirent, en pleurant, par la robe, et qu'elle prend sur ses bras l'un après l'autre pour les baiser?

Tout le reste de leurs critiques est à-peu-près de la force de celles-ci. Mais je crois qu'en voilà assez pour la défense de mon auteur. Je conseille à ces messieurs de ne plus décider si légèrement sur les ouvrages des anciens. Un homme tel qu'Euripide méritoit au moins qu'ils l'examinassent, puisqu'ils avoient envie de le condamner. Ils devoient se souvenir de ces sages paroles de Quintilien : « Il faut être extrêmement circonspect « et très retenu à prononcer sur les ouvrages de ces « grands hommes, de peur qu'il ne nous arrive, comme « à plusieurs, de condamner ce que nous n'entendons « pas. Et, s'il faut tomber dans quelque excès, encore « vaut-il mieux pécher en admirant tout dans leurs « écrits, qu'en y blâmant beaucoup de choses. [1] »

---

[1] Modestè tamen et circumspecto judicio de tantis viris pronunciandum est, ne, quod plerisque accidit, damnent quæ non intelligunt. Ac si necesse est in alteram errare partem, omnia eorum legentibus placere, quàm multa displicere, maluerim.

ACTEURS.

AGAMEMNON.

ACHILLE.

ULYSSE.

CLYTEMNESTRE, femme d'Agamemnon.

IPHIGÉNIE, fille d'Agamemnon.

ÉRIPHILE, fille d'Hélene et de Thésée.

ARCAS,
EURYBATE, } domestiques d'Agamemnon.

ÆGINE, femme de la suite de Clytemnestre.

DORIS, confidente d'Ériphile.

GARDES.

La scene est en Aulide, dans la tente d'Agamemnon.

IPHIGÉNIE,

TRAGÉDIE.

ACTE PREMIER.

SCENE I.

AGAMEMNON, ARCAS.

AGAMEMNON.

Oui, c'est Agamemnon, c'est ton roi qui t'éveille.
Viens, reconnois la voix qui frappe ton oreille.

ARCAS.

C'est vous-même, seigneur! Quel important besoin
Vous a fait devancer l'aurore de si loin?
A peine un foible jour vous éclaire et me guide;
Vos yeux seuls et les miens sont ouverts dans l'Aulide.
Avez-vous dans les airs entendu quelque bruit?
Les vents nous auroient-ils exaucés cette nuit?
Mais tout dort, et l'armée, et les vents, et Neptune.

AGAMEMNON.

Heureux qui, satisfait de son humble fortune,
Libre du joug superbe où je suis attaché,
Vit dans l'état obscur où les dieux l'ont caché!

ARCAS.

Et depuis quand, seigneur, tenez-vous ce langage?
Comblé de tant d'honneurs, par quel secret outrage
Les dieux, à vos desirs toujours si complaisants,
Vous font-ils méconnoître et haïr leurs présents?
Roi, pere, époux heureux, fils du puissant Atrée,
Vous possédez des Grecs la plus riche contrée:
Du sang de Jupiter issu de tous côtés,
L'hymen vous lie encore aux dieux dont vous sortez;
Le jeune Achille enfin, vanté par tant d'oracles,
Achille, à qui le ciel promet tant de miracles,
Recherche votre fille, et d'un hymen si beau
Veut dans Troie embrasée allumer le flambeau.
Quelle gloire, seigneur, quels triomphes égalent
Le spectacle pompeux que ces bords vous étalent,
Tous ces mille vaisseaux, qui, chargés de vingt rois,
N'attendent que les vents pour partir sous vos loix?
Ce long calme, il est vrai, retarde vos conquêtes;
Ces vents, depuis trois mois enchaînés sur nos têtes,
D'Ilion trop long-temps vous ferment le chemin:
Mais, parmi tant d'honneurs, vous êtes homme enfin;
Tandis que vous vivrez, le sort, qui toujours change,
Ne vous a point promis un bonheur sans mélange.
Bientôt... Mais quels malheurs dans ce billet tracés
Vous arrachent, seigneur, les pleurs que vous versez?
Votre Oreste au berceau va-t-il finir sa vie?

Pleurez-vous Clytemnestre, ou bien Iphigénie?
Qu'est-ce qu'on vous écrit? Daignez m'en avertir.

A G A M E M N O N.

Non, tu ne mourras point, je n'y puis consentir.

A R C A S.

Seigneur...

A G A M E M N O N.

     Tu vois mon trouble; apprends ce qui le cause,
Et juge s'il est temps, ami, que je repose.
    Tu te souviens du jour qu'en Aulide assemblés
Nos vaisseaux par les vents sembloient être appellés.
Nous partions; et déja, par mille cris de joie,
Nous menacions de loin les rivages de Troie.
Un prodige étonnant fit taire ce transport:
Le vent qui nous flattoit nous laissa dans le port.
Il fallut s'arrêter; et la rame inutile
Fatigua vainement une mer immobile.
Ce miracle inoui me fit tourner les yeux
Vers la divinité qu'on adore en ces lieux:
Suivi de Ménélas, de Nestor et d'Ulysse,
J'offris sur ses autels un secret sacrifice.
Quelle fut sa réponse! et quel devins-je, Arcas,
Quand j'entendis ces mots prononcés par Calchas!
« Vous armez contre Troie une puissance vaine,
« Si, dans un sacrifice auguste et solemnel,
    « Une fille du sang d'Hélene

« De Diane en ces lieux n'ensanglante l'autel.
« Pour obtenir les vents que le ciel vous dénie,
    « Sacrifiez Iphigénie. »

ARCAS.

Votre fille!

AGAMEMNON.

Surpris, comme tu peux penser,
Je sentis dans mon corps tout mon sang se glacer:
Je demeurai sans voix, et n'en repris l'usage
Que par mille sanglots qui se firent passage.
Je condamnai les dieux, et, sans plus rien ouir,
Fis vœu, sur leurs autels, de leur désobéir.
Que n'en croyois-je alors ma tendresse alarmée!
Je voulois sur-le-champ congédier l'armée.
Ulysse, en apparence approuvant mes discours,
De ce premier torrent laissa passer le cours.
Mais bientôt, rappellant sa cruelle industrie,
Il me représenta l'honneur et la patrie,
Tout ce peuple, ces rois, à mes ordres soumis,
Et l'empire d'Asie à la Grece promis;
De quel front, immolant tout l'état à ma fille,
Roi sans gloire, j'irois vieillir dans ma famille.
Moi-même, je l'avoue avec quelque pudeur,
Charmé de mon pouvoir, et plein de ma grandeur,
Ces noms de roi des rois et de chef de la Grece
Chatouilloient de mon cœur l'orgueilleuse foiblesse.

Pour comble de malheur, les dieux, toutes les nuits,
Dès qu'un léger sommeil suspendoit mes ennuis,
Vengeant de leurs autels le sanglant privilege,
Me venoient reprocher ma pitié sacrilege;
Et présentant la foudre à mon esprit confus,
Le bras déja levé, menaçoient mes refus.
Je me rendis, Arcas; et vaincu par Ulysse,
De ma fille, en pleurant, j'ordonnai le supplice.
Mais des bras d'une mere il falloit l'arracher.
Quel funeste artifice il me fallut chercher!
D'Achille, qui l'aimoit, j'empruntai le langage:
J'écrivis en Argos, pour hâter ce voyage,
Que ce guerrier, pressé de partir avec nous,
Vouloit revoir ma fille, et partir son époux.

ARCAS.

Et ne craignez-vous point l'impatient Achille?
Avez-vous prétendu que, muet et tranquille,
Ce héros, qu'armera l'amour et la raison,
Vous laisse pour ce meurtre abuser de son nom?
Verra-t-il à ses yeux son amante immolée?

AGAMEMNON.

Achille étoit absent, et son pere Pélée,
D'un voisin ennemi redoutant les efforts,
L'avoit, tu t'en souviens, rappellé de ces bords;
Et cette guerre, Arcas, selon toute apparence,
Auroit dû plus long-temps prolonger son absence.

Mais qui peut dans sa course arrêter ce torrent?
Achille va combattre, et triomphe en courant;
Et ce vainqueur, suivant de près sa renommée,
Hier avec la nuit arriva dans l'armée.

    Mais des nœuds plus puissants me retiennent le bras:
Ma fille, qui s'approche et court à son trépas,
Qui, loin de soupçonner un arrêt si sévere,
Peut-être s'applaudit des bontés de son pere;
Ma fille... Ce nom seul, dont les droits sont si saints,
Sa jeunesse, mon sang, n'est pas ce que je plains:
Je plains mille vertus, une amour mutuelle,
Sa piété pour moi, ma tendresse pour elle,
Un respect qu'en son cœur rien ne peut balancer,
Et que j'avois promis de mieux récompenser.
Non, je ne croirai point, ô Ciel, que ta justice
Approuve la fureur de ce noir sacrifice:
Tes oracles, sans doute, ont voulu m'éprouver;
Et tu me punirois si j'osois l'achever.

    Arcas, je t'ai choisi pour cette confidence;
Il faut montrer ici ton zele et ta prudence:
La reine, qui dans Sparte avoit connu ta foi,
T'a placé dans le rang que tu tiens près de moi.
Prends cette lettre, cours au-devant de la reine,
Et suis sans t'arrêter le chemin de Mycene.
Dès que tu la verras, défends-lui d'avancer,
Et rends-lui ce billet que je viens de tracer.

Mais ne t'écarte point; prends un fidele guide.
Si ma fille une fois met le pied dans l'Aulide,
Elle est morte : Calchas, qui l'attend en ces lieux,
Fera taire nos pleurs, fera parler les dieux;
Et la religion, contre nous irritée,
Par les timides Grecs sera seule écoutée;
Ceux même dont ma gloire aigrit l'ambition
Réveilleront leur brigue et leur prétention,
M'arracheront peut-être un pouvoir qui les blesse...
Va, dis-je, sauve-la de ma propre foiblesse.
Mais sur-tout ne va point, par un zele indiscret,
Découvrir à ses yeux mon funeste secret.
Que, s'il se peut, ma fille, à jamais abusée,
Ignore à quel péril je l'avois exposée:
D'une mere en fureur épargne-moi les cris;
Et que ta voix s'accorde avec ce que j'écris.
Pour renvoyer la fille, et la mere offensée,
Je leur écris qu'Achille a changé de pensée;
Et qu'il veut désormais jusques à son retour
Différer cet hymen que pressoit son amour.
Ajoute, tu le peux, que des froideurs d'Achille
On accuse en secret cette jeune Ériphile
Que lui-même captive amena de Lesbos,
Et qu'auprès de ma fille on garde dans Argos.
C'est leur en dire assez : le reste, il le faut taire.
Déja le jour plus grand nous frappe et nous éclaire;

Déja même l'on entre, et j'entends quelque bruit.
C'est Achille. Va, pars. Dieux! Ulysse le suit!

SCENE II.

AGAMEMNON, ACHILLE, ULYSSE.

AGAMEMNON.

Quoi! seigneur, se peut-il que d'un cours si rapide
La victoire vous ait ramené dans l'Aulide?
D'un courage naissant sont-ce là les essais?
Quels triomphes suivront de si nobles succès!
La Thessalie entiere, ou vaincue ou calmée,
Lesbos même conquise en attendant l'armée,
De toute autre valeur éternels monuments,
Ne sont d'Achille oisif que les amusements.

ACHILLE.

Seigneur, honorez moins une foible conquête:
Et que puisse bientôt le ciel qui nous arrête
Ouvrir un champ plus noble à ce cœur excité
Par le prix glorieux dont vous l'avez flatté!
Mais cependant, seigneur, que faut-il que je croie
D'un bruit qui me surprend et me comble de joie?
Daignez-vous avancer le succès de mes vœux?
Et bientôt des mortels suis-je le plus heureux?

On dit qu'Iphigénie, en ces lieux amenée,
Doit bientôt à son sort unir ma destinée.

AGAMEMNON.

Ma fille? Qui vous dit qu'on la doit amener?

ACHILLE.

Seigneur, qu'a donc ce bruit qui vous doive étonner?

AGAMEMNON, à Ulysse.

Juste ciel! sauroit-il mon funeste artifice?

ULYSSE.

Seigneur, Agamemnon s'étonne avec justice.
Songez-vous aux malheurs qui nous menacent tous?
Ô ciel! pour un hymen quel temps choisissez-vous?
Tandis qu'à nos vaisseaux la mer toujours fermée
Trouble toute la Grece et consume l'armée;
Tandis que, pour fléchir l'inclémence des dieux,
Il faut du sang peut-être, et du plus précieux,
Achille seul, Achille à son amour s'applique!
Voudroit-il insulter à la crainte publique?
Et que le chef des Grecs, irritant les destins,
Préparât d'un hymen la pompe et les festins?
Ah seigneur! est-ce ainsi que votre ame attendrie
Plaint le malheur des Grecs et chérit la patrie?

ACHILLE.

Dans les champs phrygiens les effets feront foi
Qui la chérit le plus ou d'Ulysse ou de moi:
Jusques-là je vous laisse étaler votre zele;

Vous pouvez à loisir faire des vœux pour elle.
Remplissez les autels d'offrandes et de sang,
Des victimes vous-même interrogez le flanc,
Du silence des vents demandez-leur la cause:
Mais moi, qui de ce soin sur Calchas me repose,
Souffrez, seigneur, souffrez que je coure hâter
Un hymen dont les dieux ne sauroient s'irriter.
Transporté d'une ardeur qui ne peut être oisive,
Je rejoindrai bientôt les Grecs sur cette rive:
J'aurois trop de regret si quelque autre guerrier
Au rivage troyen descendoit le premier.

AGAMEMNON.

Ô ciel, pourquoi faut-il que ta secrete envie
Ferme à de tels héros le chemin de l'Asie?
N'aurai-je vu briller cette noble chaleur
Que pour m'en retourner avec plus de douleur?

ULYSSE.

Dieux! qu'est-ce que j'entends?

ACHILLE.

Seigneur, qu'osez-vous dire?

AGAMEMNON.

Qu'il faut, princes, qu'il faut que chacun se retire;
Que, d'un crédule espoir trop long-temps abusés,
Nous attendons les vents qui nous sont refusés.
Le ciel protege Troie; et par trop de présages
Son courroux nous défend d'en chercher les passages.

ACHILLE.

Quels présages affreux nous marquent son courroux?

AGAMEMNON.

Vous-même consultez ce qu'il prédit de vous.
Que sert de se flatter? on sait qu'à votre tête
Les dieux ont d'Ilion attaché la conquête:
Mais on sait que, pour prix d'un triomphe si beau,
Ils ont aux champs troyens marqué votre tombeau;
Que votre vie ailleurs et longue et fortunée
Devant Troie en sa fleur doit être moissonnée.

ACHILLE.

Ainsi pour vous venger tant de rois assemblés
D'un opprobre éternel retourneront comblés;
Et Pâris, couronnant son insolente flamme,
Retiendra sans péril la sœur de votre femme!

AGAMEMNON.

Hé quoi! votre valeur qui nous a devancés
N'a-t-elle pas pris soin de nous venger assez?
Les malheurs de Lesbos par vos mains ravagée
Épouvantent encor toute la mer Égée:
Troie en a vu la flamme; et jusques dans ses ports
Les flots en ont poussé le débris et les morts.
Que dis-je? les Troyens pleurent une autre Hélene
Que vous avez captive envoyée à Mycene:
Car, je n'en doute point, cette jeune beauté
Garde en vain un secret que trahit sa fierté;

Et son silence même, accusant sa noblesse,
Nous dit qu'elle nous cache une illustre princesse.

ACHILLE.

Non, non, tous ces détours sont trop ingénieux :
Vous lisez de trop loin dans les secrets des dieux.
Moi, je m'arrêterois à de vaines menaces !
Et je fuirois l'honneur qui m'attend sur vos traces !
Les Parques à ma mere, il est vrai, l'ont prédit,
Lorsqu'un époux mortel fut reçu dans son lit :
Je puis choisir, dit-on, ou beaucoup d'ans sans gloire,
Ou peu de jours suivis d'une longue mémoire.
Mais, puisqu'il faut enfin que j'arrive au tombeau,
Voudrois-je, de la terre inutile fardeau,
Trop avare d'un sang reçu d'une déesse,
Attendre chez mon pere une obscure vieillesse;
Et, toujours de la gloire évitant le sentier,
Ne laisser aucun nom, et mourir tout entier?
Ah! ne nous formons point ces indignes obstacles :
L'honneur parle, il suffit; ce sont là nos oracles.
Les dieux sont de nos jours les maîtres souverains;
Mais, seigneur, notre gloire est dans nos propres mains.
Pourquoi nous tourmenter de leurs ordres suprêmes?
Ne songeons qu'à nous rendre immortels comme eux-mêmes;
Et laissant faire au sort, courons où la valeur
Nous promet un destin aussi grand que le leur.
C'est à Troie, et j'y cours; et quoi qu'on me prédise,

Je ne demande aux dieux qu'un vent qui m'y conduise;
Et quand moi seul enfin il faudroit l'assiéger,
Patrocle et moi, seigneur, nous irons vous venger.
Mais non, c'est en vos mains que le destin la livre;
Je n'aspire en effet qu'à l'honneur de vous suivre.
Je ne vous presse plus d'approuver les transports
D'un amour qui m'alloit éloigner de ces bords;
Ce même amour, soigneux de votre renommée,
Veut qu'ici mon exemple encourage l'armée,
Et me défend sur-tout de vous abandonner
Aux timides conseils qu'on ose vous donner.

SCENE III.

AGAMEMNON, ULYSSE.

ULYSSE.

Seigneur, vous entendez. Quelque prix qu'il en coûte,
Il veut voler à Troie et poursuivre sa route.
Nous craignions son amour : et lui-même aujourd'hui
Par une heureuse erreur nous arme contre lui.

AGAMEMNON.

Hélas!

ULYSSE.

De ce soupir que faut-il que j'augure?

Du sang qui se révolte est-ce quelque murmure?
Croirai-je qu'une nuit a pu vous ébranler?
Est-ce donc votre cœur qui vient de nous parler?
Songez-y; vous devez votre fille à la Grece:
Vous nous l'avez promise; et, sur cette promesse,
Calchas, par tous les Grecs consulté chaque jour,
Leur a prédit des vents l'infaillible retour.
A ses prédictions si l'effet est contraire,
Pensez-vous que Calchas continue à se taire?
Que ses plaintes, qu'en vain vous voudrez appaiser,
Laissent mentir les dieux sans vous en accuser?
Et qui sait ce qu'aux Grecs, frustrés de leur victime,
Peut permettre un courroux qu'ils croiront légitime?
Gardez-vous de réduire un peuple furieux,
Seigneur, à prononcer entre vous et les dieux.
N'est-ce pas vous enfin de qui la voix pressante
Nous a tous appellés aux campagnes du Xanthe?
Et qui de ville en ville attestiez les serments
Que d'Hélene autrefois firent tous les amants,
Quand presque tous les Grecs, rivaux de votre frere,
La demandoient en foule à Tyndare son pere?
De quelque heureux époux que l'on dût faire choix,
Nous jurâmes dès-lors de défendre ses droits;
Et, si quelque insolent lui voloit sa conquête,
Nos mains du ravisseur lui promirent la tête.
Mais sans vous, ce serment que l'amour a dicté,

Libres de cet amour, l'aurions-nous respecté?
Vous seul, nous arrachant à de nouvelles flammes,
Nous avez fait laisser nos enfants et nos femmes.
Et quand, de toutes parts assemblés en ces lieux,
L'honneur de vous venger brille seul à nos yeux;
Quand la Grece, déja vous donnant son suffrage,
Vous reconnoît l'auteur de ce fameux ouvrage;
Que ses rois, qui pouvoient vous disputer ce rang,
Sont prêts pour vous servir de verser tout leur sang:
Le seul Agamemnon, refusant la victoire,
N'ose d'un peu de sang acheter tant de gloire;
Et, dès le premier pas se laissant effrayer,
Ne commande les Grecs que pour les renvoyer!

AGAMEMNON.

Ah seigneur! qu'éloigné du malheur qui m'opprime
Votre cœur aisément se montre magnanime!
Mais que, si vous voyiez ceint du bandeau mortel
Votre fils Télémaque approcher de l'autel,
Nous vous verrions, troublé de cette affreuse image,
Changer bientôt en pleurs ce superbe langage,
Éprouver la douleur que j'éprouve aujourd'hui,
Et courir vous jetter entre Calchas et lui!
Seigneur, vous le savez, j'ai donné ma parole;
Et si ma fille vient je consens qu'on l'immole:
Mais, malgré tous mes soins, si son heureux destin
La retient dans Argos, ou l'arrête en chemin,

Souffrez que, sans presser ce barbare spectacle,
En faveur de mon sang j'explique cet obstacle,
Que j'ose pour ma fille accepter le secours
De quelque dieu plus doux qui veille sur ses jours.
Vos conseils sur mon cœur n'ont eu que trop d'empire,
Et je rougis...

SCENE IV.

AGAMEMNON, ULYSSE, EURYBATE.

EURYBATE.

Seigneur...

AGAMEMNON.

Ah! que vient-on me dire?

EURYBATE.

La reine, dont ma course a devancé les pas,
Va remettre bientôt sa fille entre vos bras;
Elle approche. Elle s'est quelque temps égarée
Dans ces bois qui du camp semblent cacher l'entrée;
A peine nous avons, dans leur obscurité,
Retrouvé le chemin que nous avions quitté.

AGAMEMNON.

Ciel!

EURYBATE.

Elle amene aussi cette jeune Ériphile

Que Lesbos a livrée entre les mains d'Achille;
Et qui de son destin, qu'elle ne connoît pas,
Vient, dit-elle, en Aulide interroger Calchas.
Déja de leur abord la nouvelle est semée;
Et déja de soldats une foule charmée,
Sur-tout d'Iphigénie admirant la beauté,
Pousse au ciel mille vœux pour sa félicité.
Les uns avec respect environnoient la reine;
D'autres me demandoient le sujet qui l'amene:
Mais tous ils confessoient que si jamais les dieux
Ne mirent sur le trône un roi plus glorieux,
Également comblé de leurs faveurs secretes,
Jamais pere ne fut plus heureux que vous l'êtes.

AGAMEMNON.

Eurybate, il suffit; vous pouvez nous laisser:
Le reste me regarde; et je vais y penser.

SCENE V.

AGAMEMNON, ULYSSE.

AGAMEMNON.

Juste ciel, c'est ainsi qu'assurant ta vengeance
Tu romps tous les ressorts de ma vaine prudence!
Encor si je pouvois, libre dans mon malheur,

Par des larmes au moins soulager ma douleur!
Triste destin des rois! Esclaves que nous sommes
Et des rigueurs du sort et des discours des hommes,
Nous nous voyons sans cesse assiégés de témoins;
Et les plus malheureux osent pleurer le moins.

ULYSSE.

Je suis pere, seigneur, et foible comme un autre:
Mon cœur se met sans peine en la place du vôtre;
Et, frémissant du coup qui vous fait soupirer,
Loin de blâmer vos pleurs, je suis près de pleurer.
Mais votre amour n'a plus d'excuse légitime:
Les dieux ont à Calchas amené leur victime;
Il le sait, il l'attend; et s'il la voit tarder,
Lui-même à haute voix viendra la demander.
Nous sommes seuls encor: hâtez-vous de répandre
Des pleurs que vous arrache un intérêt si tendre;
Pleurez ce sang, pleurez: ou plutôt, sans pâlir,
Considérez l'honneur qui doit en rejaillir.
Voyez tout l'Hellespont blanchissant sous nos rames,
Et la perfide Troie abandonnée aux flammes,
Ses peuples dans vos fers, Priam à vos genoux,
Hélene par vos mains rendue à son époux:
Voyez de vos vaisseaux les pouppes couronnées
Dans cette même Aulide avec vous retournées;
Et ce triomphe heureux, qui s'en va devenir
L'éternel entretien des siecles à venir.

AGAMEMNON.

Seigneur, de mes efforts je connois l'impuissance :
Je cede, et laisse aux dieux opprimer l'innocence.
La victime bientôt marchera sur vos pas,
Allez. Mais cependant faites taire Calchas ;
Et, m'aidant à cacher ce funeste mystere,
Laissez-moi de l'autel écarter une mere.

FIN DU PREMIER ACTE.

ACTE SECOND.

SCENE I.

ÉRIPHILE, DORIS.

ÉRIPHILE.

Ne les contraignons point, Doris, retirons-nous,
Laissons-les dans les bras d'un pere et d'un époux;
Et, tandis qu'à l'envi leur amour se déploie,
Mettons en liberté ma tristesse et leur joie.

DORIS.

Quoi! madame, toujours irritant vos douleurs,
Croyez-vous ne plus voir que des sujets de pleurs?
Je sais que tout déplaît aux yeux d'une captive;
Qu'il n'est point dans les fers de plaisir qui la suive:
Mais dans le temps fatal que, repassant les flots,
Nous suivions malgré nous le vainqueur de Lesbos;
Lorsque dans son vaisseau, prisonniere timide,
Vous voyiez devant vous ce vainqueur homicide,
Le dirai-je? vos yeux, de larmes moins trempés,
A pleurer vos malheurs étoient moins occupés.
Maintenant tout vous rit; l'aimable Iphigénie
D'une amitié sincere avec vous est unie,

Elle vous plaint, vous voit avec des yeux de sœur;
Et vous seriez dans Troie avec moins de douceur:
Vous vouliez voir l'Aulide où son pere l'appelle;
Et l'Aulide vous voit arriver avec elle:
Cependant, par un sort que je ne conçois pas,
Votre douleur redouble et croît à chaque pas.

ÉRIPHILE.

Hé quoi! te semble-t-il que la triste Ériphile
Doive être de leur joie un témoin si tranquille?
Crois-tu que mes chagrins doivent s'évanouir
A l'aspect d'un bonheur dont je ne puis jouir?
Je vois Iphigénie entre les bras d'un pere;
Elle fait tout l'orgueil d'une superbe mere:
Et moi, toujours en butte à de nouveaux dangers,
Remise dès l'enfance en des bras étrangers,
Je reçus et je vois le jour que je respire,
Sans que mere ni pere ait daigné me sourire.
J'ignore qui je suis; et pour comble d'horreur
Un oracle effrayant m'attache à mon erreur,
Et, quand je veux chercher le sang qui m'a fait naître,
Me dit que sans périr je ne me puis connoître.

DORIS.

Non, non; jusques au bout vous devez le chercher.
Un oracle toujours se plaît à se cacher;
Toujours avec un sens il en présente un autre:
En perdant un faux nom vous reprendrez le vôtre.

C'est là tout le danger que vous pouvez courir;
Et c'est peut-être ainsi que vous devez périr.
Songez que votre nom fut changé dès l'enfance.

ÉRIPHILE.

Je n'ai de tout mon sort que cette connoissance;
Et ton pere, du reste infortuné témoin,
Ne me permit jamais de pénétrer plus loin.
Hélas! dans cette Troie où j'étois attendue,
Ma gloire, disoit-il, m'alloit être rendue:
J'allois, en reprenant et mon nom et mon rang,
Des plus grands rois en moi reconnoître le sang.
Déja je découvrois cette fameuse ville.
Le ciel mene à Lesbos l'impitoyable Achille:
Tout cede, tout ressent ses funestes efforts;
Ton pere, enseveli dans la foule des morts,
Me laisse dans les fers à moi-même inconnue;
Et de tant de grandeurs dont j'étois prévenue,
Vile esclave des Grecs, je n'ai pu conserver
Que la fierté d'un sang que je ne puis prouver.

DORIS.

Ah! que perdant, madame, un témoin si fidele,
La main qui vous l'ôta vous doit sembler cruelle!
Mais Calchas est ici, Calchas si renommé,
Qui des secrets des dieux fut toujours informé.
Le ciel souvent lui parle: instruit par un tel maître,
Il sait tout ce qui fut et tout ce qui doit être.

Pourroit-il de vos jours ignorer les auteurs?
Ce camp même est pour vous tout plein de protecteurs:
Bientôt Iphigénie, en épousant Achille,
Vous va sous son appui présenter un asyle;
Elle vous l'a promis et juré devant moi.
Ce gage est le premier qu'elle attend de sa foi.

ÉRIPHILE.

Que dirois-tu, Doris, si, passant tout le reste,
Cet hymen de mes maux étoit le plus funeste?

DORIS.

Quoi, madame!

ÉRIPHILE.

    Tu vois avec étonnement
Que ma douleur ne souffre aucun soulagement.
Écoute, et tu te vas étonner que je vive.
  C'est peu d'être étrangere, inconnue et captive;
Ce destructeur fatal des tristes Lesbiens,
Cet Achille, l'auteur de tes maux et des miens,
Dont la sanglante main m'enleva prisonniere,
Qui m'arracha d'un coup ma naissance et ton pere,
De qui, jusques au nom, tout doit m'être odieux,
Est de tous les mortels le plus cher à mes yeux.

DORIS.

Ah! que me dites-vous!

ÉRIPHILE.

    Je me flattois sans cesse

Qu'un silence éternel cacheroit ma foiblesse:
Mais mon cœur trop pressé m'arrache ce discours,
Et te parle une fois, pour se taire toujours.
Ne me demande point sur quel espoir fondée
De ce fatal amour je me vis possédée.
Je n'en accuse point quelques feintes douleurs
Dont je crus voir Achille honorer mes malheurs:
Le ciel s'est fait, sans doute, une joie inhumaine
A rassembler sur moi tous les traits de sa haine.
Rappellerai-je encor le souvenir affreux
Du jour qui dans les fers nous jetta toutes deux?
Dans les cruelles mains par qui je fus ravie
Je demeurai long-temps sans lumiere et sans vie:
Enfin, mes tristes yeux chercherent la clarté;
Et, me voyant presser d'un bras ensanglanté,
Je frémissois, Doris, et d'un vainqueur sauvage
Craignois de rencontrer l'effroyable visage.
J'entrai dans son vaisseau, détestant sa fureur,
Et toujours détournant ma vue avec horreur.
Je le vis : son aspect n'avoit rien de farouche;
Je sentis le reproche expirer dans ma bouche;
Je sentis contre moi mon cœur se déclarer;
J'oubliai ma colere, et ne sus que pleurer:
Je me laissai conduire à cet aimable guide.
Je l'aimois à Lesbos, et je l'aime en Aulide.
Iphigénie en vain s'offre à me protéger,

Et me tend une main prompte à me soulager:
Triste effet des fureurs dont je suis tourmentée,
Je n'accepte la main qu'elle m'a présentée,
Qué pour m'armer contre elle, et, sans me découvrir,
Traverser son bonheur que je ne puis souffrir.

DORIS.

Et que pourroit contre elle une impuissante haine?
Ne valoit-il pas mieux, renfermée à Mycene,
Éviter les tourments que vous venez chercher,
Et combattre des feux contraints de se cacher?

ÉRIPHILE.

Je le voulois, Doris. Mais, quelque triste image
Que sa gloire à mes yeux montrât sur ce rivage,
Au sort qui me traînoit il fallut consentir:
Une secrete voix m'ordonna de partir,
Me dit qu'offrant ici ma présence importune
Peut-être j'y pourrois porter mon infortune;
Que peut-être approchant ces amants trop heureux
Quelqu'un de mes malheurs se répandroit sur eux.
    Voilà ce qui m'amene, et non l'impatience
D'apprendre à qui je dois une triste naissance.
Ou plutôt leur hymen me servira de loi:
S'il s'acheve; il suffit, tout est fini pour moi:
Je périrai, Doris; et, par une mort prompte,
Dans la nuit du tombeau j'enfermerai ma honte,
Sans chercher des parents si long-temps ignorés,

Et que ma folle amour a trop déshonorés.

DORIS.

Que je vous plains, madame! et que pour votre vie...

ÉRIPHILE.

Tu vois Agamemnon avec Iphigénie.

SCENE II.

AGAMEMNON, IPHIGÉNIE, ÉRIPHILE, DORIS.

IPHIGÉNIE.

Seigneur, où courez-vous? et quels empressements
Vous dérobent sitôt à nos embrassements?
A qui dois-je imputer cette fuite soudaine?
Mon respect a fait place aux transports de la reine;
Un moment à mon tour ne vous puis-je arrêter?
Et ma joie à vos yeux n'ose-t-elle éclater?
Ne puis-je...

AGAMEMNON.

Hé bien, ma fille, embrassez votre pere;
Il vous aime toujours.

IPHIGÉNIE.

Que cette amour m'est chere!
Quel plaisir de vous voir et de vous contempler

Dans ce nouvel éclat dont je vous vois briller!
Quels honneurs! quel pouvoir! Déja la renommée
Par d'étonnants récits m'en avoit informée :
Mais que, voyant de près ce spectacle charmant,
Je sens croître ma joie et mon étonnement!
Dieux! avec quel amour la Grece vous révere!
Quel bonheur de me voir la fille d'un tel pere!

AGAMEMNON.

Vous méritiez, ma fille, un pere plus heureux.

IPHIGÉNIE.

Quelle félicité peut manquer à vos vœux?
A de plus grands honneurs un roi peut-il prétendre?
J'ai cru n'avoir au ciel que des graces à rendre.

AGAMEMNON, à part.

Grands dieux! à son malheur dois-je la préparer?

IPHIGÉNIE.

Vous vous cachez, seigneur, et semblez soupirer;
Tous vos regards sur moi ne tombent qu'avec peine:
Avons-nous sans votre ordre abandonné Mycene?

AGAMEMNON.

Ma fille, je vous vois toujours des mêmes yeux;
Mais les temps sont changés, aussi-bien que les lieux.
D'un soin cruel ma joie est ici combattue.

IPHIGÉNIE.

Hé! mon pere, oubliez votre rang à ma vue.
Je prévois la rigueur d'un long éloignement:

N'osez-vous, sans rougir, être pere un moment?
Vous n'avez devant vous qu'une jeune princesse
A qui j'avois pour moi vanté votre tendresse;
Cent fois, lui promettant mes soins, votre bonté,
J'ai fait gloire à ses yeux de ma félicité :
Que va-t-elle penser de votre indifférence?
Ai-je flatté ses vœux d'une fausse espérance?
N'éclaircirez-vous point ce front chargé d'ennuis?

AGAMEMNON.

Ah ma fille!

IPHIGÉNIE.

Seigneur, poursuivez.

AGAMEMNON.

Je ne puis.

IPHIGÉNIE.

Périsse le Troyen auteur de nos alarmes!

AGAMEMNON.

Sa perte à ses vainqueurs coûtera bien des larmes.

IPHIGÉNIE.

Les dieux daignent sur-tout prendre soin de vos jours!

AGAMEMNON.

Les dieux depuis un temps me sont cruels et sourds.

IPHIGÉNIE.

Calchas, dit-on, prépare un pompeux sacrifice.

AGAMEMNON.

Puissé-je auparavant fléchir leur injustice!

IPHIGÉNIE.

L'offrira-t-on bientôt?

AGAMEMNON.

Plutôt que je ne veux.

IPHIGÉNIE.

Me sera-t-il permis de me joindre à vos vœux?
Verra-t-on à l'autel votre heureuse famille?

AGAMEMNON.

Hélas!

IPHIGÉNIE.

Vous vous taisez.

AGAMEMNON.

Vous y serez, ma fille.
Adieu.

SCENE III.

IPHIGÉNIE, ÉRIPHILE, DORIS.

IPHIGÉNIE.

De cet accueil que dois-je soupçonner?
D'une secrete horreur je me sens frissonner:
Je crains, malgré moi-même, un malheur que j'ignore.
Justes dieux, vous savez pour qui je vous implore!

ÉRIPHILE.

Quoi! parmi tous les soins qui doivent l'accabler,

Quelque froideur suffit pour vous faire trembler !
Hélas ! à quels soupirs suis-je donc condamnée,
Moi qui, de mes parents toujours abandonnée,
Étrangere par-tout, n'ai pas, même en naissant,
Peut-être reçu d'eux un regard caressant !
Du moins, si vos respects sont rejettés d'un pere,
Vous en pouvez gémir dans le sein d'une mere ;
Et, de quelque disgrace enfin que vous pleuriez,
Quels pleurs par un amant ne sont point essuyés !

IPHIGÉNIE.

Je ne m'en défends point : mes pleurs, belle Ériphile,
Ne tiendront pas long-temps contre les soins d'Achille ;
Sa gloire, son amour, mon pere, mon devoir,
Lui donnent sur mon ame un trop juste pouvoir.
Mais de lui-même ici que faut-il que je pense ?
Cet amant, pour me voir brûlant d'impatience,
Que les Grecs de ces bords ne pouvoient arracher,
Qu'un pere de si loin m'ordonne de chercher,
S'empresse-t-il assez pour jouir d'une vue
Qu'avec tant de transports je croyois attendue ?
Pour moi, depuis deux jours qu'approchant de ces lieux
Leur aspect souhaité se découvre à nos yeux,
Je l'attendois par-tout ; et, d'un regard timide,
Sans cesse parcourant les chemins de l'Aulide,
Mon cœur pour le chercher voloit loin devant moi :
Et je demande Achille à tout ce que je voi.

Je viens, j'arrive enfin sans qu'il m'ait prévenue.
Je n'ai percé qu'à peine une foule inconnue;
Lui seul ne paroît point. Le triste Agamemnon
Semble craindre à mes yeux de prononcer son nom.
Que fait-il? qui pourra m'expliquer ce mystere?
Trouverai-je l'amant glacé comme le pere?
Et les soins de la guerre auroient-ils en un jour
Éteint dans tous les cœurs la tendresse et l'amour?
Mais non; c'est l'offenser par d'injustes alarmes:
C'est à moi que l'on doit le secours de ses armes.
Il n'étoit point à Sparte entre tous ces amants
Dont le pere d'Hélene a reçu les serments:
Lui seul de tous les Grecs, maître de sa parole,
S'il part contre Ilion, c'est pour moi qu'il y vole;
Et, satisfait d'un prix qui lui semble si doux,
Il veut même y porter le nom de mon époux.

SCENE IV.

CLYTEMNESTRE, IPHIGÉNIE, ÉRIPHILE, DORIS.

CLYTEMNESTRE.

Ma fille, il faut partir sans que rien nous retienne,
Et sauver, en fuyant, votre gloire et la mienne.

Je ne m'étonne plus qu'interdit et distrait
Votre pere ait paru nous revoir à regret:
Aux affronts d'un refus craignant de vous commettre,
Il m'avoit par Arcas envoyé cette lettre.
Arcas s'est vu tromper par notre égarement,
Et vient de me la rendre en ce même moment.
Sauvons, encore un coup, notre gloire offensée:
Pour votre hymen Achille a changé de pensée,
Et, refusant l'honneur qu'on lui veut accorder,
Jusques à son retour il veut le retarder.

ÉRIPHILE.

Qu'entends-je!

CLYTEMNESTRE.

          Je vous vois rougir de cet outrage.
Il faut d'un noble orgueil armer votre courage.
Moi-même, de l'ingrat approuvant le dessein,
Je vous l'ai dans Argos présenté de ma main;
Et mon choix, que flattoit le bruit de sa noblesse,
Vous donnoit avec joie au fils d'une déesse.
Mais, puisque désormais son lâche repentir
Dément le sang des dieux dont on le fait sortir,
Ma fille, c'est à nous de montrer qui nous sommes,
Et de ne voir en lui que le dernier des hommes.
Lui ferons-nous penser, par un plus long séjour,
Que vos vœux de son cœur attendent le retour?
Rompons avec plaisir un hymen qu'il diffère.

J'ai fait de mon dessein avertir votre pere;
Je ne l'attends ici que pour m'en séparer;
Et pour ce prompt départ je vais tout préparer.

(à Ériphile.)

Je ne vous presse point, madame, de nous suivre;
En de plus cheres mains ma retraite vous livre.
De vos desseins secrets on est trop éclairci;
Et ce n'est pas Calchas que vous cherchez ici.

SCENE V.

IPHIGÉNIE, ÉRIPHILE, DORIS.

IPHIGÉNIE.

En quel funeste état ces mots m'ont-ils laissée!
Pour mon hymen Achille a changé de pensée!
Il me faut sans honneur retourner sur mes pas!
Et vous cherchez ici quelque autre que Calchas!

ÉRIPHILE.

Madame, à ce discours je ne puis rien comprendre.

IPHIGÉNIE.

Vous m'entendez assez si vous voulez m'entendre.
Le sort injurieux me ravit un époux;
Madame, à mon malheur m'abandonnerez-vous?
Vous ne pouviez sans moi demeurer à Mycene;
Me verra-t-on sans vous partir avec la reine?

ÉRIPHILE.

Je voulois voir Calchas avant que de partir.

IPHIGÉNIE.

Que tardez-vous, madame, à le faire avertir?

ÉRIPHILE.

D'Argos, dans un moment, vous reprenez la route.

IPHIGÉNIE.

Un moment quelquefois éclaircit plus d'un doute.
Mais, madame, je vois que c'est trop vous presser;
Je vois ce que jamais je n'ai voulu penser:
Achille... Vous brûlez que je ne sois partie.

ÉRIPHILE.

Moi! vous me soupçonnez de cette perfidie!
Moi! j'aimerois, madame, un vainqueur furieux,
Qui toujours tout sanglant se présente à mes yeux;
Qui, la flamme à la main, et de meurtres avide,
Mit en cendres Lesbos...

IPHIGÉNIE.

Oui, vous l'aimez, perfide;
Et ces mêmes fureurs que vous me dépeignez,
Ces bras que dans le sang vous avez vus baignés,
Ces morts, cette Lesbos, ces cendres, cette flâmme,
Sont les traits dont l'amour l'a gravé dans votre ame;
Et, loin d'en détester le cruel souvenir,
Vous vous plaisez encore à m'en entretenir.
Déja plus d'une fois dans vos plaintes forcées

J'ai dû voir et j'ai vu le fond de vos pensées:
Mais toujours sur mes yeux ma facile bonté
A remis le bandeau que j'avois écarté.
Vous l'aimez. Que faisois-je? et quelle erreur fatale
M'a fait entre mes bras recevoir ma rivale?
Crédule, je l'aimois : mon cœur même aujourd'hui
De son parjure amant lui promettoit l'appui.
Voilà donc le triomphe où j'étois amenée!
Moi-même à votre char je me suis enchaînée.
Je vous pardonne, hélas! des vœux intéressés,
Et la perte d'un cœur que vous me ravissez:
Mais que, sans m'avertir du piege qu'on me dresse,
Vous me laissiez chercher jusqu'au fond de la Grece
L'ingrat qui ne m'attend que pour m'abandonner,
Perfide, cet affront se peut-il pardonner?

ÉRIPHILE.

Vous me donnez des noms qui doivent me surprendre,
Madame : on ne m'a pas instruite à les entendre;
Et les dieux, contre moi dès long-temps indignés,
A mon oreille encor les avoient épargnés.
Mais il faut des amants excuser l'injustice.
Et de quoi vouliez-vous que je vous avertisse?
Avez-vous pu penser qu'au sang d'Agamemnon
Achille préférât une fille sans nom,
Qui de tout son destin ce qu'elle a pu comprendre,
C'est qu'elle sort d'un sang qu'il brûle de répandre?

IPHIGÉNIE.

Vous triomphez, cruelle, et bravez ma douleur.
Je n'avois pas encor senti tout mon malheur :
Et vous ne comparez votre exil et ma gloire,
Que pour mieux relever votre injuste victoire.
Toutefois vos transports sont trop précipités :
Ce même Agamemnon à qui vous insultez,
Il commande à la Grece, il est mon pere, il m'aime,
Il ressent mes douleurs beaucoup plus que moi-même.
Mes larmes par avance avoient su le toucher ;
J'ai surpris ses soupirs qu'il me vouloit cacher :
Hélas ! de son accueil condamnant la tristesse,
J'osois me plaindre à lui de son peu de tendresse !

SCENE VI.

ACHILLE, IPHIGÉNIE, ÉRIPHILE, DORIS.

ACHILLE.

Il est donc vrai, madame, et c'est vous que je vois !
Je soupçonnois d'erreur tout le camp à la fois.
Vous en Aulide ! Vous ! Hé ! qu'y venez-vous faire ?
D'où vient qu'Agamemnon m'assuroit le contraire ?

IPHIGÉNIE.

Seigneur, rassurez-vous : vos vœux seront contents ;
Iphigénie encor n'y sera pas long-temps.

SCENE VII.

ACHILLE, ÉRIPHILE, DORIS.

ACHILLE.

Elle me fuit! Veillé-je? ou n'est-ce point un songe?
Dans quel trouble nouveau cette fuite me plonge!
　　Madame, je ne sais si sans vous irriter
Achille devant vous pourra se présenter:
Mais, si d'un ennemi vous souffrez la priere,
Si lui-même souvent a plaint sa prisonniere,
Vous savez quel sujet conduit ici leurs pas,
Vous savez...

ÉRIPHILE.

　　Quoi! seigneur, ne le savez-vous pas,
Vous qui, depuis un mois, brûlant sur ce rivage,
Avez conclu vous-même et hâté leur voyage?

ACHILLE.

De ce même rivage absent depuis un mois,
Je le revis hier pour la premiere fois.

ÉRIPHILE.

Quoi! lorsqu'Agamemnon écrivoit à Mycene,

Votre amour, votre main n'a pas conduit la sienne?
Quoi! vous, qui de sa fille adoriez les attraits...

ACHILLE.

Vous m'en voyez encore épris plus que jamais,
Madame; et, si l'effet eût suivi ma pensée,
Moi-même dans Argos je l'aurois devancée.
Cependant on me fuit. Quel crime ai-je commis?
Mais je ne vois par-tout que des yeux ennemis:
Que dis-je? en ce moment Calchas, Nestor, Ulysse,
De leur vaine éloquence employant l'artifice,
Combattoient mon amour, et sembloient m'annoncer
Que, si j'en crois ma gloire, il y faut renoncer.
Quelle entreprise ici pourroit être formée?
Suis-je, sans le savoir, la fable de l'armée?
Entrons : c'est un secret qu'il leur faut arracher.

SCENE VIII.

ÉRIPHILE, DORIS.

ÉRIPHILE.

Dieux, qui voyez ma honte, où me dois-je cacher?
Orgueilleuse rivale, on t'aime; et tu murmures!
Souffrirai-je à la fois ta gloire et tes injures?
Ah! plutôt... Mais, Doris, ou j'aime à me flatter,

Ou sur eux quelque orage est tout près d'éclater.
J'ai des yeux. Leur bonheur n'est pas encor tranquille:
On trompe Iphigénie; on se cache d'Achille;
Agamemnon gémit. Ne désespérons point;
Et, si le sort contre elle à ma haine se joint,
Je saurai profiter de cette intelligence
Pour ne pas pleurer seule et mourir sans vengeance.

FIN DU SECOND ACTE.

ACTE TROISIEME.

SCENE I.

AGAMEMNON, CLYTEMNESTRE.

CLYTEMNESTRE.

Oui, seigneur, nous partions; et mon juste courroux
Laissoit bientôt Achille et le camp loin de nous:
Ma fille dans Argos couroit pleurer sa honte.
Mais lui-même, étonné d'une fuite si prompte,
Par combien de serments, dont je n'ai pu douter,
Vient-il de me convaincre et de nous arrêter!
Il presse cet hymen qu'on prétend qu'il differe,
Et vous cherche, brûlant d'amour et de colere:
Prêt d'imposer silence à ce bruit imposteur,
Achille en veut connoître et confondre l'auteur.
Bannissez ces soupçons qui troublent notre joie.

AGAMEMNON.

Madame, c'est assez : je consens qu'on le croie.
Je reconnois l'erreur qui nous avoit séduits,
Et ressens votre joie autant que je le puis.
Vous voulez que Calchas l'unisse à ma famille:
Vous pouvez à l'autel envoyer votre fille;

Je l'attends. Mais, avant que de passer plus loin,
J'ai voulu vous parler un moment sans témoin.
    Vous voyez en quels lieux vous l'avez amenée :
Tout y ressent la guerre et non point l'hyménée.
Le tumulte d'un camp, soldats et matelots,
Un autel hérissé de dards, de javelots,
Tout ce spectacle enfin, pompe digne d'Achille,
Pour attirer vos yeux n'est point assez tranquille ;
Et les Grecs y verroient l'épouse de leur roi
Dans un état indigne et de vous et de moi.
M'en croirez-vous ? laissez, de vos femmes suivie,
A cet hymen, sans vous, marcher Iphigénie.

CLYTEMNESTRE.

Qui ? moi ! que remettant ma fille en d'autres bras,
Ce que j'ai commencé, je ne l'acheve pas !
Qu'après l'avoir d'Argos amenée en Aulide,
Je refuse à l'autel de lui servir de guide !
Dois-je donc de Calchas être moins près que vous ?
Et qui présentera ma fille à son époux ?
Quelle autre ordonnera cette pompe sacrée ?

AGAMEMNON.

Vous n'êtes point ici dans le palais d'Atrée :
Vous êtes dans un camp...

CLYTEMNESTRE.

                    Où tout vous est soumis ;
Où le sort de l'Asie en vos mains est remis ;

Où je vois sous vos loix marcher la Grece entiere;
Où le fils de Thétis va m'appeller sa mere.
Dans quel palais superbe et plein de ma grandeur
Puis-je jamais paroître avec plus de splendeur?

AGAMEMNON.

Madame, au nom des dieux auteurs de notre race,
Daignez à mon amour accorder cette grace.
J'ai mes raisons.

CLYTEMNESTRE.

     Seigneur, au nom des mêmes dieux,
D'un spectacle si doux ne privez point mes yeux.
Daignez ne point ici rougir de ma présence.

AGAMEMNON,

J'avois plus espéré de votre complaisance.
Mais, puisque la raison ne vous peut émouvoir,
Puisqu'enfin ma priere a si peu de pouvoir;
Vous avez entendu ce que je vous demande,
Madame; je le veux, et je vous le commande.
Obéissez.

SCENE II.

CLYTEMNESTRE.

D'où vient que d'un soin si cruel
L'injuste Agamemnon m'écarte de l'autel?
Fier de son nouveau rang m'ose-t-il méconnoître?
Me croit-il à sa suite indigne de paroître?
Ou, de l'empire encor timide possesseur,
N'oseroit-il d'Hélene ici montrer la sœur?
Et pourquoi me cacher? et par quelle injustice
Faut-il que sur mon front sa honte rejaillisse?
Mais n'importe; il le veut, et mon cœur s'y résout.
Ma fille, ton bonheur me console de tout:
Le ciel te donne Achille; et ma joie est extrême
De t'entendre nommer... Mais le voici lui-même.

SCENE III.

ACHILLE, CLYTEMNESTRE.

ACHILLE.

Tout succede, madame, à mon empressement:
Le roi n'a point voulu d'autre éclaircissement;

Il en croit mes transports; et, sans presque m'entendre,
Il vient en m'embrassant de m'accepter pour gendre.
Il ne m'a dit qu'un mot. Mais vous a-t-il conté
Quel bonheur dans le camp vous avez apporté?
Les dieux vont s'appaiser : du moins Calchas publie
Qu'avec eux, dans une heure, il nous réconcilie;
Que Neptune et les vents, prêts à nous exaucer,
N'attendent que le sang que sa main va verser.
Déja dans les vaisseaux la voile se déploie,
Déja sur sa parole ils se tournent vers Troie.
Pour moi, quoique le ciel, au gré de mon amour,
Dût encore des vents retarder le retour,
Que je quitte à regret la rive fortunée
Où je vais allumer les flambeaux d'hyménée;
Puis-je ne point chérir l'heureuse occasion
D'aller du sang troyen sceller notre union,
Et de laisser bientôt, sous Troie ensevelie,
Le déshonneur d'un nom à qui le mien s'allie?

SCENE IV.

ACHILLE, CLYTEMNESTRE, IPHIGÉNIE, ÉRIPHILE, DORIS, ÆGINE.

ACHILLE.

Princesse, mon bonheur ne dépend que de vous;
Votre pere à l'autel vous destine un époux :
Venez-y recevoir un cœur qui vous adore.

IPHIGÉNIE.

Seigneur, il n'est pas temps que nous partions encore.
La reine permettra que j'ose demander
Un gage à votre amour, qu'il me doit accorder.
　Je viens vous présenter une jeune princesse :
Le ciel a sur son front imprimé sa noblesse.
De larmes tous les jours ses yeux sont arrosés;
Vous savez ses malheurs, vous les avez causés.
Moi-même, où m'emportoit une aveugle colere!
J'ai tantôt, sans respect, affligé sa misere.
Que ne puis-je aussi-bien, par d'utiles secours,
Réparer promptement mes injustes discours!
Je lui prête ma voix, je ne puis davantage.
Vous seul pouvez, seigneur, détruire votre ouvrage :
Elle est votre captive; et ses fers que je plains,

Quand vous l'ordonnerez, tomberont de ses mains.
Commencez donc par-là cette heureuse journée.
Qu'elle puisse à nous voir n'être plus condamnée.
Montrez que je vais suivre aux pieds de nos autels
Un roi qui, non content d'effrayer les mortels,
A des embrâsements ne borne point sa gloire,
Laisse aux pleurs d'une épouse attendrir sa victoire;
Et, par les malheureux quelquefois désarmé,
Sait imiter en tout les dieux qui l'ont formé.

ÉRIPHILE.

Oui, seigneur, des douleurs soulagez la plus vive.
La guerre dans Lesbos me fit votre captive:
Mais c'est pousser trop loin ses droits injurieux,
Qu'y joindre le tourment que je souffre en ces lieux.

ACHILLE.

Vous, Madame?

ÉRIPHILE.

Oui, seigneur; et, sans compter le reste,
Pouvez-vous m'imposer une loi plus funeste
Que de rendre mes yeux les tristes spectateurs
De la félicité de mes persécuteurs?
J'entends de toutes parts menacer ma patrie;
Je vois marcher contre elle une armée en furie;
Je vois déja l'hymen, pour mieux me déchirer,
Mettre en vos mains le feu qui la doit dévorer.
Souffrez que, loin du camp et loin de votre vue,

Toujours infortunée et toujours inconnue,
J'aille cacher un sort si digne de pitié,
Et dont mes pleurs encor vous taisent la moitié.

A C H I L L E.

C'est trop, belle princesse : il ne faut que nous suivre.
Venez; qu'aux yeux des Grecs Achille vous délivre;
Et que le doux moment de ma félicité
Soit le moment heureux de votre liberté.

S C E N E V.

CLYTEMNESTRE, ACHILLE, IPHIGÉNIE,

ÉRIPHILE, ARCAS, ÆGINE, DORIS.

A R C A S.

Madame, tout est prêt pour la cérémonie.
Le roi près de l'autel attend Iphigénie;
Je viens la demander : ou plutôt contre lui,
Seigneur, je viens pour elle implorer votre appui.

A C H I L L E.

Arcas, que dites-vous?

C L Y T E M N E S T R E.

Dieux! que vient-il m'apprendre!

A R C A S, à Achille.

Je ne vois plus que vous qui la puissiez défendre.

ACHILLE.

Contre qui?

ARCAS.

Je le nomme et l'accuse à regret:
Autant que je l'ai pu j'ai gardé son secret.
Mais le fer, le bandeau, la flamme est toute prête;
Dût tout cet appareil retomber sur ma tête,
Il faut parler.

CLYTEMNESTRE.

Je tremble. Expliquez-vous, Arcas.

ACHILLE.

Qui que ce soit, parlez; et ne le craignez pas.

ARCAS.

Vous êtes son amant; et vous êtes sa mere:
Gardez-vous d'envoyer la princesse à son pere.

CLYTEMNESTRE.

Pourquoi le craindrons-nous?

ACHILLE.

Pourquoi m'en défier?

ARCAS.

Il l'attend à l'autel pour la sacrifier.

ACHILLE.

Lui!

CLYTEMNESTRE.

Sa fille!

IPHIGÉNIE.

Mon pere!

ÉRIPHILE.

                    Ô ciel! quelle nouvelle!

ACHILLE.

Quelle aveugle fureur pourroit l'armer contre elle?
Ce discours sans horreur se peut-il écouter?

ARCAS.

Ah seigneur! plût au ciel que je pusse en douter!
Par la voix de Calchas l'oracle la demande;
De toute autre victime il refuse l'offrande;
Et les dieux, jusques-là protecteurs de Pâris,
Ne nous promettent Troie et les vents qu'à ce prix.

CLYTEMNESTRE.

Les dieux ordonneroient un meurtre abominable!

IPHIGÉNIE.

Ciel! pour tant de rigueur, de quoi suis-je coupable?

CLYTEMNESTRE.

Je ne m'étonne plus de cet ordre cruel
Qui m'avoit interdit l'approche de l'autel.

IPHIGÉNIE, à Achille.

Et voilà donc l'hymen où j'étois destinée!

ARCAS.

Le roi, pour vous tromper, feignoit cet hyménée:
Tout le camp même encore est trompé comme vous.

CLYTEMNESTRE.

Seigneur, c'est donc à moi d'embrasser vos genoux.

ACHILLE, la relevant.

Ah madame!

CLYTEMNESTRE.

Oubliez une gloire importune;
Ce triste abaissement convient à ma fortune:
Heureuse si mes pleurs vous peuvent attendrir!
Une mere à vos pieds peut tomber sans rougir.
C'est votre épouse, hélas! qui vous est enlevée;
Dans cet heureux espoir je l'avois élevée.
C'est vous que nous cherchions sur ce funeste bord;
Et votre nom, seigneur, la conduit à la mort.
Ira-t-elle, des dieux implorant la justice,
Embrasser leurs autels parés pour son supplice?
Elle n'a que vous seul : vous êtes en ces lieux
Son pere, son époux, son asyle, ses dieux.
Je lis dans vos regards la douleur qui vous presse.
Auprès de votre époux, ma fille, je vous laisse.
Seigneur, daignez m'attendre et ne la point quitter.
A mon perfide époux je cours me présenter:
Il ne soutiendra point la fureur qui m'anime.
Il faudra que Calchas cherche une autre victime:
Ou, si je ne vous puis dérober à leurs coups,
Ma fille, ils pourront bien m'immoler avant vous,

SCENE VI.

ACHILLE, IPHIGÉNIE.

ACHILLE.

Madame, je me tais, et demeure immobile.
Est-ce à moi que l'on parle? et connoît-on Achille?
Une mere pour vous croit devoir me prier!
Une reine à mes pieds se vient humilier!
Et, me déshonorant par d'injustes alarmes,
Pour attendrir mon cœur on a recours aux larmes!
Qui doit prendre à vos jours plus d'intérêt que moi?
Ah! sans doute, on s'en peut reposer sur ma foi.
L'outrage me regarde; et, quoi qu'on entreprenne,
Je réponds d'une vie où j'attache la mienne.
Mais ma juste douleur va plus loin m'engager:
C'est peu de vous défendre, et je cours vous venger,
Et punir à la fois le cruel stratagême
Qui s'ose de mon nom armer contre vous-même.

IPHIGÉNIE.

Ah! demeurez, seigneur, et daignez m'écouter.

ACHILLE.

Quoi! madame, un barbare osera m'insulter!
Il voit que de sa sœur je cours venger l'outrage;
Il sait que, le premier lui donnant mon suffrage,

Je le fis nommer chef de vingt rois ses rivaux ;
Et, pour fruit de mes soins, pour fruit de mes travaux,
Pour tout le prix enfin d'une illustre victoire
Qui le doit enrichir, venger, combler de gloire,
Content et glorieux du nom de votre époux,
Je ne lui demandois que l'honneur d'être à vous :
Cependant aujourd'hui, sanguinaire, parjure,
C'est peu de violer l'amitié, la nature,
C'est peu que de vouloir, sous un couteau mortel,
Me montrer votre cœur fumant sur un autel ;
D'un appareil d'hymen couvrant ce sacrifice,
Il veut que ce soit moi qui vous mene au supplice,
Que ma crédule main conduise le couteau,
Qu'au lieu de votre époux je sois votre bourreau !
Et quel étoit pour vous ce sanglant hyménée,
Si je fusse arrivé plus tard d'une journée ?
Quoi donc ! à leur fureur livrée en ce moment,
Vous iriez à l'autel me chercher vainement ;
Et d'un fer imprévu vous tomberiez frappée,
En accusant mon nom qui vous auroit trompée !
Il faut de ce péril, de cette trahison,
Aux yeux de tous les Grecs lui demander raison.
A l'honneur d'un époux vous-même intéressée,
Madame, vous devez approuver ma pensée.
Il faut que le cruel qui m'a pu mépriser
Apprenne de quel nom il osoit abuser.

IPHIGÉNIE.

Hélas! si vous m'aimez; si, pour grace derniere,
Vous daignez d'une amante écouter la priere,
C'est maintenant, seigneur, qu'il faut me le prouver;
Car enfin ce cruel que vous allez braver,
Cet ennemi barbare, injuste, sanguinaire,
Songez, quoi qu'il ait fait, songez qu'il est mon pere.

ACHILLE.

Lui, votre pere! Après son horrible dessein,
Je ne le connois plus que pour votre assassin.

IPHIGÉNIE.

C'est mon pere, seigneur, je vous le dis encore,
Mais un pere que j'aime. un pere que j'adore,
Qui me chérit lui-même, et dont, jusqu'à ce jour,
Je n'ai jamais reçu que des marques d'amour.
Mon cœur, dans ce respect élevé dès l'enfance,
Ne peut que s'affliger de tout ce qui l'offense;
Et loin d'oser ici, par un prompt changement,
Approuver la fureur de votre emportement,
Loin que par mes discours je l'attise moi-même,
Croyez qu'il faut aimer autant que je vous aime
Pour avoir pu souffrir tous les noms odieux
Dont votre amour le vient d'outrager à mes yeux.
Et pourquoi voulez-vous qu'inhumain et barbare
Il ne gémisse pas du coup qu'on me prépare?
Quel pere de son sang se plaît à se priver?

Pourquoi me perdroit-il s'il pouvoit me sauver?
J'ai vu, n'en doutez point, ses larmes se répandre.
Faut-il le condamner avant que de l'entendre?
Hélas! de tant d'horreurs son cœur déja troublé
Doit-il de votre haine être encore accablé?

ACHILLE.

Quoi! madame, parmi tant de sujets de crainte,
Ce sont là les frayeurs dont vous êtes atteinte!
Un cruel (comment puis-je autrement l'appeller?)
Par la main de Calchas s'en va vous immoler;
Et lorsqu'à sa fureur j'oppose ma tendresse,
Le soin de son repos est le seul qui vous presse!
On me ferme la bouche! on l'excuse! on le plaint!
C'est pour lui que l'on tremble; et c'est moi que l'on craint!
Triste effet de mes soins! Est-ce donc là, madame,
Tout le progrès qu'Achille avoit fait dans votre ame?

IPHIGÉNIE.

Ah cruel! cet amour, dont vous voulez douter,
Ai-je attendu si tard pour le faire éclater?
Vous voyez de quel œil, et comme indifférente
J'ai reçu de ma mort la nouvelle sanglante:
Je n'en ai point pâli. Que n'avez-vous pu voir
A quel excès tantôt alloit mon désespoir,
Quand, presque en arrivant, un récit peu fidele
M'a de votre inconstance annoncé la nouvelle!
Quel trouble! quel torrent de mots injurieux

Accusoit à la fois les hommes et les dieux!
Ah! que vous auriez vu, sans que je vous le die,
De combien votre amour m'est plus cher que ma vie!
Qui sait même, qui sait si le ciel irrité
A pu souffrir l'excès de ma félicité?
Hélas! il me sembloit qu'une flamme si belle
M'élevoit au-dessus du sort d'une mortelle!

ACHILLE.

Ah! si je vous suis cher, ma princesse, vivez.

SCENE VII.

CLYTEMNESTRE, IPHIGÉNIE,
ACHILLE, ÆGINE.

CLYTEMNESTRE.

Tout est perdu, seigneur, si vous ne nous sauvez.
Agamemnon m'évite, et, craignant mon visage,
Il me fait de l'autel refuser le passage:
Des gardes, que lui-même a pris soin de placer,
Nous ont de toutes parts défendu de passer.
Il me fuit. Ma douleur étonne son audace.

ACHILLE.

Hé bien, c'est donc à moi de prendre votre place.
Il me verra, madame; et je vais lui parler.

IPHIGÉNIE.

Ah madame!... Ah seigneur! où voulez-vous aller?

ACHILLE.

Et que prétend de moi votre injuste priere?
Vous faudra-t-il toujours combattre la premiere?

CLYTEMNESTRE.

Quel est votre dessein, ma fille?

IPHIGÉNIE.

       Au nom des dieux,
Madame, retenez un amant furieux:
De ce triste entretien détournons les approches.
Seigneur, trop d'amertume aigriroit vos reproches.
Je sais jusqu'où s'emporte un amant irrité;
Et mon pere est jaloux de son autorité:
On ne connoît que trop la fierté des Atrides.
Laissez parler, seigneur, des bouches plus timides.
Surpris, n'en doutez point, de mon retardement,
Lui-même il me viendra chercher dans un moment:
Il entendra gémir une mere oppressée;
Et que ne pourra point m'inspirer la pensée
De prévenir les pleurs que vous verseriez tous,
D'arrêter vos transports, et de vivre pour vous!

ACHILLE.

Enfin vous le voulez : il faut donc vous complaire.
Donnez-lui l'une et l'autre un conseil salutaire:
Rappellez sa raison; persuadez-le bien,

Pour vous, pour mon repos, et sur-tout pour le sien.
Je perds trop de moments en des discours frivoles,
Il faut des actions et non pas des paroles.

(à Clytemnestre.)

Madame, à vous servir je vais tout disposer:
Dans votre appartement allez vous reposer.
Votre fille vivra, je puis vous le prédire.
Croyez du moins, croyez que, tant que je respire,
Les dieux auront en vain ordonné son trépas:
Cet oracle est plus sûr que celui de Calchas.

FIN DU TROISIEME ACTE.

ACTE QUATRIEME.

SCENE I.

ÉRIPHILE, DORIS.

DORIS.
Ah! que me dites-vous? Quelle étrange manie
Vous peut faire envier le sort d'Iphigénie?
Dans une heure elle expire. Et jamais, dites-vous,
Vos yeux de son bonheur ne furent plus jaloux.
Qui le croira, madame? Et quel cœur si farouche...

ÉRIPHILE.
Jamais rien de plus vrai n'est sorti de ma bouche:
Jamais de tant de soins mon esprit agité
Ne porta plus d'envie à sa félicité.
Favorables périls! espérance inutile!
N'as-tu pas vu sa gloire et le trouble d'Achille?
J'en ai vu, j'en ai fui les signes trop certains.
Ce héros, si terrible au reste des humains,
Qui ne connoît de pleurs que ceux qu'il fait répandre,
Qui s'endurcit contre eux dès l'âge le plus tendre,
Et qui, si l'on nous fait un fidele discours,
Suça même le sang des lions et des ours,

Pour elle de la crainte a fait l'apprentissage :
Elle l'a vu pleurer et changer de visage.
Et tu la plains, Doris ! Par combien de malheurs
Ne lui voudrois-je point disputer de tels pleurs !
Quand je devrois comme elle expirer dans une heure...
Mais que dis-je expirer ! ne crois pas qu'elle meure.
Dans un lâche sommeil crois-tu qu'enseveli
Achille aura pour elle impunément pâli ?
Achille à son malheur saura bien mettre obstacle.
Tu verras que les dieux n'ont dicté cet oracle
Que pour croître à la fois sa gloire et mon tourment,
Et la rendre plus belle aux yeux de son amant.
Hé quoi ! ne vois-tu pas tout ce qu'on fait pour elle ?
On supprime des dieux la sentence mortelle ;
Et, quoique le bûcher soit déja préparé,
Le nom de la victime est encore ignoré :
Tout le camp n'en sait rien. Doris, à ce silence,
Ne reconnois-tu pas un pere qui balance ?
Et que fera-t-il donc ? Quel courage endurci
Soutiendroit les assauts qu'on lui prépare ici :
Une mere en fureur, les larmes d'une fille,
Les cris, le désespoir de toute une famille,
Le sang à ces objets facile à s'ébranler,
Achille menaçant tout prêt à l'accabler ?
Non, te dis-je, les dieux l'ont en vain condamnée :
Je suis et je serai la seule infortunée.

TOME II.   45

Ah! si je m'en croyois!

DORIS.

Quoi? que méditez-vous?

ÉRIPHILE.

Je ne sais qui m'arrête et retient mon courroux,
Que, par un prompt avis de tout ce qui se passe,
Je ne coure des dieux divulguer la menace,
Et publier par-tout les complots criminels
Qu'on fait ici contre eux et contre leurs autels.

DORIS.

Ah! quel dessein, madame!

ÉRIPHILE.

Ah Doris! quelle joie!
Que d'encens brûleroit dans les temples de Troie,
Si, troublant tous les Grecs, et vengeant ma prison,
Je pouvois contre Achille armer Agamemnon;
Si leur haine, de Troie oubliant la querelle,
Tournoit contre eux le fer qu'ils aiguisent contre elle,
Et si de tout le camp mes avis dangereux
Faisoient à ma patrie un sacrifice heureux!

DORIS.

J'entends du bruit. On vient : Clytemnestre s'avance.
Remettez-vous, madame; ou fuyez sa présence.

ÉRIPHILE.

Rentrons. Et pour troubler un hymen odieux
Consultons des fureurs qu'autorisent les dieux.

SCENE II.

CLYTEMNESTRE, ÆGINE.

CLYTEMNESTRE.

Ægine, tu le vois, il faut que je la fuie.
Loin que ma fille pleure et tremble pour sa vie,
Elle excuse son pere, et veut que ma douleur
Respecte encor la main qui lui perce le cœur.
Ô constance! ô respect! Pour prix de sa tendresse,
Le barbare à l'autel se plaint de sa paresse.
Je l'attends. Il viendra m'en demander raison,
Et croit pouvoir encor cacher sa trahison.
Il vient. Sans éclater contre son injustice,
Voyons s'il soutiendra son indigne artifice.

SCENE III.

AGAMEMNON, CLYTEMNESTRE,
ÆGINE.

AGAMEMNON.

Que faites-vous, madame? et d'où vient que ces lieux
N'offrent point avec vous votre fille à mes yeux?

Mes ordres par Arcas vous l'avoient demandée :
Qu'attend-elle? Est-ce vous qui l'avez retardée?
A mes justes desirs ne vous rendez-vous pas?
Ne peut-elle à l'autel marcher que sur vos pas?
Parlez.

                    CLYTEMNESTRE.

       S'il faut partir, ma fille est toute prête.
Mais vous, n'avez-vous rien, seigneur, qui vous arrête?

                    AGAMEMNON.

Moi, madame?

                    CLYTEMNESTRE.

              Vos soins ont-ils tout préparé?

                    AGAMEMNON.

Calchas est prêt, madame, et l'autel est pare.
J'ai fait ce que m'ordonne un devoir légitime.

                    CLYTEMNESTRE.

Vous ne me parlez point, seigneur, de la victime.

                    AGAMEMNON.

Que me voulez-vous dire? et de quel soin jaloux...

SCENE IV.

AGAMEMNON, CLYTEMNESTRE, IPHIGÉNIE, ÆGINE.

CLYTEMNESTRE.

Venez, venez, ma fille, on n'attend plus que vous;
Venez remercier un pere qui vous aime,
Et qui veut à l'autel vous conduire lui-même.

AGAMEMNON.

Que vois-je! quel discours! Ma fille, vous pleurez,
Et baissez devant moi vos yeux mal assurés:
Quel trouble! Mais tout pleure, et la fille et la mere.
Ah! malheureux Arcas, tu m'as trahi!

IPHIGÉNIE.

       Mon pere,
Cessez de vous troubler, vous n'êtes point trahi:
Quand vous commanderez, vous serez obéi.
Ma vie est votre bien; vous voulez le reprendre:
Vos ordres sans détour pouvoient se faire entendre.
D'un œil aussi content, d'un cœur aussi soumis
Que j'acceptois l'époux que vous m'aviez promis,
Je saurai, s'il le faut, victime obéissante,
Tendre au fer de Calchas une tête innocente;

Et, respectant le coup par vous-même ordonné,
Vous rendre tout le sang que vous m'avez donné.
Si pourtant ce respect, si cette obéissance
Paroît digne à vos yeux d'une autre récompense;
Si d'une mere en pleurs vous plaignez les ennuis;
J'ose vous dire ici qu'en l'état où je suis
Peut-être assez d'honneurs environnoient ma vie
Pour ne pas souhaiter qu'elle me fût ravie,
Ni qu'en me l'arrachant, un sévere destin,
Si près de ma naissance, en eût marqué la fin.
Fille d'Agamemnon, c'est moi qui la premiere,
Seigneur, vous appellai de ce doux nom de pere:
C'est moi qui, si long-temps le plaisir de vos yeux,
Vous ai fait de ce nom remercier les dieux,
Et pour qui, tant de fois prodiguant vos caresses,
Vous n'avez point du sang dédaigné les foiblesses.
Hélas! avec plaisir je me faisois conter
Tous les noms des pays que vous allez domter;
Et déja, d'Ilion présageant la conquête,
D'un triomphe si beau je préparois la fête.
Je ne m'attendois pas que, pour le commencer,
Mon sang fût le premier que vous dussiez verser.
Non que la peur du coup dont je suis menacée
Me fasse rappeller votre bonté passée.
Ne craignez rien ; mon cœur de votre honneur jaloux
Ne fera point rougir un pere tel que vous;

Et, si je n'avois eu que ma vie à défendre,
J'aurois su renfermer un souvenir si tendre :
Mais à mon triste sort, vous le savez, seigneur,
Une mere, un amant, attachoient leur bonheur.
Un roi digne de vous a cru voir la journée
Qui devoit éclairer notre illustre hyménée ;
Déja sûr de mon cœur à sa flamme promis,
Il s'estimoit heureux : vous me l'aviez permis.
Il sait votre dessein ; jugez de ses alarmes.
Ma mere est devant vous ; et vous voyez ses larmes.
Pardonnez aux efforts que je viens de tenter
Pour prévenir les pleurs que je leur vais coûter.

AGAMEMNON.

Ma fille, il est trop vrai. J'ignore pour quel crime
La colere des dieux demande une victime.
Mais ils vous ont nommée : un oracle cruel
Veut qu'ici votre sang coule sur un autel.
Pour défendre vos jours de leurs loix meurtrieres
Mon amour n'avoit pas attendu vos prieres.
Je ne vous dirai point combien j'ai résisté :
Croyez-en cet amour par vous-même attesté.
Cette nuit même encore, on a pu vous le dire,
J'avois révoqué l'ordre où l'on me fit souscrire :
Sur l'intérêt des Grecs vous l'aviez emporté ;
Je vous sacrifiois mon rang, ma sûreté.
Arcas alloit du camp vous défendre l'entrée :

Les dieux n'ont pas voulu qu'il vous ait rencontrée;
Ils ont trompé les soins d'un pere infortuné
Qui protégeoit en vain ce qu'ils ont condamné.
Ne vous assurez point sur ma foible puissance:
Quel frein pourroit d'un peuple arrêter la licence,
Quand les dieux, nous livrant à son zele indiscret,
L'affranchissent d'un joug qu'il portoit à regret?
Ma fille, il faut céder : votre heure est arrivée.
Songez bien dans quel rang vous êtes élevée:
Je vous donne un conseil qu'à peine je reçoi;
Du coup qui vous attend vous mourrez moins que moi:
Montrez, en expirant, de qui vous êtes née;
Faites rougir ces dieux qui vous ont condamnée.
Allez; et que les Grecs, qui vont vous immoler,
Reconnoissent mon sang en le voyant couler.

CLYTEMNESTRE.

Vous ne démentez point une race funeste;
Oui, vous êtes le sang d'Atrée et de Thyeste:
Bourreau de votre fille, il ne vous reste enfin
Que d'en faire à sa mere un horrible festin.
Barbare! c'est donc là cet heureux sacrifice
Que vos soins préparoient avec tant d'artifice!
Quoi! l'horreur de souscrire à cet ordre inhumain
N'a pas, en le traçant, arrêté votre main!
Pourquoi feindre à nos yeux une fausse tristesse?
Pensez-vous par des pleurs prouver votre tendresse?

Où sont-ils ces combats que vous avez rendus?
Quels flots de sang pour elle avez-vous répandus?
Quel débris parle ici de votre résistance?
Quel champ couvert de morts me condamne au silence?
Voilà par quels témoins il falloit me prouver,
Cruel! que votre amour a voulu la sauver.
Un oracle fatal ordonne qu'elle expire!
Un oracle dit-il tout ce qu'il semble dire?
Le ciel, le juste ciel, par le meurtre honoré,
Du sang de l'innocence est-il donc altéré?
Si du crime d'Hélene on punit sa famille,
Faites chercher à Sparte Hermione sa fille:
Laissez à Ménélas racheter d'un tel prix
Sa coupable moitié dont il est trop épris.
Mais vous, quelles fureurs vous rendent sa victime?
Pourquoi vous imposer la peine de son crime?
Pourquoi, moi-même enfin me déchirant le flanc,
Payer sa folle amour du plus pur de mon sang?

   Que dis-je? Cet objet de tant de jalousie,
Cette Hélene, qui trouble et l'Europe et l'Asie,
Vous semble-t-elle un prix digne de vos exploits?
Combien nos fronts pour elle ont-ils rougi de fois!
Avant qu'un nœud fatal l'unît à votre frere,
Thésée avoit osé l'enlever à son pere:
Vous savez, et Calchas mille fois vous l'a dit,
Qu'un hymen clandestin mit ce prince en son lit;

Et qu'il en eut pour gage une jeune princesse
Que sa mere a cachée au reste de la Grece.
Mais non, l'amour d'un frere et son honneur blessé
Sont les moindres des soins dont vous êtes pressé :
Cette soif de régner, que rien ne peut éteindre,
L'orgueil de voir vingt rois vous servir et vous craindre,
Tous les droits de l'empire en vos mains confiés,
Cruel! c'est à ces dieux que vous sacrifiez;
Et loin de repousser le coup qu'on vous prépare,
Vous voulez vous en faire un mérite barbare.
Trop jaloux d'un pouvoir qu'on peut vous envier,
De votre propre sang vous courez le payer;
Et voulez, par ce prix, épouvanter l'audace
De quiconque vous peut disputer votre place.
Est-ce donc être pere? Ah! toute ma raison
Cede à la cruauté de cette trahison.
Un prêtre, environné d'une foule cruelle,
Portera sur ma fille une main criminelle,
Déchirera son sein, et, d'un œil curieux,
Dans son cœur palpitant consultera les dieux!
Et moi, qui l'amenai triomphante, adorée,
Je m'en retournerai seule et désespérée!
Je verrai les chemins encor tout parfumés
Des fleurs dont sous ses pas on les avoit semés!
Non, je ne l'aurai point amenée au supplice;
Ou vous ferez aux Grecs un double sacrifice.

Ni crainte ni respect ne m'en peut détacher :
De mes bras tout sanglants il faudra l'arracher.
Aussi barbare époux qu'impitoyable pere,
Venez, si vous l'osez, la ravir à sa mere.
Et vous, rentrez, ma fille, et du moins à mes loix
Obéissez encor pour la derniere fois.

SCENE V.

AGAMEMNON.

A de moindres fureurs je n'ai pas dû m'attendre.
Voilà, voilà les cris que je craignois d'entendre.
Heureux si, dans le trouble où flottent mes esprits,
Je n'avois toutefois à craindre que ses cris !
Hélas ! en m'imposant une loi si sévere,
Grands dieux, me deviez-vous laisser un cœur de pere !

SCENE VI.

AGAMEMNON, ACHILLE.

ACHILLE.

Un bruit assez étrange est venu jusqu'à moi,
Seigneur ; je l'ai jugé trop peu digne de foi.
On dit, et sans horreur je ne puis le redire,

Qu'aujourd'hui par votre ordre Iphigénie expire;
Que vous-même, étouffant tout sentiment humain,
Vous l'allez à Calchas livrer de votre main :
On dit que, sous mon nom à l'autel appellée,
Je ne l'y conduisois que pour être immolée;
Et que, d'un faux hymen nous abusant tous deux,
Vous vouliez me charger d'un emploi si honteux.
Qu'en dites-vous, seigneur? Que faut-il que j'en pense?
Ne ferez-vous pas taire un bruit qui vous offense?

AGAMEMNON.

Seigneur, je ne rends point compte de mes desseins.
Ma fille ignore encor mes ordres souverains;
Et, quand il sera temps qu'elle en soit informée,
Vous apprendrez son sort, j'en instruirai l'armée.

ACHILLE.

Ah! je sais trop le sort que vous lui réservez.

AGAMEMNON.

Pourquoi le demander, puisque vous le savez?

ACHILLE.

Pourquoi je le demande? Ô ciel! le puis-je croire
Qu'on ose des fureurs avouer la plus noire!
Vous pensez qu'approuvant vos desseins odieux
Je vous laisse immoler votre fille à mes yeux?
Que ma foi, mon amour, mon honneur y consente?

AGAMEMNON.

Mais vous, qui me parlez d'une voix menaçante,

Oubliez-vous ici qui vous interrogez?

ACHILLE.

Oubliez-vous qui j'aime et qui vous outragez?

AGAMEMNON.

Et qui vous a chargé du soin de ma famille?
Ne pourrai-je, sans vous, disposer de ma fille?
Ne suis-je plus son pere? Êtes-vous son époux?
Et ne peut-elle...

ACHILLE.

Non, elle n'est plus à vous:
On ne m'abuse point par des promesses vaines.
Tant qu'un reste de sang coulera dans mes veines,
Vous deviez à mon sort unir tous ses moments,
Je défendrai mes droits fondés sur vos serments.
Et n'est-ce pas pour moi que vous l'avez mandée?

AGAMEMNON.

Plaignez-vous donc aux dieux qui me l'ont demandée.
Accusez et Calchas et le camp tout entier,
Ulysse, Ménélas, et vous tout le premier.

ACHILLE.

Moi!

AGAMEMNON.

Vous, qui de l'Asie embrassant la conquête
Querellez tous les jours le ciel qui vous arrête;
Vous, qui vous offensant de mes justes terreurs
Avez dans tout le camp répandu vos fureurs.

Mon cœur pour la sauver vous ouvroit une voie;
Mais vous ne demandez, vous ne cherchez que Troie.
Je vous fermois le champ où vous voulez courir:
Vous le voulez, partez; sa mort va vous l'ouvrir.

ACHILLE.

Juste ciel! puis-je entendre et souffrir ce langage?
Est-ce ainsi qu'au parjure on ajoute l'outrage?
Moi, je voulois partir aux dépens de ses jours?
Et que m'a fait à moi cette Troie où je cours?
Au pied de ses remparts quel intérêt m'appelle?
Pour qui, sourd à la voix d'une mere immortelle,
Et d'un pere éperdu négligeant les avis,
Vais-je y chercher la mort tant prédite à leur fils?
Jamais vaisseaux partis des rives du Scamandre
Aux champs thessaliens oserent-ils descendre?
Et jamais dans Larisse un lâche ravisseur
Me vint-il enlever ou ma femme ou ma sœur?
Qu'ai-je à me plaindre? Où sont les pertes que j'ai faites?
Je n'y vais que pour vous, barbare que vous êtes;
Pour vous, à qui des Grecs moi seul je ne dois rien;
Vous, que j'ai fait nommer et leur chef et le mien;
Vous, que mon bras vengeoit dans Lesbos enflammée,
Avant que vous eussiez assemblé votre armée.
Et quel fut le dessein qui nous assembla tous?
Ne courons-nous pas rendre Hélene à son époux?
Depuis quand pense-t-on qu'inutile à moi-même

Je me laisse ravir une épouse que j'aime?
Seul, d'un honteux affront votre frere blessé
A-t-il droit de venger son amour offensé?
Votre fille me plut, je prétendis lui plaire;
Elle est de mes serments seule dépositaire:
Content de son hymen, vaisseaux, armes, soldats,
Ma foi lui promit tout, et rien à Ménélas.
Qu'il poursuive, s'il veut, son épouse enlevée;
Qu'il cherche une victoire à mon sang réservée:
Je ne connois, Priam, Hélene, ni Pâris;
Je voulois votre fille, et ne pars qu'à ce prix.

AGAMEMNON.

Fuyez donc: retournez dans votre Thessalie.
Moi-même je vous rends le serment qui vous lie.
Assez d'autres viendront, à mes ordres soumis,
Se couvrir des lauriers qui vous furent promis;
Et, par d'heureux exploits forçant la destinée,
Trouveront d'Ilion la fatale journée.
J'entrevois vos mépris, et juge, à vos discours,
Combien j'acheterois vos superbes secours.
De la Grece déja vous vous rendez l'arbitre;
Ses rois, à vous ouir, m'ont paré d'un vain titre.
Fier de votre valeur, tout, si je vous en crois,
Doit marcher, doit fléchir, doit trembler sous vos loix.
Un bienfait reproché tint toujours lieu d'offense:
Je veux moins de valeur, et plus d'obéissance.

Fuyez. Je ne crains point votre impuissant courroux;
Et je romps tous les nœuds qui m'attachent à vous.

ACHILLE.

Rendez grace au seul nœud qui retient ma colere:
D'Iphigénie encor je respecte le pere.
Peut-être, sans ce nom, le chef de tant de rois
M'auroit osé braver pour la derniere fois.
Je ne dis plus qu'un mot; c'est à vous de m'entendre.
J'ai votre fille ensemble et ma gloire à défendre:
Pour aller jusqu'au cœur que vous voulez percer,
Voilà par quels chemins vos coups doivent passer.

SCENE VII.

AGAMEMNON.

Et voilà ce qui rend sa perte inévitable.
Ma fille toute seule étoit plus redoutable.
Ton insolent amour, qui croit m'épouvanter,
Vient de hâter le coup que tu veux arrêter.
Ne délibérons plus. Bravons sa violence:
Ma gloire intéressée emporte la balance.
Achille menaçant détermine mon cœur:
Ma pitié sembleroit un effet de ma peur.
Holà! gardes, à moi.

SCENE VIII.

AGAMEMNON, EURYBATE, GARDES.

EURYBATE.

Seigneur.

AGAMEMNON.

                      Que vais-je faire?
Puis-je leur prononcer cet ordre sanguinaire?
Cruel! à quel combat faut-il te préparer!
Quel est cet ennemi que tu leur vas livrer?
Une mere m'attend; une mere intrépide,
Qui défendra son sang contre un pere homicide:
Je verrai mes soldats, moins barbares que moi,
Respecter dans ses bras la fille de leur roi.
Achille nous menace, Achille nous méprise:
Mais ma fille en est-elle à mes loix moins soumise?
Ma fille, de l'autel cherchant à s'échapper,
Gémit-elle du coup dont je la veux frapper?
Que dis-je? Que prétend mon sacrilege zele?
Quels vœux, en l'immolant, formerai-je sur elle?
Quelques prix glorieux qui me soient proposés,
Quels lauriers me plairont de son sang arrosés?
Je veux fléchir des dieux la puissance suprême:
Ah! quels dieux me seroient plus cruels que moi-même?

Non, je ne puis. Cédons au sang, à l'amitié,
Et ne rougissons plus d'une juste pitié:
Qu'elle vive. Mais quoi! peu jaloux de ma gloire,
Dois-je au superbe Achille accorder la victoire?
Son téméraire orgueil, que je vais redoubler,
Croira que je lui cede, et qu'il m'a fait trembler.
De quel frivole soin mon esprit s'embarrasse?
Ne puis-je pas d'Achille humilier l'audace?
Que ma fille à ses yeux soit un sujet d'ennui:
Il l'aime; elle vivra pour un autre que lui.
Eurybate, appellez la princesse, la reine.
Qu'elles ne craignent point.

SCENE IX.

AGAMEMNON, GARDES.

AGAMEMNON.

                    Grands dieux, si votre haine
Persévere à vouloir l'arracher de mes mains,
Que peuvent devant vous tous les foibles humains!
Loin de la secourir, mon amitié l'opprime;
Je le sais: mais, grands dieux, une telle victime
Vaut bien que, confirmant vos rigoureuses loix,
Vous me la demandiez une seconde fois.

SCENE X.

AGAMEMNON, CLYTEMNESTRE,
IPHIGÉNIE, ÉRIPHILE, EURYBATE,
DORIS, GARDES.

AGAMEMNON.

Allez, madame, allez, prenez soin de sa vie:
Je vous rends votre fille, et je vous la confie.
Loin de ces lieux cruels précipitez ses pas;
Mes gardes vous suivront commandés par Arcas:
Je veux bien excuser son heureuse imprudence.
Tout dépend du secret et de la diligence:
Ulysse ni Calchas n'ont point encor parlé;
Gardez que ce départ ne leur soit révélé.
Cachez bien votre fille; et que tout le camp croie
Que je la retiens seule, et que je vous renvoie.
Fuyez. Puissent les dieux, de mes larmes contents,
A mes tristes regards ne l'offrir de long-temps!
Gardes, suivez la reine.

CLYTEMNESTRE.
  Ah seigneur!
IPHIGÉNIE.
      Ah mon pere!

AGAMEMNON.

Prévenez de Calchas l'empressement sévere.

Fuyez, vous dis-je. Et moi, pour vous favoriser,

Par de feintes raisons je m'en vais l'abuser:

Je vais faire suspendre une pompe funeste,

Et de ce jour, au moins, lui demander le reste.

SCENE XI.

ÉRIPHILE, DORIS.

ÉRIPHILE.

Suis-moi : ce n'est pas là, Doris, notre chemin.

DORIS.

Vous ne les suivez pas?

ÉRIPHILE.

Ah! je succombe enfin.

Je reconnois l'effet des tendresses d'Achille.

Je n'emporterai point une rage inutile:

Plus de raisons; il faut ou la perdre ou périr.

Viens, te dis-je. A Calchas je vais tout découvrir.

FIN DU QUATRIEME ACTE.

ACTE CINQUIEME.

SCENE I.
IPHIGÉNIE, ÆGINE.

IPHIGÉNIE.

Cesse de m'arrêter. Va, retourne à ma mere,
Ægine : il faut des dieux appaiser la colere.
Pour ce sang malheureux qu'on veut leur dérober,
Regarde quel orage est tout prêt à tomber ;
Considere l'état où la reine est réduite ;
Vois comme tout le camp s'oppose à notre fuite,
Avec quelle insolence ils ont, de toutes parts,
Fait briller à nos yeux la pointe de leurs dards.
Nos gardes repoussés, la reine évanouie...
Ah ! c'est trop l'exposer : souffre que je la fuie ;
Et, sans attendre ici ses secours impuissants,
Laisse-moi profiter du trouble de ses sens.
Mon pere même, hélas ! puisqu'il faut te le dire,
Mon pere, en me sauvant, ordonne que j'expire.

ÆGINE.

Lui, madame ! Quoi donc ? qu'est-ce qui s'est passé ?

IPHIGÉNIE.

Achille, trop ardent, l'a peut-être offensé :

Mais le roi, qui le hait, veut que je le haïsse;
Il ordonne à mon cœur cet affreux sacrifice:
Il m'a fait par Arcas expliquer ses souhaits;
Ægine, il me défend de lui parler jamais.

ÆGINE.

Ah madame!

IPHIGÉNIE.

Ah sentence! ah rigueur inouie!
Dieux plus doux, vous n'avez demandé que ma vie!
Mourons, obéissons. Mais qu'est-ce que je voi?
Dieux! Achille!

SCENE II.

ACHILLE, IPHIGÉNIE.

ACHILLE.

Venez, madame, suivez-moi:
Ne craignez ni les cris ni la foule impuissante
D'un peuple qui se presse autour de cette tente.
Paroissez; et bientôt, sans attendre mes coups,
Ces flots tumultueux s'ouvriront devant vous.
Patrocle, et quelques chefs qui marchent à ma suite,
De mes Thessaliens vous amenent l'élite:
Tout le reste, assemblé près de mon étendard,
Vous offre de ses rangs l'invincible rempart.

A vos persécuteurs opposons cet asyle :
Qu'ils viennent vous chercher sous les tentes d'Achille.
Quoi ! madame, est-ce ainsi que vous me secondez ?
Ce n'est que par des pleurs que vous me répondez !
Vous fiez-vous encore à de si foibles armes ?
Hâtons-nous : votre pere a déja vu vos larmes.

IPHIGÉNIE.

Je le sais bien, seigneur : aussi tout mon espoir
N'est plus qu'au coup mortel que je vais recevoir.

ACHILLE.

Vous, mourir ! Ah ! cessez de tenir ce langage.
Songez-vous quel serment vous et moi nous engage ?
Songez-vous, pour trancher d'inutiles discours,
Que le bonheur d'Achille est fondé sur vos jours ?

IPHIGÉNIE.

Le ciel n'a point aux jours de cette infortunée
Attaché le bonheur de votre destinée.
Notre amour nous trompoit ; et les arrêts du sort
Veulent que ce bonheur soit un fruit de ma mort.
Songez, seigneur, songez à ces moissons de gloire
Qu'à vos vaillantes mains présente la victoire :
Ce champ si glorieux où vous aspirez tous,
Si mon sang ne l'arrose, est stérile pour vous.
Telle est la loi des dieux à mon pere dictée :
En vain, sourd à Calchas, il l'avoit rejettée ;
Par la bouche des Grecs contre moi conjurés

Leurs ordres éternels se sont trop déclarés.
Partez; à vos honneurs j'apporte trop d'obstacles:
Vous-même dégagez la foi de vos oracles;
Signalez ce héros à la Grece promis;
Tournez votre douleur contre ses ennemis.
Déja Priam pâlit; déja Troie, en alarmes,
Redoute mon bûcher, et frémit de vos larmes.
Allez; et, dans ses murs vuides de citoyens,
Faites pleurer ma mort aux veuves des Troyens:
Je meurs dans cet espoir satisfaite et tranquille.
Si je n'ai pas vécu la compagne d'Achille,
J'espere que du moins un heureux avenir
A vos faits immortels joindra mon souvenir;
Et qu'un jour mon trépas, source de votre gloire,
Ouvrira le récit d'une si belle histoire.
Adieu, prince; vivez, digne race des dieux.

ACHILLE.

Non, je ne reçois point vos funestes adieux.
En vain, par ces discours, votre cruelle adresse
Veut servir votre pere, et tromper ma tendresse.
En vain vous prétendez, obstinée à mourir,
Intéresser ma gloire à vous laisser périr:
Ces moissons de lauriers, ces honneurs, ces conquêtes,
Ma main, en vous servant, les trouve toutes prêtes.
Et qui de ma faveur se voudroit honorer

ACTE V, SCENE II.   377

Si mon hymen prochain ne peut vous assurer?
Ma gloire, mon amour, vous ordonnent de vivre:
Venez, madame; il faut les en croire, et me suivre.

IPHIGÉNIE.

Qui? moi? que, contre un pere osant me révolter,
Je mérite la mort que j'irois éviter?
Où seroit le respect et ce devoir suprême...

ACHILLE.

Vous suivrez un époux avoué par lui-même.
C'est un titre qu'en vain il prétend me voler:
Ne fait-il des serments que pour les violer?
Vous-même, que retient un devoir si sévere,
Quand il vous donne à moi, n'est-il point votre pere?
Suivez-vous seulement ses ordres absolus
Quand il cesse de l'être et ne vous connoît plus?
Enfin, c'est trop tarder, ma princesse; et ma crainte...

IPHIGÉNIE.

Quoi, seigneur! vous iriez jusques à la contrainte?
D'un coupable transport écoutant la chaleur,
Vous pourriez ajouter ce comble à mon malheur?
Ma gloire vous seroit moins chere que ma vie?
Ah seigneur! épargnez la triste Iphigénie.
Asservie à des loix que j'ai dû respecter,
C'est déja trop pour moi que de vous écouter:
Ne portez pas plus loin votre injuste victoire;
Ou, par mes propres mains immolée à ma gloire,

Je saurai m'affranchir, dans ces extrémités,
Du secours dangereux que vous me présentez.

ACHILLE.

Hé bien, n'en parlons plus. Obéissez, cruelle,
Et cherchez une mort qui vous semble si belle :
Portez à votre pere un cœur où j'entrevoi
Moins de respect pour lui que de haine pour moi.
Une juste fureur s'empare de mon ame :
Vous allez à l'autel ; et moi, j'y cours, madame.
Si de sang et de morts le ciel est affamé,
Jamais de plus de sang ses autels n'ont fumé.
A mon aveugle amour tout sera légitime :
Le prêtre deviendra la premiere victime ;
Le bûcher, par mes mains détruit et renversé,
Dans le sang des bourreaux nagera dispersé ;
Et si, dans les horreurs de ce désordre extrême,
Votre pere frappé tombe et périt lui-même,
Alors, de vos respects voyant les tristes fruits,
Reconnoissez les coups que vous aurez conduits.

IPHIGÉNIE.

Ah seigneur ! Ah cruel !... Mais il fuit, il m'échappe.
Ô toi, qui veux ma mort, me voilà seule, frappe,
Termine, juste ciel, ma vie et mon effroi ;
Et lance ici des traits qui n'accablent que moi !

SCENE III.

CLYTEMNESTRE, IPHIGÉNIE, ÆGINE, EURYBATE, GARDES.

CLYTEMNESTRE.

Oui, je la défendrai contre toute l'armée.
Lâches, vous trahissez votre reine opprimée !

EURYBATE.

Non, madame : il suffit que vous me commandiez;
Vous nous verrez combattre et mourir à vos pieds.
Mais de nos foibles mains que pouvez-vous attendre?
Contre tant d'ennemis qui vous pourra défendre?
Ce n'est plus un vain peuple en désordre assemblé ;
C'est d'un zele fatal tout le camp aveuglé.
Plus de pitié. Calchas seul regne, seul commande :
La piété sévere exige son offrande.
Le roi de son pouvoir se voit déposséder,
Et lui-même au torrent nous contraint de céder.
Achille à qui tout cede, Achille à cet orage
Voudroit lui-même en vain opposer son courage :
Que fera-t-il, madame? et qui peut dissiper
Tous les flots d'ennemis prêts à l'envelopper?

CLYTEMNESTRE.

Qu'ils viennent donc sur moi prouver leur zele impie,

Et m'arrachent ce peu qui me reste de vie!
La mort seule, la mort pourra rompre les nœuds
Dont mes bras nous vont joindre et lier toutes deux:
Mon corps sera plutôt séparé de mon ame,
Que je souffre jamais... Ah ma fille!

IPHIGÉNIE.

Ah madame!
Sous quel astre cruel avez-vous mis au jour
Le malheureux objet d'une si tendre amour!
Mais que pouvez-vous faire en l'état où nous sommes?
Vous avez à combattre et les dieux et les hommes.
Contre un peuple en fureur vous exposerez-vous?
N'allez point, dans un camp, rebelle à votre époux,
Seule à me retenir vainement obstinée,
Par des soldats peut-être indignement traînée,
Présenter, pour tout fruit d'un déplorable effort,
Un spectacle à mes yeux plus cruel que la mort.
Allez: laissez aux Grecs achever leur ouvrage,
Et quittez pour jamais un malheureux rivage;
Du bûcher qui m'attend, trop voisin de ces lieux,
La flamme de trop près viendroit frapper vos yeux.
Sur-tout, si vous m'aimez, par cet amour de mere,
Ne reprochez jamais mon trépas à mon pere.

CLYTEMNESTRE.

Lui, par qui votre cœur à Calchas présenté...

IPHIGÉNIE.

Pour me rendre à vos pleurs, que n'a-t-il point tenté?

CLYTEMNESTRE.

Par quelle trahison le cruel m'a déçue!

IPHIGÉNIE.

Il me cédoit aux dieux dont il m'avoit reçue.
Ma mort n'emporte pas tout le fruit de vos feux :
De l'amour qui vous joint vous avez d'autres nœuds;
Vos yeux me reverront dans Oreste mon frere.
Puisse-t-il être, hélas! moins funeste à sa mere!

 D'un peuple impatient vous entendez la voix.
Daignez m'ouvrir vos bras pour la derniere fois,
Madame; et rappellant votre vertu sublime...
Eurybate, à l'autel conduisez la victime.

SCENE IV.

CLYTEMNESTRE, ÆGINE, GARDES.

CLYTEMNESTRE.

Ah! vous n'irez pas seule; et je ne prétends pas...
Mais on se jette en foule au-devant de mes pas.
Perfides, contentez votre soif sanguinaire.

ÆGINE.

Où courez-vous, madame? Et que voulez-vous faire?

CLYTEMNESTRE.

Hélas! je me consume en impuissants efforts,
Et rentre au trouble affreux dont à peine je sors.
Mourrai-je tant de fois sans sortir de la vie!

ÆGINE.

Ah! savez-vous le crime, et qui vous a trahie,
Madame? Savez-vous quel serpent inhumain
Iphigénie avoit retiré dans son sein?
Ériphile, en ces lieux par vous-même conduite,
A seule à tous les Grecs révélé votre fuite.

CLYTEMNESTRE.

Ô monstre, que Mégere en ses flancs a porté!
Monstre, que dans nos bras les enfers ont jetté!
Quoi! tu ne mourras point! Quoi! pour punir son crime...
Mais où va ma douleur chercher une victime?
Quoi! pour noyer les Grecs et leurs mille vaisseaux,
Mer, tu n'ouvriras pas des abîmes nouveaux!
Quoi! lorsque les chassant du port qui les recele
L'Aulide aura vomi leur flotte criminelle,
Les vents, les mêmes vents si long-temps accusés,
Ne te couvriront pas de ses vaisseaux brisés!
Et toi, soleil, et toi, qui dans cette contrée
Reconnois l'héritier et le vrai fils d'Atrée,
Toi, qui n'osas du pere éclairer le festin,
Recule, ils t'ont appris ce funeste chemin!

Mais, cependant, ô ciel! ô mere infortunée!

De festons odieux ma fille couronnée
Tend la gorge aux couteaux par son pere apprêtés.
Calchas va dans son sang... Barbares, arrêtez;
C'est le pur sang du dieu qui lance le tonnerre.
J'entends gronder la foudre, et sens trembler la terre :
Un dieu vengeur, un dieu fait retentir ces coups.

SCENE V.

CLYTEMNESTRE, ÆGINE, ARCAS, GARDES.

ARCAS.

N'en doutez point, madame, un dieu combat pour vous.
Achille en ce moment exauce vos prieres;
Il a brisé des Grecs les trop foibles barrieres :
Achille est à l'autel. Calchas est éperdu :
Le fatal sacrifice est encor suspendu.
On se menace, on court, l'air gémit, le fer brille.
Achille fait ranger autour de votre fille
Tous ses amis, pour lui prêts à se dévouer.
Le triste Agamemnon, qui n'ose l'avouer,
Pour détourner ses yeux des meurtres qu'il présage,
Ou pour cacher ses pleurs, s'est voilé le visage.
Venez, puisqu'il se tait, venez par vos discours

De votre défenseur appuyer le secours.
Lui-même de sa main, de sang toute fumante,
Il veut entre vos bras remettre son amante;
Lui-même il m'a chargé de conduire vos pas.
Ne craignez rien.

CLYTEMNESTRE.

Moi, craindre! Ah! courons, cher Arcas!
Le plus affreux péril n'a rien dont je pâlisse.
J'irai par-tout. Mais, dieux! ne vois-je pas Ulysse?
C'est lui. Ma fille est morte! Arcas, il n'est plus temps.

SCENE VI.

ULYSSE, CLYTEMNESTRE, ARCAS,
ÆGINE, GARDES.

ULYSSE.

Non, votre fille vit, et les dieux sont contents.
Rassurez-vous : le ciel a voulu vous la rendre.

CLYTEMNESTRE.

Elle vit! Et c'est vous qui venez me l'apprendre!

ULYSSE.

Oui, c'est moi, qui long-temps contre elle et contre vous
Ai cru devoir, madame, affermir votre époux;
Moi qui, jaloux tantôt de l'honneur de nos armes,

Par d'austeres conseils ai fait couler vos larmes;
Et qui viens, puisqu'enfin le ciel est appaisé,
Réparer tout l'ennui que je vous ai causé.

CLYTEMNESTRE.

Ma fille! Ah prince! Ô ciel! Je demeure éperdue.
Quel miracle, seigneur, quel dieu me l'a rendue?

ULYSSE.

Vous m'en voyez moi-même, en cet heureux moment,
Saisi d'horreur, de joie et de ravissement.
Jamais jour n'a paru si mortel à la Grece.
Déja de tout le camp la discorde maîtresse
Avoit sur tous les yeux mis son bandeau fatal,
Et donné du combat le funeste signal.
De ce spectacle affreux votre fille alarmée
Voyoit pour elle Achille, et contre elle l'armée:
Mais, quoique seul pour elle, Achille furieux
Épouvantoit l'armée, et partageoit les dieux.
Déja de traits en l'air s'élevoit un nuage;
Déja couloit le sang, prémices du carnage:
Entre les deux partis Calchas s'est avancé,
L'œil farouche, l'air sombre, et le poil hérissé,
Terrible, et plein du dieu qui l'agitoit sans doute:
« Vous, Achille, a-t-il dit, et vous, Grecs, qu'on m'écoute.
« Le dieu qui maintenant vous parle par ma voix
« M'explique son oracle, et m'instruit de son choix.
« Un autre sang d'Hélene, une autre Iphigénie

« Sur ce bord immolée y doit laisser sa vie.

« Thésée avec Hélene uni secrètement

« Fit succéder l'hymen à son enlevement:

« Une fille en sortit, que sa mere a celée;

« Du nom d'Iphigénie elle fut appellée.

« Je vis moi-même alors ce fruit de leurs amours:

« D'un sinistre avenir je menaçai ses jours.

« Sous un nom emprunté sa noire destinée

« Et ses propres fureurs ici l'ont amenée.

« Elle me voit, m'entend, elle est devant vos yeux;

« Et c'est elle, en un mot, que demandent les dieux. »

Ainsi parle Calchas. Tout le camp immobile

L'écoute avec frayeur, et regarde Ériphile.

Elle étoit à l'autel; et peut-être en son cœur

Du fatal sacrifice accusoit la lenteur.

Elle-même tantôt, d'une course subite,

Étoit venue aux Grecs annoncer votre fuite.

On admire en secret sa naissance et son sort.

Mais, puisque Troie enfin est le prix de sa mort,

L'armée à haute voix se déclare contre elle,

Et prononce à Calchas sa sentence mortelle.

Déja pour la saisir Calchas leve le bras.

« Arrête, a-t-elle dit, et ne m'approche pas.

« Le sang de ces héros dont tu me fais descendre

« Sans tes profanes mains saura bien se répandre. »

Furieuse elle vole, et sur l'autel prochain

Prend le sacré couteau, le plonge dans son sein.
A peine son sang coule et fait rougir la terre,
Les dieux font sur l'autel entendre le tonnerre,
Les vents agitent l'air d'heureux frémissements,
Et la mer leur répond par ses mugissements ;
La rive au loin gémit, blanchissante d'écume ;
La flamme du bûcher d'elle-même s'allume ;
Le ciel brille d'éclairs, s'entr'ouvre, et parmi nous
Jette une sainte horreur qui nous rassure tous.
Le soldat étonné dit que dans une nue
Jusques sur le bûcher Diane est descendue ;
Et croit que, s'élevant au travers de ses feux,
Elle portoit au ciel notre encens et nos vœux.
Tout s'empresse, tout part. La seule Iphigénie
Dans ce commun bonheur pleure son ennemie.
Des mains d'Agamemnon venez la recevoir :
Venez. Achille et lui, brûlant de vous revoir,
Madame, et désormais tous deux d'intelligence,
Sont prêts à confirmer leur auguste alliance.

CLYTEMNESTRE.

Par quel prix, quel encens, ô ciel, puis-je jamais
Récompenser Achille, et payer tes bienfaits !

FIN.

PHEDRE,

TRAGÉDIE.

1677.

PRÉFACE.

Voici encore une tragédie dont le sujet est pris d'Euripide. Quoique j'aie suivi une route un peu différente de celle de cet auteur pour la conduite de l'action, je n'ai pas laissé d'enrichir ma piece de tout ce qui m'a paru le plus éclatant dans la sienne. Quand je ne lui devrois que la seule idée du caractere de Phedre, je pourrois dire que je lui dois ce que j'ai peut-être mis de plus raisonnable sur le théâtre. Je ne suis point étonné que ce caractere ait eu un succès si heureux du temps d'Euripide, et qu'il ait encore si bien réussi dans notre siecle, puisqu'il a toutes les qualités qu'Aristote demande dans le héros de la tragédie, et qui sont propres à exciter la compassion et la terreur. En effet, Phedre n'est ni tout-à-fait coupable, ni tout-à-fait innocente. Elle est engagée, par sa destinée et par la colere des dieux, dans une passion illégitime, dont elle a horreur toute la premiere : elle fait tous ses efforts pour la surmonter : elle aime mieux se laisser mourir que de la déclarer à personne; et, lorsqu'elle est forcée de la découvrir, elle en parle avec une confusion qui fait bien voir que son crime est plutôt une punition des dieux, qu'un mouvement de sa volonté.

J'ai même pris soin de la rendre un peu moins odieuse qu'elle n'est dans les tragédies des anciens, où elle se

résout d'elle-même à accuser Hippolyte. J'ai cru que la
calomnie avoit quelque chose de trop bas et de trop
noir pour la mettre dans la bouche d'une princesse qui
a d'ailleurs des sentiments si nobles et si vertueux. Cette
bassesse m'a paru plus convenable à une nourrice, qui
pouvoit avoir des inclinations plus serviles, et qui néan-
moins n'entreprend cette fausse accusation que pour
sauver la vie et l'honneur de sa maîtresse. Phedre n'y
donne les mains que parcequ'elle est dans une agitation
d'esprit qui la met hors d'elle-même; et elle vient un
moment après dans le dessein de justifier l'innocence
et de déclarer la vérité.

Hippolyte est accusé, dans Euripide et dans Séne-
que, d'avoir en effet violé sa belle-mere : *vim corpus
tulit.* Mais il n'est ici accusé que d'en avoir eu le dessein.
J'ai voulu épargner à Thésée une confusion qui l'auroit
pu rendre moins agréable aux spectateurs.

Pour ce qui est du personnage d'Hippolyte, j'avois
remarqué dans les anciens, qu'on reprochoit à Euripide
de l'avoir représenté comme un philosophe exempt de
toute imperfection; ce qui faisoit que la mort de ce
jeune prince causoit beaucoup plus d'indignation que
de pitié. J'ai cru lui devoir donner quelque foiblesse
qui le rendroit un peu coupable envers son pere, sans
pourtant lui rien ôter de cette grandeur d'ame avec
laquelle il épargne l'honneur de Phedre, et se laisse

opprimer sans l'accuser. J'appelle foiblesse la passion
qu'il ressent malgré lui pour Aricie, qui est la fille et la
sœur des ennemis mortels de son pere.

Cette Aricie n'est point un personnage de mon invention. Virgile dit qu'Hippolyte l'épousa, et en eut
un fils, après qu'Esculape l'eut ressuscité : et j'ai lu encore dans quelques auteurs qu'Hippolyte avoit épousé
et emmené en Italie une jeune Athénienne de grande
naissance qui s'appelloit Aricie, et qui avoit donné son
nom à une petite ville d'Italie.

Je rapporte ces autorités, parceque je me suis très
scrupuleusement attaché à suivre la fable. J'ai même
suivi l'histoire de Thésée, telle qu'elle est dans Plutarque.

C'est dans cet historien que j'ai trouvé que ce qui
avoit donné occasion de croire que Thésée fût descendu dans les enfers pour enlever Proserpine, étoit un
voyage que ce prince avoit fait en Épire vers la source
de l'Achéron, chez un roi dont Pirithoüs vouloit enlever la femme, et qui arrêta Thésée prisonnier, après
avoir fait mourir Pirithoüs. Ainsi j'ai tâché de conserver la vraisemblance de l'histoire, sans rien perdre des
ornements de la fable, qui fournit extrêmement à la
poésie. Et le bruit de la mort de Thésée, fondé sur ce
voyage fabuleux, donne lieu à Phedre de faire une dé-
claration d'amour qui devient une des principales cau-

ses de son malheur, et qu'elle n'auroit jamais osé faire
tant qu'elle auroit cru que son mari étoit vivant.

Au reste, je n'ose encore assurer que cette piece
soit en effet la meilleure de mes tragédies; je laisse et
aux lecteurs et au temps à décider de son véritable
prix. Ce que je puis assurer, c'est que je n'en ai point
fait où la vertu soit plus mise en jour que dans celle-ci.
Les moindres fautes y sont sévèrement punies : la seule
pensée du crime y est regardée avec autant d'horreur
que le crime même : les foiblesses de l'amour y passent
pour de vraies foiblesses : les passions n'y sont présen-
tées aux yeux, que pour montrer tout le désordre dont
elles sont cause; et le vice y est peint par-tout avec des
couleurs qui en font connoître et haïr la difformité.
C'est là proprement le but que tout homme qui travaille pour le public doit se proposer; et c'est ce que
les premiers poëtes tragiques avoient en vue sur toute
chose. Leur théâtre étoit une école où la vertu n'étoit
pas moins bien enseignée que dans les écoles des phi-
losophes. Aussi Aristote a bien voulu donner des regles
du poëme dramatique; et Socrate, le plus sage des phi-
losophes, ne dédaignoit pas de mettre la main aux tragédies d'Euripide. Il seroit à souhaiter que nos ouvrages
fussent aussi solides et aussi pleins d'utiles instructions
que ceux de ces poëtes : ce seroit peut-être un moyen
de réconcilier la tragédie avec quantité de personnes

célebres par leur piété et par leur doctrine, qui l'ont condamnée dans ces derniers temps, et qui en jugeroient sans doute plus favorablement, si les auteurs songeoient autant à instruire leurs spectateurs qu'à les divertir, et s'ils suivoient en cela la véritable intention de la tragédie.

ACTEURS.

THÉSÉE, fils d'Égée, roi d'Athenes.

PHEDRE, femme de Thésée, fille de Minos et de Pasiphaé.

HIPPOLYTE, fils de Thésée, et d'Antiope reine des Amazones.

ARICIE, princesse du sang royal d'Athenes.

ŒNONE, nourrice et confidente de Phedre.

THÉRAMENE, gouverneur d'Hippolyte.

ISMENE, confidente d'Aricie.

PANOPE, femme de la suite de Phedre.

GARDES.

La scene est à Trézene, ville du Péloponese.

PHEDRE,

TRAGÉDIE.

ACTE PREMIER.

SCENE I.

HIPPOLYTE, THÉRAMENE.

HIPPOLYTE.

Le dessein en est pris, je pars, cher Théramene,
Et quitte le séjour de l'aimable Trézene.
Dans le doute mortel dont je suis agité,
Je commence à rougir de mon oisiveté.
Depuis plus de six mois éloigné de mon pere,
J'ignore le destin d'une tête si chere,
J'ignore jusqu'aux lieux qui le peuvent cacher.

THÉRAMENE.

Et dans quels lieux, seigneur, l'allez-vous donc chercher?
Déja, pour satisfaire à votre juste crainte,
J'ai couru les deux mers que sépare Corinthe,
J'ai demandé Thésée aux peuples de ces bords

Où l'on voit l'Achéron se perdre chez les morts;
J'ai visité l'Élide, et, laissant le Ténare,
Passé jusqu'à la mer qui vit tomber Icare.
Sur quel espoir nouveau, dans quels heureux climats
Croyez-vous découvrir la trace de ses pas?
Qui sait même, qui sait si le roi votre pere
Veut que de son absènce on sache le mystere?
Et si, lorsqu'avec vous nous tremblons pour ses jours,
Tranquille, et nous cachant de nouvelles amours,
Ce héros n'attend point qu'une amante abusée...

HIPPOLYTE.

Cher Théramene, arrête; et respecte Thésée.
De ses jeunes erreurs désormais revenu,
Par un indigne obstacle il n'est point retenu;
Et fixant de ses vœux l'inconstance fatale
Phedre depuis long-temps ne craint plus de rivale.
Enfin, en le cherchant je suivrai mon devoir,
Et je fuirai ces lieux que je n'ose plus voir.

THÉRAMENE.

Hé! depuis quand, seigneur, craignez-vous la présence
De ces paisibles lieux si chers à votre enfance,
Et dont je vous ai vu préférer le séjour
Au tumulte pompeux d'Athene et de la cour?
Quel péril, ou plutôt quel chagrin vous en chasse?

HIPPOLYTE.

Cet heureux temps n'est plus. Tout a changé de face,

Depuis que sur ces bords les dieux ont envoyé
La fille de Minos et de Pasiphaé.

THÉRAMENE.

J'entends : de vos douleurs la cause m'est connue.
Phedre ici vous chagrine, et blesse votre vue.
Dangereuse marâtre, à peine elle vous vit,
Que votre exil d'abord signala son crédit.
Mais sa haine, sur vous autrefois attachée,
Ou s'est évanouie, ou s'est bien relâchée.
Et d'ailleurs quels périls vous peut faire courir
Une femme mourante, et qui cherche à mourir?
Phedre atteinte d'un mal qu'elle s'obstine à taire,
Lasse enfin d'elle-même et du jour qui l'éclaire,
Peut-elle contre vous former quelques desseins?

HIPPOLYTE.

Sa vaine inimitié n'est pas ce que je crains.
Hippolyte en partant fuit une autre ennemie :
Je fuis, je l'avouerai, cette jeune Aricie,
Reste d'un sang fatal conjuré contre nous.

THÉRAMENE.

Quoi! vous-même, seigneur, la persécutez-vous?
Jamais l'aimable sœur des cruels Pallantides
Trempa-t-elle aux complots de ses freres perfides?
Et devez-vous haïr ses innocents appas?

HIPPOLYTE.

Si je la haïssois, je ne la fuirois pas.

THÉRAMENE.

Seigneur, m'est-il permis d'expliquer votre fuite?
Pourriez-vous n'être plus ce superbe Hippolyte
Implacable ennemi des amoureuses loix
Et d'un joug que Thésée a subi tant de fois?
Vénus, par votre orgueil si long-temps méprisée,
Voudroit-elle à la fin justifier Thésée?
Et vous mettant au rang du reste des mortels,
Vous a-t-elle forcé d'encenser ses autels?
Aimeriez-vous, seigneur?

HIPPOLYTE.

　　　　　　Ami, qu'oses-tu dire?
Toi qui connois mon cœur depuis que je respire,
Des sentiments d'un cœur si fier si dédaigneux
Peux-tu me demander le désaveu honteux?
C'est peu qu'avec son lait une mere amazone
M'ait fait sucer encor cet orgueil qui t'étonne;
Dans un âge plus mûr moi-même parvenu,
Je me suis applaudi, quand je me suis connu.
Attaché près de moi par un zele sincere,
Tu me contois alors l'histoire de mon pere.
Tu sais combien mon ame, attentive à ta voix,
S'échauffoit au récit de ses nobles exploits;
Quand tu me dépeignois ce héros intrépide
Consolant les mortels de l'absence d'Alcide,
Les monstres étouffés, et les brigands punis,

Procruste, Cercyon, et Sciron, et Sinnis,
Et les os dispersés du géant d'Épidaure,
Et la Crete fumant du sang du Minotaure:
Mais quand tu récitois des faits moins glorieux,
Sa foi par-tout offerte et reçue en cent lieux,
Hélene à ses parents dans Sparte dérobée,
Salamine témoin des pleurs de Péribée,
Tant d'autres, dont les noms lui sont même échappés;
Trop crédules esprits que sa flamme a trompés!
Ariane aux rochers contant ses injustices,
Phedre enlevée enfin sous de meilleurs auspices;
Tu sais comme, à regret écoutant ce discours,
Je te pressois souvent d'en abréger le cours.
Heureux si j'avois pu ravir à la mémoire
Cette indigne moitié d'une si belle histoire!
Et moi-même, à mon tour, je me verrois lié!
Et les dieux jusques-là m'auroient humilié!
Dans mes lâches soupirs d'autant plus méprisable,
Qu'un long amas d'honneurs rend Thésée excusable;
Qu'aucuns monstres par moi domtés jusqu'aujourd'hui
Ne m'ont acquis le droit de faillir comme lui!
Quand même ma fierté pourroit s'être adoucie,
Aurois-je pour vainqueur dû choisir Aricie?
Ne souviendroit-il plus à mes sens égarés
De l'obstacle éternel qui nous a séparés?
Mon pere la réprouve; et par des loix séveres

Il défend de donner des neveux à ses freres:
D'une tige coupable il craint un rejetton;
Il veut avec leur sœur ensevelir leur nom;
Et que, jusqu'au tombeau soumise à sa tutele,
Jamais les feux d'hymen ne s'allument pour elle.
Dois-je épouser ses droits contre un pere irrité?
Donnerai-je l'exemple à la témérité?
Et dans un fol amour ma jeunesse embarquée...

THÉRAMENE.

Ah seigneur! si votre heure est une fois marquée,
Le ciel de nos raisons ne sait point s'informer.
Thésée ouvre vos yeux en voulant les fermer;
Et sa haine, irritant une flamme rebelle,
Prête à son ennemie une grace nouvelle.
Enfin, d'un chaste amour pourquoi vous effrayer?
S'il a quelque douceur, n'osez-vous l'essayer?
En croirez-vous toujours un farouche scrupule?
Craint-on de s'égarer sur les traces d'Hercule?
Quels courages Vénus n'a-t-elle pas domtés?
Vous-même où seriez-vous, vous qui la combattez,
Si toujours Antiope à ses loix opposée
D'une pudique ardeur n'eût brûlé pour Thésée?
Mais que sert d'affecter un superbe discours?
Avouez-le, tout change: et, depuis quelques jours,
On vous voit moins souvent, orgueilleux et sauvage,
Tantôt faire voler un char sur le rivage,

Tantôt, savant dans l'art par Neptune inventé,
Rendre docile au frein un coursier indomté;
Les forêts de nos cris moins souvent retentissent;
Chargés d'un feu secret, vos yeux s'appesantissent.
Il n'en faut point douter, vous aimez, vous brûlez;
Vous périssez d'un mal que vous dissimulez.
La charmante Aricie a-t-elle su vous plaire?

HIPPOLYTE.

Théramene, je pars, et vais chercher mon pere.

THÉRAMENE.

Ne verrez-vous point Phedre avant que de partir,
Seigneur?

HIPPOLYTE.

C'est mon dessein; tu peux l'en avertir.
Voyons-la, puisqu'ainsi mon devoir me l'ordonne.
Mais quel nouveau malheur trouble sa chere Œnone?

SCENE II.

HIPPOLYTE, ŒNONE, THÉRAMENE.

ŒNONE.

Hélas! seigneur, quel trouble au mien peut être égal?
La reine touche presque à son terme fatal:
En vain à l'observer jour et nuit je m'attache,
Elle meurt dans mes bras d'un mal qu'elle me cache.

Un désordre éternel regne dans son esprit:
Son chagrin inquiet l'arrache de son lit;
Elle veut voir le jour; et sa douleur profonde
M'ordonne toutefois d'écarter tout le monde...
Elle vient.

HIPPOLYTE.

Il suffit: je la laisse en ces lieux,
Et ne lui montre point un visage odieux.

SCENE III.

PHEDRE, ŒNONE.

PHEDRE.

N'allons point plus avant : demeurons, chere Œnone.
Je ne me soutiens plus; ma force m'abandonne:
Mes yeux sont éblouis du jour que je revoi;
Et mes genoux tremblants se dérobent sous moi.
Hélas!   (Elle s'assied.)

ŒNONE.

Dieux tout-puissants, que nos pleurs vous appaisent!

PHEDRE.

Que ces vains ornements, que ces voiles me pesent!
Quelle importune main, en formant tous ces nœuds,
A pris soin sur mon front d'assembler mes cheveux?
Tout m'afflige et me nuit et conspire à me nuire.

ŒNONE.

Comme on voit tous ses vœux l'un l'autre se détruire!
Vous-même, condamnant vos injustes desseins,
Tantôt à vous parer vous excitiez nos mains;
Vous-même, rappellant votre force premiere,
Vous vouliez vous montrer et revoir la lumiere.
Vous la voyez, madame; et, prête à vous cacher,
Vous haïssez le jour que vous veniez chercher?

PHEDRE.

Noble et brillant auteur d'une triste famille,
Toi, dont ma mere osoit se vanter d'être fille,
Qui peut-être rougis du trouble où tu me vois,
Soleil, je te viens voir pour la derniere fois!

ŒNONE.

Quoi! vous ne perdrez point cette cruelle envie?
Vous verrai-je toujours, renonçant à la vie,
Faire de votre mort les funestes apprêts?

PHEDRE.

Dieux! que ne suis-je assise à l'ombre des forêts!
Quand pourrai-je, au travers d'une noble poussiere,
Suivre de l'œil un char fuyant dans la carriere!

ŒNONE.

Quoi, madame!

PHEDRE.

Insensée, où suis-je? et qu'ai-je dit?
Où laissé-je égarer mes vœux et mon esprit?

Je l'ai perdu : les dieux m'en ont ravi l'usage.
Œnone, la rougeur me couvre le visage :
Je te laisse trop voir mes honteuses douleurs ;
Et mes yeux, malgré moi, se remplissent de pleurs.

ŒNONE.

Ah! s'il vous faut rougir, rougissez d'un silence
Qui de vos maux encore aigrit la violence.
Rebelle à tous nos soins, sourde à tous nos discours,
Voulez-vous, sans pitié, laisser finir vos jours?
Quelle fureur les borne au milieu de leur course?
Quel charme ou quel poison en a tari la source?
Les ombres par trois fois ont obscurci les cieux
Depuis que le sommeil n'est entré dans vos yeux ;
Et le jour a trois fois chassé la nuit obscure
Depuis que votre corps languit sans nourriture.
A quel affreux dessein vous laissez-vous tenter?
De quel droit sur vous-même osez-vous attenter?
Vous offensez les dieux auteurs de votre vie ;
Vous trahissez l'époux à qui la foi vous lie ;
Vous trahissez enfin vos enfants malheureux,
Que vous précipitez sous un joug rigoureux.
Songez qu'un même jour leur ravira leur mere,
Et rendra l'espérance au fils de l'étrangere,
A ce fier ennemi de vous, de votre sang,
Ce fils qu'une Amazone a porté dans son flanc,
Cet Hippolyte...

PHEDRE.

Ah dieux!

ŒNONE.

Ce reproche vous touche?

PHEDRE.

Malheureuse! quel nom est sorti de ta bouche!

ŒNONE.

Hé bien, votre colere éclate avec raison:
J'aime à vous voir frémir à ce funeste nom.
Vivez donc: que l'amour, le devoir vous excite.
Vivez; ne souffrez pas que le fils d'une Scythe,
Accablant vos enfants d'un empire odieux,
Commande au plus beau sang de la Grece et des dieux.
Mais ne différez point; chaque moment vous tue:
Réparez promptement votre force abattue,
Tandis que de vos jours prêts à se consumer
Le flambeau dure encore et peut se rallumer.

PHEDRE.

J'en ai trop prolongé la coupable durée.

ŒNONE.

Quoi! de quelques remords êtes-vous déchirée?
Quel crime a pu produire un trouble si pressant?
Vos mains n'ont point trempé dans le sang innocent?

PHEDRE.

Graces au ciel, mes mains ne sont point criminelles.
Plût aux dieux que mon cœur fût innocent comme elles!

ŒNONE.

Et quel affreux projet avez-vous enfanté
Dont votre cœur encor doive être épouvanté?

PHEDRE.

Je t'en ai dit assez : épargne-moi le reste.
Je meurs, pour ne point faire un aveu si funeste.

ŒNONE.

Mourez donc, et gardez un silence inhumain :
Mais pour fermer vos yeux cherchez une autre main.
Quoiqu'il vous reste à peine une foible lumiere,
Mon ame chez les morts descendra la premiere;
Mille chemins ouverts y conduisent toujours,
Et ma juste douleur choisira les plus courts.
Cruelle! quand ma foi vous a-t-elle déçue?
Songez-vous qu'en naissant mes bras vous ont reçue?
Mon pays, mes enfants, pour vous j'ai tout quitté.
Réserviez-vous ce prix à ma fidélité?

PHEDRE.

Quel fruit esperes-tu de tant de violence?
Tu frémiras d'horreur si je romps le silence.

ŒNONE.

Et que me direz-vous qui ne cede, grands dieux!
A l'horreur de vous voir expirer à mes yeux?

PHEDRE.

Quand tu sauras mon crime, et le sort qui m'accable,
Je n'en mourrai pas moins; j'en mourrai plus coupable.

ŒNONE.

Madame, au nom des pleurs que pour vous j'ai versés,
Par vos foibles genoux que je tiens embrassés,
Délivrez mon esprit de ce funeste doute.

PHEDRE.

Tu le veux : leve-toi.

ŒNONE.

Parlez; je vous écoute.

PHEDRE.

Ciel! que lui vais-je dire? et par où commencer?

ŒNONE.

Par de vaines frayeurs cessez de m'offenser.

PHEDRE.

Ô haine de Vénus! ô fatale colere!
Dans quels égarements l'amour jetta ma mere!

ŒNONE.

Oublions-les, madame; et qu'à tout l'avenir
Un silence éternel cache ce souvenir.

PHEDRE.

Ariane ma sœur! de quel amour blessée,
Vous mourûtes aux bords où vous fûtes laissée!

ŒNONE.

Que faites-vous, madame? et quel mortel ennui
Contre tout votre sang vous anime aujourd'hui?

PHEDRE.

Puisque Vénus le veut, de ce sang déplorable

Je péris la derniere, et la plus misérable.

ŒNONE.

Aimez-vous?

PHEDRE.

De l'amour j'ai toutes les fureurs.

ŒNONE.

Pour qui?

PHEDRE.

Tu vas ouir le comble des horreurs.
J'aime... A ce nom fatal je tremble, je frissonne.
J'aime...

ŒNONE.

Qui?

PHEDRE.

Tu connois ce fils de l'Amazone,
Ce prince si long-temps par moi-même opprimé?

ŒNONE.

Hippolyte? Grands dieux!

PHEDRE.

C'est toi qui l'as nommé!

ŒNONE.

Juste ciel! Tout mon sang dans mes veines se glace!
Ô désespoir! ô crime! ô déplorable race!
Voyage infortuné! Rivage malheureux,
Falloit-il approcher de tes bords dangereux!

PHEDRE.

Mon mal vient de plus loin. A peine au fils d'Égée
Sous les loix de l'hymen je m'étois engagée,
Mon repos, mon bonheur sembloit être affermi;
Athenes me montra mon superbe ennemi:
Je le vis, je rougis, je pâlis à sa vue;
Un trouble s'éleva dans mon ame éperdue;
Mes yeux ne voyoient plus, je ne pouvois parler,
Je sentis tout mon corps et transir, et brûler.
Je reconnus Vénus et ses feux redoutables,
D'un sang qu'elle poursuit tourments inévitables.
Par des vœux assidus je crus les détourner:
Je lui bâtis un temple, et pris soin de l'orner;
De victimes moi-même à toute heure entourée,
Je cherchois dans leurs flancs ma raison égarée:
D'un incurable amour remedes impuissants!
En vain sur les autels ma main brûloit l'encens:
Quand ma bouche imploroit le nom de la déesse,
J'adorois Hippolyte; et, le voyant sans cesse,
Même au pied des autels que je faisois fumer,
J'offrois tout à ce dieu que je n'osois nommer.
Je l'évitois par-tout. Ô comble de misere!
Mes yeux le retrouvoient dans les traits de son pere.
Contre moi-même enfin j'osai me révolter:
J'excitai mon courage à le persécuter.
Pour bannir l'ennemi dont j'étois idolâtre,

J'affectai les chagrins d'une injuste marâtre ;
Je pressai son exil ; et mes cris éternels
L'arracherent du sein et des bras paternels.
Je respirois, Œnone ; et depuis son absence
Mes jours moins agités couloient dans l'innocence :
Soumise à mon époux, et cachant mes ennuis,
De son fatal hymen je cultivois les fruits.
Vaines précautions ! Cruelle destinée !
Par mon époux lui-même à Trézene amenée,
J'ai revu l'ennemi que j'avois éloigné :
Ma blessure trop vive aussitôt a saigné.
Ce n'est plus une ardeur dans mes veines cachée ;
C'est Vénus toute entiere à sa proie attachée.
J'ai conçu pour mon crime une juste terreur :
J'ai pris la vie en haine, et ma flamme en horreur ;
Je voulois en mourant prendre soin de ma gloire,
Et dérober au jour une flamme si noire.
Je n'ai pu soutenir tes larmes, tes combats ;
Je t'ai tout avoué : je ne m'en repens pas,
Pourvu que de ma mort respectant les approches
Tu ne m'affliges plus par d'injustes reproches,
Et que tes vains secours cessent de rappeller
Un reste de chaleur tout prêt à s'exhaler.

SCENE IV.

PHEDRE, ŒNONE, PANOPE.

PANOPE.

Je voudrois vous cacher une triste nouvelle,
Madame; mais il faut que je vous la révele.
La mort vous a ravi votre invincible époux;
Et ce malheur n'est plus ignoré que de vous.

ŒNONE.

Panope, que dis-tu?

PANOPE.

Que la reine abusée
En vain demande au ciel le retour de Thésée;
Et que, par des vaisseaux arrivés dans le port,
Hippolyte son fils vient d'apprendre sa mort.

PHEDRE.

Ciel!

PANOPE.

Pour le choix d'un maître Athenes se partage:
Au prince votre fils l'un donne son suffrage,
Madame; et de l'état l'autre oubliant les loix
Au fils de l'étrangere ose donner sa voix:
On dit même qu'au trône une brigue insolente
Veut placer Aricie et le sang de Pallante.

J'ai cru de ce péril vous devoir avertir.

Déja même Hippolyte est tout prêt à partir;

Et l'on craint, s'il paroît dans ce nouvel orage,

Qu'il n'entraîne après lui tout un peuple volage.

ŒNONE.

Panope, c'est assez : la reine qui t'entend

Ne négligera point cet avis important.

SCENE V.

PHEDRE, ŒNONE.

ŒNONE.

Madame, je cessois de vous presser de vivre,

Déja même au tombeau je songeois à vous suivre;

Pour vous en détourner je n'avois plus de voix :

Mais ce nouveau malheur vous prescrit d'autres loix.

Votre fortune change et prend une autre face :

Le roi n'est plus, madame, il faut prendre sa place.

Sa mort vous laisse un fils à qui vous vous devez :

Esclave s'il vous perd, et roi si vous vivez.

Sur qui, dans son malheur, voulez-vous qu'il s'appuie?

Ses larmes n'auront plus de main qui les essuie;

Et ses cris innocents, portés jusques aux dieux,

Iront contre sa mere irriter ses aïeux.

Vivez; vous n'avez plus de reproche à vous faire:

Votre flamme devient une flamme ordinaire;
Thésée en expirant vient de rompre les nœuds
Qui faisoient tout le crime et l'horreur de vos feux.
Hippolyte pour vous devient moins redoutable;
Et vous pouvez le voir sans vous rendre coupable.
Peut-être, convaincu de votre aversion,
Il va donner un chef à la sédition:
Détrompez son erreur, fléchissez son courage.
Roi de ces bords heureux, Trézene est son partage:
Mais il sait que les loix donnent à votre fils
Les superbes remparts que Minerve a bâtis.
Vous avez l'un et l'autre une juste ennemie:
Unissez-vous tous deux pour combattre Aricie.

PHEDRE.

Hé bien! à tes conseils je me laisse entraîner.
Vivons, si vers la vie on peut me ramener,
Et si l'amour d'un fils, en ce moment funeste,
De mes foibles esprits peut ranimer le reste.

FIN DU PREMIER ACTE.

ACTE SECOND.

SCENE I.

ARICIE, ISMENE.

ARICIE.

HIPPOLYTE demande à me voir en ce lieu?
Hippolyte me cherche et veut me dire adieu?
Ismene, dis-tu vrai? n'es-tu point abusée?

ISMENE.

C'est le premier effet de la mort de Thésée.
Préparez-vous, madame, à voir de tous côtés
Voler vers vous les cœurs par Thésée écartés.
Aricie, à la fin, de son sort est maîtresse,
Et bientôt à ses pieds verra toute la Grece.

ARICIE.

Ce n'est donc point, Ismene, un bruit mal affermi?
Je cesse d'être esclave, et n'ai plus d'ennemi?

ISMENE.

Non, madame, les dieux ne vous sont plus contraires;
Et Thésée a rejoint les mânes de vos freres.

ARICIE.

Dit-on quelle aventure a terminé ses jours?

ISMENE.

On seme de sa mort d'incroyables discours.
On dit que, ravisseur d'une amante nouvelle,
Les flots ont englouti cet époux infidele.
On dit même, et ce bruit est par-tout répandu,
Qu'avec Pirithoüs aux enfers descendu
Il a vu le Cocyte et les rivages sombres,
Et s'est montré vivant aux infernales ombres ;
Mais qu'il n'a pu sortir de ce triste séjour,
Et repasser les bords qu'on passe sans retour.

ARICIE.

Croirai-je qu'un mortel avant sa derniere heure
Peut pénétrer des morts la profonde demeure?
Quel charme l'attiroit sur ces bords redoutés?

ISMENE.

Thésée est mort, madame, et vous seule en doutez :
Athenes en gémit ; Trézene en est instruite,
Et déja pour son roi reconnoît Hippolyte ;
Phedre, dans ce palais tremblante pour son fils,
De ses amis troublés demande les avis.

ARICIE.

Et tu crois que, pour moi plus humain que son pere,
Hippolyte rendra ma chaîne plus légere?
Qu'il plaindra mes malheurs?

ISMENE.

Madame, je le croi.

ARICIE.

L'insensible Hippolyte est-il connu de toi?
Sur quel frivole espoir penses-tu qu'il me plaigne,
Et respecte en moi seule un sexe qu'il dédaigne?
Tu vois depuis quel temps il évite nos pas,
Et cherche tous les lieux où nous ne sommes pas.

ISMENE.

Je sais de ses froideurs tout ce que l'on récite:
Mais j'ai vu près de vous ce superbe Hippolyte;
Et même en le voyant le bruit de sa fierté
A redoublé pour lui ma curiosité.
Sa présence à ce bruit n'a point paru répondre:
Dès vos premiers regards je l'ai vu se confondre;
Ses yeux, qui vainement vouloient vous éviter,
Déja pleins de langueur ne pouvoient vous quitter.
Le nom d'amant peut-être offense son courage;
Mais il en a les yeux, s'il n'en a le langage.

ARICIE.

Que mon cœur, chere Ismene, écoute avidement
Un discours qui peut-être a peu de fondement!
Ô toi qui me connois, te sembloit-il croyable
Que le triste jouet d'un sort impitoyable,
Un cœur toujours nourri d'amertume et de pleurs,
Dût connoître l'amour et ses folles douleurs?
Reste du sang d'un roi noble fils de la Terre,
Je suis seule échappée aux fureurs de la guerre:

J'ai perdu dans la fleur de leur jeune saison
Six freres : quel espoir d'une illustre maison !
Le fer moissonna tout; et la terre humectée
But à regret le sang des neveux d'Érechthée.
Tu sais depuis leur mort quelle sévere loi
Défend à tous les Grecs de soupirer pour moi :
On craint que de la sœur les flammes téméraires
Ne raniment un jour la cendre de ses freres.
Mais tu sais bien aussi de quel œil dédaigneux
Je regardois ce soin d'un vainqueur soupçonneux :
Tu sais que, de tout temps à l'amour opposée,
Je rendois souvent grace à l'injuste Thésée,
Dont l'heureuse rigueur secondoit mes mépris.
Mes yeux alors, mes yeux n'avoient pas vu son fils.
Non que, par les yeux seuls lâchement enchantée,
J'aime en lui sa beauté, sa grace tant vantée,
Présents dont la nature a voulu l'honorér,
Qu'il méprise lui-même, et qu'il semble ignorer :
J'aime, je prise en lui de plus nobles richesses,
Les vertus de son pere, et non point les foiblesses :
J'aime, je l'avouerai, cet orgueil généreux
Qui jamais n'a fléchi sous le joug amoureux.
Phedre en vain s'honoroit des soupirs de Thésée :
Pour moi, je suis plus fiere, et fuis la gloire aisée
D'arracher un hommage à mille autres offert,
Et d'entrer dans un cœur de toutes parts ouvert.

Mais de faire fléchir un courage inflexible,
De porter la douleur dans une ame insensible,
D'enchaîner un captif de ses fers étonné,
Contre un joug qui lui plaît vainement mutiné;
C'est là ce que je veux, c'est là ce qui m'irrite.
Hercule à désarmer coûtoit moins qu'Hippolyte;
Et vaincu plus souvent, et plutôt surmonté,
Préparoit moins de gloire aux yeux qui l'ont domté.
Mais, chere Ismene, hélas! quelle est mon imprudence!
On ne m'opposera que trop de résistance:
Tu m'entendras peut-être, humble dans mon ennui,
Gémir du même orgueil que j'admire aujourd'hui.
Hippolyte aimeroit! Par quel bonheur extrême
Aurois-je pu fléchir...

I S M E N E.

Vous l'entendrez lui-même.

Il vient à vous.

S C E N E I I.

HIPPOLYTE, ARICIE, ISMENE.

H I P P O L Y T E.

Madame, avant que de partir,

J'ai cru de votre sort vous devoir avertir.
Mon pere ne vit plus. Ma juste défiance

Présageoit les raisons de sa trop longue absence:
La mort seule, bornant ses travaux éclatants,
Pouvoit à l'univers le cacher si long-temps.
Les dieux livrent enfin à la parque homicide
L'ami, le compagnon, le successeur d'Alcide.
Je crois que votre haine, épargnant ses vertus,
Écoute sans regret ces noms qui lui sont dus.
Un espoir adoucit ma tristesse mortelle:
Je puis vous affranchir d'une austere tutele;
Je révoque des loix dont j'ai plaint la rigueur.
Vous pouvez disposer de vous, de votre cœur;
Et, dans cette Trézene, aujourd'hui mon partage,
De mon aïeul Pitthée autrefois l'héritage,
Qui m'a sans balancer reconnu pour son roi,
Je vous laisse aussi libre, et plus libre que moi.

A R I C I E.

Modérez des bontés dont l'excès m'embarrasse.
D'un soin si généreux honorer ma disgrace,
Seigneur, c'est me ranger, plus que vous ne pensez,
Sous ces austeres loix dont vous me dispensez.

H I P P O L Y T E.

Du choix d'un successeur Athenes incertaine
Parle de vous, me nomme, et le fils de la reine.

A R I C I E.

De moi, seigneur?

HIPPOLYTE.

Je sais, sans vouloir me flatter,
Qu'une superbe loi semble me rejetter:
La Grece me reproche une mere étrangere.
Mais si pour concurrent je n'avois que mon frere,
Madame, j'ai sur lui de véritables droits
Que je saurois sauver du caprice des loix.
Un frein plus légitime arrête mon audace:
Je vous cede, ou plutôt je vous rends une place,
Un sceptre que jadis vos aïeux ont reçu
De ce fameux mortel que la Terre a conçu.
L'adoption le mit entre les mains d'Égée.
Athenes, par mon pere accrue et protégée,
Reconnut avec joie un roi si généreux,
Et laissa dans l'oubli vos freres malheureux.
Athenes dans ses murs maintenant vous rappelle:
Assez elle a gémi d'une longue querelle;
Assez dans ses sillons votre sang englouti
A fait fumer le champ dont il étoit sorti.
Trézene m'obéit. Les campagnes de Crete
Offrent au fils de Phedre une riche retraite.
L'Attique est votre bien. Je pars, et vais, pour vous,
Réunir tous les vœux partagés entre nous.

ARICIE.

De tout ce que j'entends étonnée et confuse,
Je crains presque, je crains qu'un songe ne m'abuse.

Veillé-je? Puis-je croire un semblable dessein?
Quel dieu, seigneur, quel dieu l'a mis dans votre sein?
Qu'à bon droit votre gloire en tous lieux est semée!·
Et que la vérité passe la renommée!
Vous-même en ma faveur vous voulez vous trahir!
N'étoit-ce pas assez de ne me point haïr?
Et d'avoir si long-temps pu défendre votre ame
De cette inimitié...

HIPPOLYTE.

       Moi, vous haïr, madame!
Avec quelques couleurs qu'on ait peint ma fierté,
Croit-on que dans ses flancs un monstre m'ait porté?
Quelles sauvages mœurs, quelle haine endurcie
Pourroit en vous voyant n'être point adoucie?
Ai-je pu résister au charme décevant...

ARICIE.

Quoi, seigneur!

HIPPOLYTE.

      Je me suis engagé trop avant.
Je vois que la raison cede à la violence:
Puisque j'ai commencé de rompre le silence,
Madame, il faut poursuivre; il faut vous informer
D'un secret que mon cœur ne peut plus renfermer.
    Vous voyez devant vous un prince déplorable,
D'un téméraire orgueil exemple mémorable:
Moi qui, contre l'amour fièrement révolté,

Aux fers de ses captifs ai long-temps insulté;
Qui, des foibles mortels déplorant les naufrages,
Pensois toujours du bord contempler les orages;
Asservi maintenant sous la commune loi,
Par quel trouble me vois-je emporté loin de moi!
Un moment a vaincu mon audace imprudente:
Cette ame si superbe est enfin dépendante.
Depuis près de six mois, honteux, désespéré,
Portant par-tout le trait dont je suis déchiré,
Contre vous, contre moi, vainement je m'éprouve:
Présente je vous fuis, absente je vous trouve;
Dans le fond des forêts votre image me suit;
La lumiere du jour, les ombres de la nuit,
Tout retrace à mes yeux les charmes que j'évite,
Tout vous livre à l'envi le rebelle Hippolyte.
Moi-même, pour tout fruit de mes soins superflus,
Maintenant je me cherche, et ne me trouve plus:
Mon arc, mes javelots, mon char, tout m'importune;
Je ne me souviens plus des leçons de Neptune;
Mes seuls gémissements font retentir les bois,
Et mes coursiers oisifs ont oublié ma voix.

    Peut-être le récit d'un amour si sauvage
Vous fait, en m'écoutant, rougir de votre ouvrage.
D'un cœur qui s'offre à vous quel farouche entretien!
Quel étrange captif pour un si beau lien!
Mais l'offrande à vos yeux en doit être plus chere:

Songez que je vous parle une langue étrangere;
Et ne rejettez pas des vœux mal exprimés,
Qu'Hippolyte sans vous n'auroit jamais formés.

SCENE III.

HIPPOLYTE, ARICIE, THÉRAMENE, ISMENE.

THÉRAMENE.

Seigneur, la reine vient; et je l'ai devancée:
Elle vous cherche.

HIPPOLYTE.

Moi?

THÉRAMENE.

J'ignore sa pensée;
Mais on vous est venu demander de sa part.
Phedre veut vous parler avant votre départ.

HIPPOLYTE.

Phedre! Que lui dirai-je? et que peut-elle attendre...

ARICIE.

Seigneur, vous ne pouvez refuser de l'entendre:
Quoique trop convaincu de son inimitié,
Vous devez à ses pleurs quelque ombre de pitié.

HIPPOLYTE.

Cependant vous sortez. Et je pars : et j'ignore

Si je n'offense point les charmes que j'adore;
J'ignore si ce cœur que je laisse en vos mains...

ARICIE.

Partez, prince, et suivez vos généreux desseins;
Rendez de mon pouvoir Athenes tributaire:
J'accepte tous les dons que vous me voulez faire.
Mais cet empire enfin, si grand, si glorieux,
N'est pas de vos présents le plus cher à mes yeux.

SCENE IV.

HIPPOLYTE, THÉRAMENE.

HIPPOLYTE.

Ami, tout est-il prêt? Mais la reine s'avance.
Va, que pour le départ tout s'arme en diligence:
Fais donner le signal, cours, ordonne; et revien
Me délivrer bientôt d'un fâcheux entretien.

S C E N E V.

PHEDRE, HIPPOLYTE, ŒNONE.

PHEDRE, à Œnone, dans le fond du théâtre.

Le voici. Vers mon cœur tout mon sang se retire.
J'oublie en le voyant ce que je viens lui dire.

ŒNONE.

Souvenez-vous d'un fils qui n'espere qu'en vous.

PHEDRE.

On dit qu'un prompt départ vous éloigne de nous,
Seigneur : à vos douleurs je viens joindre mes larmes ;
Je vous viens pour un fils expliquer mes alarmes.
Mon fils n'a plus de pere ; et le jour n'est pas loin
Qui de ma mort encor doit le rendre témoin.
Déja mille ennemis attaquent son enfance :
Vous seul pouvez contre eux embrasser sa défense.
Mais un secret remords agite mes esprits :
Je crains d'avoir fermé votre oreille à ses cris ;
Je tremble que sur lui votre juste colere
Ne poursuive bientôt une odieuse mere.

HIPPOLYTE.

Madame, je n'ai point des sentiments si bas.

PHEDRE.

Quand vous me haïriez, je ne m'en plaindrois pas,

Seigneur : vous m'avez vue attachée à vous nuire ;
Dans le fond de mon cœur vous ne pouviez pas lire.
A votre inimitié j'ai pris soin de m'offrir ;
Aux bords que j'habitois je n'ai pu vous souffrir ;
En public, en secret, contre vous déclarée,
J'ai voulu par des mers en être séparée ;
J'ai même défendu, par une expresse loi,
Qu'on osât prononcer votre nom devant moi :
Si pourtant à l'offense on mesure la peine,
Si la haine peut seule attirer votre haine,
Jamais femme ne fut plus digne de pitié,
Et moins digne, seigneur, de votre inimitié.

HIPPOLYTE.

Des droits de ses enfants une mere jalouse
Pardonne rarement au fils d'une autre épouse ;
Madame, je le sais : les soupçons importuns
Sont d'un second hymen les fruits les plus communs.
Toute autre auroit pour moi pris les mêmes ombrages,
Et j'en aurois peut-être essuyé plus d'outrages.

PHEDRE.

Ah seigneur ! que le ciel, j'ose ici l'attester,
De cette loi commune a voulu m'excepter !
Qu'un soin bien différent me trouble et me dévore !

HIPPOLYTE.

Madame, il n'est pas temps de vous troubler encore :
Peut-être votre époux voit encore le jour ;

Le ciel peut à nos pleurs accorder son retour.
Neptune le protege, et ce dieu tutélaire
Ne sera pas en vain imploré par mon pere.

PHEDRE.

On ne voit point deux fois le rivage des morts,
Seigneur : puisque Thésée a vu les sombres bords,
En vain vous espérez qu'un dieu vous le renvoie ;
Et l'avare Achéron ne lâche point sa proie.
Que dis-je ? il n'est point mort, puisqu'il respire en vous.
Toujours devant mes yeux je crois voir mon époux :
Je le vois, je lui parle ; et mon cœur... Je m'égare,
Seigneur ; ma folle ardeur malgré moi se déclare.

HIPPOLYTE.

Je vois de votre amour l'effet prodigieux :
Tout mort qu'il est, Thésée est présent à vos yeux ;
Toujours de son amour votre ame est embrasée.

PHEDRE.

Oui, prince, je languis, je brûle pour Thésée :
Je l'aime, non point tel que l'ont vu les enfers,
Volage adorateur de mille objets divers,
Qui va du dieu des morts déshonorer la couche ;
Mais fidele, mais fier, et même un peu farouche,
Charmant, jeune, traînant tous les cœurs après soi,
Tel qu'on dépeint nos dieux, ou tel que je vous voi.
Il avoit votre port, vos yeux, votre langage ;
Cette noble pudeur coloroit son visage

Lorsque de notre Crete il traversa les flots,
Digne sujet des vœux des filles de Minos.
Que faisiez-vous alors? pourquoi, sans Hippolyte,
Des héros de la Grece assembla-t-il l'élite?
Pourquoi, trop jeune encor, ne pûtes-vous alors
Entrer dans le vaisseau qui le mit sur nos bords?
Par vous auroit péri le monstre de la Crete
Malgré tous les détours de sa vaste retraite:
Pour en développer l'embarras incertain,
Ma sœur du fil fatal eût armé votre main.
Mais non; dans ce dessein je l'aurois devancée;
L'amour m'en eût d'abord inspiré la pensée:
C'est moi, prince, c'est moi, dont l'utile secours
Vous eût du labyrinthe enseigné les détours.
Que de soins m'eût coûtés cette tête charmante!
Un fil n'eût point assez rassuré votre amante:
Compagne du péril qu'il vous falloit chercher,
Moi-même devant vous j'aurois voulu marcher;
Et Phedre au labyrinthe avec vous descendue
Se seroit avec vous retrouvée ou perdue.

HIPPOLYTE.

Dieux! qu'est-ce que j'entends! Madame, oubliez-vous
Que Thésée est mon pere, et qu'il est votre époux?

PHEDRE.

Et sur quoi jugez-vous que j'en perds la mémoire,
Prince? Aurois-je perdu tout le soin de ma gloire?

HIPPOLYTE.

Madame, pardonnez : j'avoue, en rougissant,
Que j'accusois à tort un discours innocent.
Ma honte ne peut plus soutenir votre vue;
Et je vais...

PHEDRE.

          Ah cruel! tu m'as trop entendue!
Je t'en ai dit assez pour te tirer d'erreur.
Hé bien! connois donc Phedre et toute sa fureur:
J'aime. Ne pense pas qu'au moment que je t'aime,
Innocente à mes yeux je m'approuve moi-même,
Ni que du fol amour qui trouble ma raison
Ma lâche complaisance ait nourri le poison;
Objet infortuné des vengeances célestes,
Je m'abhorre encor plus que tu ne me détestes.
Les dieux m'en sont témoins; ces dieux qui dans mon flanc
Ont allumé le feu fatal à tout mon sang;
Ces dieux qui se sont fait une gloire cruelle
De séduire le cœur d'une foible mortelle.
Toi-même en ton esprit rappelle le passé:
C'est peu de t'avoir fui, cruel, je t'ai chassé;
J'ai voulu te paroître odieuse, inhumaine;
Pour mieux te résister, j'ai recherché ta haine.
De quoi m'ont profité mes inutiles soins!
Tu me haïssois plus: je ne t'aimois pas moins;
Tes malheurs te prêtoient encor de nouveaux charmes.

J'ai langui, j'ai séché dans les feux, dans les larmes :
Il suffit de tes yeux pour t'en persuader,
Si tes yeux un moment pouvoient me regarder.
Que dis-je? cet aveu que je te viens de faire,
Cet aveu si honteux, le crois-tu volontaire?
Tremblante pour un fils que je n'osois trahir,
Je te venois prier de ne le point haïr :
Foibles projets d'un cœur trop plein de ce qu'il aime!
Hélas! je ne t'ai pu parler que de toi-même!
Venge-toi, punis-moi d'un odieux amour :
Digne fils du héros qui t'a donné le jour,
Délivre l'univers d'un monstre qui t'irrite.
La veuve de Thésée ose aimer Hippolyte!
Crois-moi, ce monstre affreux ne doit point t'échapper :
Voilà mon cœur; c'est là que ta main doit frapper.
Impatient déja d'expier son offense,
Au-devant de ton bras je le sens qui s'avance.
Frappe : ou si tu le crois indigne de tes coups,
Si ta haine m'envie un supplice si doux,
Ou si d'un sang trop vil ta main seroit trempée,
Au défaut de ton bras prête-moi ton épée;
Donne.

ŒNONE.

Que faites-vous, madame! Justes dieux!
Mais on vient : évitez des témoins odieux.
Venez, rentrez, fuyez une honte certaine.

S C E N E V I.

HIPPOLYTE, THÉRAMENE.

———

THÉRAMENE.

Est-ce Phedre qui fuit, ou plutôt qu'on entraîne?
Pourquoi, seigneur, pourquoi ces marques de douleur?
Je vous vois sans épée, interdit, sans couleur.

HIPPOLYTE.

Théramene, fuyons. Ma surprise est extrême:
Je ne puis sans horreur me regarder moi-même.
Phedre... Mais non, grands dieux! qu'en un profond oubli
Cet horrible secret demeure enseveli.

THÉRAMENE.

Si vous voulez partir, la voile est préparée:
Mais Athenes, seigneur, s'est déja déclarée;
Ses chefs ont pris les voix de toutes ses tribus;
Votre frere l'emporte, et Phedre a le dessus.

HIPPOLYTE.

Phedre?

THÉRAMENE.

    Un héraut chargé des volontés d'Athenes
De l'état en ses mains vient remettre les rênes.
Son fils est roi, seigneur.

ToME II.   55

HIPPOLYTE.

Dieux, qui la connoissez,
Est-ce donc sa vertu que vous récompensez!

THÉRAMENE.

Cependant un bruit sourd veut que le roi respire;
On prétend que Thésée a paru dans l'Épire:
Mais moi, qui l'y cherchai, seigneur, je sais trop bien...

HIPPOLYTE.

N'importe; écoutons tout, et ne négligeons rien.
Examinons ce bruit, remontons à sa source:
S'il ne mérite pas d'interrompre ma course,
Partons; et quelque prix qu'il en puisse coûter,
Mettons le sceptre aux mains dignes de le porter.

FIN DU SECOND ACTE.

ACTE TROISIEME.

SCENE I.

PHEDRE, ŒNONE.

PHEDRE.

Ah! que l'on porte ailleurs les honneurs qu'on m'envoie :
Importune, peux-tu souhaiter qu'on me voie ?
De quoi viens-tu flatter mon esprit désolé ?
Cache-moi bien plutôt : je n'ai que trop parlé.
Mes fureurs au dehors ont osé se répandre :
J'ai dit ce que jamais on ne devoit entendre.
Ciel ! comme il m'écoutoit ! Par combien de détours
L'insensible a long-temps éludé mes discours !
Comme il ne respiroit qu'une retraite prompte !
Et combien sa rougeur a redoublé ma honte !
Pourquoi détournois-tu mon funeste dessein ?
Hélas ! quand son épée alloit chercher mon sein,
A-t-il pâli pour moi ! me l'a-t-il arrachée !
Il suffit que ma main l'ait une fois touchée,
Je l'ai rendue horrible à ses yeux inhumains ;
Et ce fer malheureux profaneroit ses mains.

ŒNONE.

Ainsi, dans vos malheurs ne songeant qu'à vous plaindre,
Vous nourrissez un feu qu'il vous faudroit éteindre.
Ne vaudroit-il pas mieux, digne sang de Minos,
Dans de plus nobles soins chercher votre repos?
Contre un ingrat qui plaît recourir à la fuite?
Régner, et de l'état embrasser la conduite?

P H E D R E.

Moi, régner! moi, ranger un état sous ma loi,
Quand ma foible raison ne regne plus sur moi!
Lorsque j'ai de mes sens abandonné l'empire!
Quand sous un joug honteux à peine je respire!
Quand je me meurs!

ŒNONE.

Fuyez.

P H E D R E.

Je ne le puis quitter!

ŒNONE.

Vous l'osâtes bannir, vous n'osez l'éviter?

P H E D R E.

Il n'est plus temps : il sait mes ardeurs insensées.
De l'austere pudeur les bornes sont passées :
J'ai déclaré ma honte aux yeux de mon vainqueur;
Et l'espoir malgré moi s'est glissé dans mon cœur.
Toi-même rappellant ma force défaillante,
Et mon ame déja sur mes levres errante,

Par tes conseils flatteurs tu m'as su ranimer;
Tu m'as fait entrevoir que je pouvois l'aimer.

ŒNONE.

Hélas! de vos malheurs innocente ou coupable,
De quoi pour vous sauver n'étois-je point capable?
Mais si jamais l'offense irrita vos esprits,
Pouvez-vous d'un superbe oublier les mépris?
Avec quels yeux cruels sa rigueur obstinée
Vous laissoit à ses pieds peu s'en faut prosternée!
Que son farouche orgueil le rendoit odieux!
Que Phedre en ce moment n'avoit-elle mes yeux!

PHEDRE.

Œnone, il peut quitter cet orgueil qui te blesse;
Nourri dans les forêts, il en a la rudesse.
Hippolyte, endurci par de sauvages loix,
Entend parler d'amour pour la premiere fois:
Peut-être sa surprise a causé son silence;
Et nos plaintes peut-être ont trop de violence.

ŒNONE.

Songez qu'une barbare en son sein l'a formé.

PHEDRE.

Quoique Scythe et barbare, elle a pourtant aimé.

ŒNONE.

Il a pour tout le sexe une haine fatale.

PHEDRE.

Je ne me verrai point préférer de rivale.

Enfin tous tes conseils ne sont plus de saison :
Sers ma fureur, Œnone, et non point ma raison.
Il oppose à l'amour un cœur inaccessible :
Cherchons pour l'attaquer quelque endroit plus sensible.
Les charmes d'un empire ont paru le toucher,
Athenes l'attiroit, il n'a pu s'en cacher;
Déja de ses vaisseaux la pointe étoit tournée,
Et la voile flottoit aux vents abandonnée.
Va trouver de ma part ce jeune ambitieux,
Œnone; fais briller la couronne à ses yeux :
Qu'il mette sur son front le sacré diadême;
Je ne veux que l'honneur de l'attacher moi-même.
Cédons-lui ce pouvoir que je ne puis garder.
Il instruira mon fils dans l'art de commander;
Peut-être il voudra bien lui tenir lieu de pere :
Je mets sous son pouvoir et le fils et la mere.
Pour le fléchir enfin tente tous les moyens;
Tes discours trouveront plus d'accès que les miens:
Presse, pleure, gémis; peins-lui Phedre mourante;
Ne rougis point de prendre une voix suppliante :
Je t'avouerai de tout, je n'espere qu'en toi.
Va : j'attends ton retour pour disposer de moi.

SCENE II.

PHEDRE.

Ô toi, qui vois la honte où je suis descendue,
Implacable Vénus, suis-je assez confondue !
Tu ne saurois plus loin pousser ta cruauté :
Ton triomphe est parfait ; tous tes traits ont porté.
Cruelle ! si tu veux une gloire nouvelle,
Attaque un ennemi qui te soit plus rebelle.
Hippolyte te fuit, et, bravant ton courroux,
Jamais à tes autels n'a fléchi les genoux ;
Ton nom semble offenser ses superbes oreilles :
Déesse, venge-toi ; nos causes sont pareilles.
Qu'il aime. Mais déja tu reviens sur tes pas,
Œnone ? On me déteste ; on ne t'écoute pas.

SCENE III.

PHEDRE, ŒNONE.

ŒNONE.

Il faut d'un vain amour étouffer la pensée,
Madame ; rappellez votre vertu passée :

Le roi, qu'on a cru mort, va paroître à vos yeux;
Thésée est arrivé, Thésée est en ces lieux.
Le peuple pour le voir court et se précipite.
Je sortois par votre ordre, et cherchois Hippolyte,
Lorsque jusques au ciel mille cris élancés...

P H E D R E.

Mon époux est vivant, Œnone; c'est assez.
J'ai fait l'indigne aveu d'un amour qui l'outrage:
Il vit : je ne veux pas en savoir davantage.

Œ N O N E.

Quoi?

P H E D R E.

Je te l'ai prédit; mais tu n'as pas voulu:
Sur mes justes remords tes pleurs ont prévalu.
Je mourois ce matin digne d'être pleurée:
J'ai suivi tes conseils; je meurs déshonorée.

Œ N O N E.

Vous mourez?

P H E D R E.

Juste ciel! qu'ai-je fait aujourd'hui!
Mon époux va paroître, et son fils avec lui!
Je verrai le témoin de ma flamme adultere
Observer de quel front j'ose aborder son pere,
Le cœur gros de soupirs qu'il n'a point écoutés,
L'œil humide de pleurs par l'ingrat rebutés!
Penses-tu que, sensible à l'honneur de Thésée,

Il lui cache l'ardeur dont je suis embrasée?
Laissera-t-il trahir et son pere et son roi?
Pourra-t-il contenir l'horreur qu'il a pour moi?
Il se tairoit en vain : je sais mes perfidies,
Œnone, et ne suis point de ces femmes hardies
Qui goûtant dans le crime une tranquille paix
Ont su se faire un front qui ne rougit jamais ;
Je connois mes fureurs, je les rappelle toutes :
Il me semble déja que ces murs, que ces voûtes
Vont prendre la parole, et, prêts à m'accuser,
Attendent mon époux pour le désabuser.
Mourons : de tant d'horreurs qu'un trépas me délivre.
Est-ce un malheur si grand que de cesser de vivre?
La mort aux malheureux ne cause point d'effroi.
Je ne crains que le nom que je laisse après moi :
Pour mes tristes enfants quel affreux héritage !
Le sang de Jupiter doit enfler leur courage : ·
Mais, quelque juste orgueil qu'inspire un sang si beau,
Le crime d'une mere est un pesant fardeau.
Je tremble qu'un discours, hélas! trop véritable,
Un jour ne leur reproche une mere coupable :
Je tremble qu'opprimés de ce poids odieux
L'un ni l'autre jamais n'ose lever les yeux.

ŒNONE.

Il n'en faut point douter, je les plains l'un et l'autre.
Jamais crainte ne fut plus juste que la vôtre.

Mais à de tels affronts pourquoi les exposer?
Pourquoi contre vous-même allez-vous déposer?
C'en est fait : on dira que Phedre, trop coupable,
De son époux trahi fuit l'aspect redoutable.
Hippolyte est heureux qu'aux dépens de vos jours
Vous-même en expirant appuyiez ses discours.
A votre accusateur que pourrai-je répondre?
Je serai devant lui trop facile à confondre :
De son triomphe affreux je le verrai jouir,
Et conter votre honte à qui voudra l'ouir.
Ah! que plutôt du ciel la flamme me dévore!
Mais, ne me trompez point, vous est-il cher encore?
De quel œil voyez-vous ce prince audacieux?

PHEDRE.

Je le vois comme un monstre effroyable à mes yeux.

ŒNONE.

Pourquoi donc lui céder une victoire entiere?
Vous le craignez; osez l'accuser la premiere
Du crime dont il peut vous charger aujourd'hui.
Qui vous démentira? Tout parle contre lui :
Son épée en vos mains heureusement laissée,
Votre trouble présent, votre douleur passée,
Son pere par vos cris dès long-temps prévenu,
Et déja son exil par vous-même obtenu.

PHEDRE.

Moi, que j'ose opprimer et noircir l'innocence!

ŒNONE.

Mon zele n'a besoin que de votre silence.
Tremblante comme vous, j'en sens quelques remords:
Vous me verriez plus prompte affronter mille morts.
Mais, puisque je vous perds sans ce triste remede,
Votre vie est pour moi d'un prix à qui tout cede:
Je parlerai. Thésée, aigri par mes avis,
Bornera sa vengeance à l'exil de son fils:
Un pere, en punissant, madame, est toujours pere;
Un supplice léger suffit à sa colere.
Mais le sang innocent dût-il être versé,
Que ne demande point votre honneur menacé?
C'est un trésor trop cher pour oser le commettre.
Quelque loi qu'il vous dicte, il faut vous y soumettre,
Madame; et pour sauver notre honneur combattu,
Il faut immoler tout, et même la vertu.
On vient; je vois Thésée.

PHEDRE.

Ah! je vois Hippolyte:
Dans ses yeux insolents je vois ma perte écrite.
Fais ce que tu voudras, je m'abandonne à toi:
Dans le trouble où je suis, je ne puis rien pour moi.

SCENE IV.

THÉSÉE, HIPPOLYTE, PHEDRE, ŒNONE, THÉRAMENE.

THÉSÉE.

La fortune à mes vœux cesse d'être opposée,
Madame, et dans vos bras met...

PHEDRE.

Arrêtez, Thésée,
Et ne profanez point des transports si charmants:
Je ne mérite plus ces doux empressements;
Vous êtes offensé. La fortune jalouse
N'a pas en votre absence épargné votre épouse.
Indigne de vous plaire et de vous approcher,
Je ne dois désormais songer qu'à me cacher.

SCENE V.

THÉSÉE, HIPPOLYTE, THÉRAMENE.

THÉSÉE.

Quel est l'étrange accueil qu'on fait à votre pere,
Mon fils?

HIPPOLYTE.
Phedre peut seule expliquer ce mystere.
Mais, si mes vœux ardents vous peuvent émouvoir,
Permettez-moi, seigneur, de ne la plus revoir;
Souffrez que pour jamais le tremblant Hippolyte
Disparoisse des lieux que votre épouse habite.

THÉSÉE.
Vous, mon fils, me quitter?

HIPPOLYTE.
                          Je ne la cherchois pas;
C'est vous qui sur ces bords conduisîtes ses pas.
Vous daignâtes, seigneur, aux rives de Trézene
Confier en partant Aricie et la reine:
Je fus même chargé du soin de les garder.
Mais quels soins désormais peuvent me retarder?
Assez dans les forêts mon oisive jeunesse
Sur de vils ennemis a montré son adresse:
Ne pourrai-je, en fuyant un indigne repos,
D'un sang plus glorieux teindre mes javelots?
Vous n'aviez pas encore atteint l'âge où je touche,
Déja plus d'un tyran, plus d'un monstre farouche
Avoit de votre bras senti la pesanteur;
Déja, de l'insolence heureux persécuteur,
Vous aviez des deux mers assuré les rivages;
Le libre voyageur ne craignoit plus d'outrages;
Hercule, respirant sur le bruit de vos coups,

Déja de son travail se reposoit sur vous:
Et moi, fils inconnu d'un si glorieux pere,
Je suis même encor loin des traces de ma mere!
Souffrez que mon courage ose enfin s'occuper:
Souffrez, si quelque monstre a pu vous échapper,
Que j'apporte à vos pieds sa dépouille honorable;
Ou que d'un beau trépas la mémoire durable,
Éternisant des jours si noblement finis,
Prouve à tout l'avenir que j'étois votre fils.

THÉSÉE.

Que vois-je? Quelle horreur dans ces lieux répandue
Fait fuir devant mes yeux ma famille éperdue?
Si je reviens si craint et si peu desiré,
Ô ciel, de ma prison pourquoi m'as-tu tiré?
Je n'avois qu'un ami: son imprudente flamme
Du tyran de l'Épire alloit ravir la femme;
Je servois à regret ses desseins amoureux;
Mais le sort irrité nous aveugloit tous deux.
Le tyran m'a surpris sans défense et sans armes.
J'ai vu Pirithoüs, triste objet de mes larmes,
Livré par ce barbare à des monstres cruels
Qu'il nourrissoit du sang des malheureux mortels.
Moi-même il m'enferma dans des cavernes sombres,
Lieux profonds et voisins de l'empire des ombres.
Les dieux, après six mois, enfin m'ont regardé:
J'ai su tromper les yeux par qui j'étois gardé.

D'un perfide ennemi j'ai purgé la nature :
A ses monstres lui-même a servi de pâture.
Et lorsqu'avec transport je pense m'approcher
De tout ce que les dieux m'ont laissé de plus cher ;
Que dis-je ? quand mon ame, à soi-même rendue,
Vient se rassasier d'une si chere vue ;
Je n'ai pour tout accueil que des frémissements ;
Tout fuit, tout se refuse à mes embrassements :
Et moi-même, éprouvant la terreur que j'inspire,
Je voudrois être encor dans les prisons d'Épire.
Parlez. Phedre se plaint que je suis outragé.
Qui m'a trahi ? Pourquoi ne suis-je pas vengé ?
La Grece, à qui mon bras fut tant de fois utile,
A-t-elle au criminel accordé quelque asyle ?
Vous ne répondez point. Mon fils, mon propre fils,
Est-il d'intelligence avec mes ennemis ?
Entrons : c'est trop garder un doute qui m'accable.
Connoissons à la fois le crime et le coupable :
Que Phedre explique enfin le trouble où je la voi.

SCENE VI.

HIPPOLYTE, THÉRAMENE.

HIPPOLYTE.

Où tendoit ce discours qui m'a glacé d'effroi?
Phedre, toujours en proie à sa fureur extrême,
Veut-elle s'accuser et se perdre elle-même?
Dieux! que dira le roi? Quel funeste poison
L'amour a répandu sur toute sa maison!
Moi-même, plein d'un feu que sa haine réprouve,
Quel il m'a vu jadis, et quel il me retrouve!
De noirs pressentiments viennent m'épouvanter.
Mais l'innocence enfin n'a rien à redouter:
Allons; cherchons ailleurs par quelle heureuse adresse
Je pourrai de mon pere émouvoir la tendresse,
Et lui dire un amour qu'il peut vouloir troubler,·
Mais que tout son pouvoir ne sauroit ébranler.

FIN DU TROISIEME ACTE.

ACTE QUATRIEME.

SCENE I.

THÉSÉE, ŒNONE.

THÉSÉE.

Aн! qu'est-ce que j'entends! Un traître, un téméraire
Préparoit cet outrage à l'honneur de son pere!
Avec quelle rigueur, destin, tu me poursuis!
Je ne sais où je vais, je ne sais où je suis.
Ô tendresse! ô bonté trop mal récompensée!
Projet audacieux! détestable pensée!
Pour parvenir au but de ses noires amours,
L'insolent de la force empruntoit le secours!
J'ai reconnu le fer, instrument de sa rage,
Ce fer dont je l'armai pour un plus noble usage.
Tous les liens du sang n'ont pu le retenir!
Et Phedre différoit à le faire punir!
Le silence de Phedre épargnoit le coupable!

ŒNONE.

Phedre épargnoit toujours un pere déplorable.
Honteuse du dessein d'un amant furieux
Et du feu criminel qu'il a pris dans ses yeux,

Phedre mouroit, seigneur, et sa main meurtriere
Éteignoit de ses yeux l'innocente lumiere.
J'ai vu lever le bras, j'ai couru la sauver :
Moi seule à votre amour j'ai su la conserver ;
Et, plaignant à la fois son trouble et vos alarmes,
J'ai servi, malgré moi, d'interprete à ses larmes.

THÉSÉE.

Le perfide ! il n'a pu s'empêcher de pâlir :
De crainte, en m'abordant, je l'ai vu tressaillir.
Je me suis étonné de son peu d'alégresse :
Ses froids embrassements ont glacé ma tendresse.
Mais ce coupable amour dont il est dévoré
Dans Athenes déja s'étoit-il déclaré ?

ŒNONE.

Seigneur, souvenez-vous des plaintes de la reine.
Un amour criminel causa toute sa haine.

THÉSÉE.

Et ce feu dans Trézene a donc recommencé ?

ŒNONE.

Je vous ai dit, seigneur, tout ce qui s'est passé.
C'est trop laisser la reine à sa douleur mortelle ;
Souffrez que je vous quitte et me range auprès d'elle.

SCENE II.

THÉSÉE, HIPPOLYTE.

THÉSÉE.

Ah! le voici. Grands dieux! à ce noble maintien
Quel œil ne seroit pas trompé comme le mien?
Faut-il que sur le front d'un profane adultere
Brille de la vertu le sacré caractere!
Et ne devroit-on pas à des signes certains
Reconnoître le cœur des perfides humains!

HIPPOLYTE.

Puis-je vous demander quel funeste nuage,
Seigneur, a pu troubler votre auguste visage?
N'osez-vous confier ce secret à ma foi?

THÉSÉE.

Perfide! oses-tu bien te montrer devant moi?
Monstre, qu'a trop long-temps épargné le tonnerre,
Reste impur des brigands dont j'ai purgé la terre!
Après que le transport d'un amour plein d'horreur
Jusqu'au lit de ton pere a porté ta fureur,
Tu m'oses présenter une tête ennemie!
Tu parois dans des lieux pleins de ton infamie!
Et ne vas pas chercher, sous un ciel inconnu,
Des pays où mon nom ne soit point parvenu!

Fuis, traître. Ne viens point braver ici ma haine,
Et tenter un courroux que je retiens à peine:
C’est bien assez pour moi de l’opprobre éternel
D’avoir pu mettre au jour un fils si criminel,
Sans que ta mort encor, honteuse à ma mémoire,
De mes nobles travaux vienne souiller la gloire.
Fuis : et si tu ne veux qu’un châtiment soudain
T’ajoute aux scélérats qu’a punis cette main,
Prends garde que jamais l’astre qui nous éclaire
Ne te voie en ces lieux mettre un pied téméraire.
Fuis, dis-je; et sans retour précipitant tes pas
De ton horrible aspect purge tous mes états.

 Et toi, Neptune, et toi, si jadis mon courage
D’infâmes assassins nettoya ton rivage,
Souviens-toi que, pour prix de mes efforts heureux,
Tu promis d’exaucer le premier de mes vœux.
Dans les longues rigueurs d’une prison cruelle
Je n’ai point imploré ta puissance immortelle;
Avare du secours que j’attends de tes soins,
Mes vœux t’ont réservé pour de plus grands besoins:
Je t’implore aujourd’hui. Venge un malheureux pere:
J’abandonne ce traître à toute ta colere;
Étouffe dans son sang ses desirs effrontés.
Thésée à tes fureurs connoîtra tes bontés.

HIPPOLYTE.

D’un amour criminel Phedre accuse Hippolyte!

Un tel excès d'horreur rend mon ame interdite :
Tant de coups imprévus m'accablent à la fois,
Qu'ils m'ôtent la parole, et m'étouffent la voix.

THÉSÉE.

Traître, tu prétendois qu'en un lâche silence
Phedre enseveliroit ta brutale insolence :
Il falloit, en fuyant, ne pas abandonner
Le fer qui dans ses mains aide à te condamner ;
Ou plutôt il falloit, comblant ta perfidie,
Lui ravir tout d'un coup la parole et la vie.

HIPPOLYTE.

D'un mensonge si noir justement irrité,
Je devrois faire ici parler la vérité,
Seigneur : mais je supprime un secret qui vous touche.
Approuvez le respect qui me ferme la bouche ;
Et, sans vouloir vous-même augmenter vos ennuis,
Examinez ma vie, et songez qui je suis.
Quelques crimes toujours précedent les grands crimes ;
Quiconque a pu franchir les bornes légitimes
Peut violer enfin les droits les plus sacrés :
Ainsi que la vertu, le crime a ses degrés ;
Et jamais on n'a vu la timide innocence
Passer subitement à l'extrême licence.
Un jour seul ne fait point d'un mortel vertueux
Un perfide assassin, un lâche incestueux.
Élevé dans le sein d'une chaste héroïne,

Je n'ai point de son sang démenti l'origine.
Pitthée, estimé sage entre tous les humains,
Daigna m'instruire encore au sortir de ses mains.
Je ne veux point me peindre avec trop d'avantage:
Mais si quelque vertu m'est tombée en partage,
Seigneur, je crois sur-tout avoir fait éclater
La haine des forfaits qu'on ose m'imputer.
C'est par-là qu'Hippolyte est connu dans la Grece.
J'ai poussé la vertu jusques à la rudesse:
On sait de mes chagrins l'inflexible rigueur.
Le jour n'est pas plus pur que le fond de mon cœur.
Et l'on veut qu'Hippolyte, épris d'un feu profane...

THÉSÉE.

Oui, c'est ce même orgueil, lâche! qui te condamne.
Je vois de tes froideurs le principe odieux:
Phedre seule charmoit tes impudiques yeux;
Et pour tout autre objet ton ame indifférente
Dédaignoit de brûler d'une flamme innocente.

HIPPOLYTE.

Non, mon pere, ce cœur, c'est trop vous le celer,
N'a point d'un chaste amour dédaigné de brûler.
Je confesse à vos pieds ma véritable offense:
J'aime, j'aime, il est vrai, malgré votre défense.
Aricie à ses loix tient mes vœux asservis;
La fille de Pallante a vaincu votre fils:
Je l'adore; et mon ame, à vos ordres rebelle,

Ne peut ni soupirer ni brûler que pour elle.

T H É S É E.

Tu l'aimes? ciel! Mais non, l'artifice est grossier:
Tu te feins criminel pour te justifier.

H I P P O L Y T E.

Seigneur, depuis six mois je l'évite, et je l'aime:
Je venois, en tremblant, vous le dire à vous-même.
Hé quoi! de votre erreur rien ne vous peut tirer?
Par quel affreux serment faut-il vous rassurer?
Que la terre, le ciel, que toute la nature...

T H É S É E.

Toujours les scélérats ont recours au parjure.
Cesse, cesse, et m'épargne un importun discours,
Si ta fausse vertu n'a point d'autre secours.

H I P P O L Y T E.

Elle vous paroît fausse et pleine d'artifice:
Phedre au fond de son cœur me rend plus de justice.

T H É S É E.

Ah! que ton impudence excite mon courroux!

H I P P O L Y T E.

Quel temps à mon exil, quel lieu prescrivez-vous?

T H É S É E.

Fusses-tu par-delà les colonnes d'Alcide,
Je me croirois encor trop voisin d'un perfide.

H I P P O L Y T E.

Chargé du crime affreux dont vous me soupçonnez,

Quels amis me plaindront quand vous m'abandonnez?

T H É S É E.

Va chercher des amis dont l'estime funeste
Honore l'adultere, applaudisse à l'inceste;
Des traîtres, des ingrats sans honneur et sans loi,
Dignes de protéger un méchant tel que toi.

H I P P O L Y T E.

Vous me parlez toujours d'inceste et d'adultere:
Je me tais. Cependant Phedre sort d'une mere,
Phedre est d'un sang, seigneur, vous le savez trop bien,
De toutes ces horreurs plus rempli que le mien.

T H É S É E.

Quoi! ta rage à mes yeux perd toute retenue?
Pour la derniere fois ôte-toi de ma vue.
Sors, traître : n'attends pas qu'un pere furieux
Te fasse avec opprobre arracher de ces lieux.

S C E N E   I I I.

T H É S É E.

Misérable, tu cours à ta perte infaillible.
Neptune, par le fleuve aux dieux mêmes terrible,
M'a donné sa parole, et va l'exécuter.
Un dieu vengeur te suit, tu ne peux l'éviter.
Je t'aimois; et je sens que, malgré ton offense,

Mes entrailles pour toi se troublent par avance.
Mais à te condamner tu m'as trop engagé :
Jamais pere, en effet, fut-il plus outragé !
Justes dieux, qui voyez la douleur qui m'accable,
Ai-je pu mettre au jour un enfant si coupable !

SCENE IV.

PHEDRE, THÉSÉE.

PHEDRE.

Seigneur, je viens à vous pleine d'un juste effroi ;
Votre voix redoutable a passé jusqu'à moi :
Je crains qu'un prompt effet n'ait suivi la menace.
S'il en est temps encore, épargnez votre race,
Respectez votre sang ; j'ose vous en prier :
Sauvez-moi de l'horreur de l'entendre crier ;
Ne me préparez point la douleur éternelle
De l'avoir fait répandre à la main paternelle.

THÉSÉE.

Non, madame, en mon sang ma main n'a point trempé ;
Mais l'ingrat toutefois ne m'est point échappé :
Une immortelle main de sa perte est chargée,
Neptune me la doit ; et vous serez vengée.

PHEDRE.

Neptune vous la doit ! Quoi ! vos vœux irrités...

THÉSÉE.

Quoi! craignez-vous déja qu'ils ne soient écoutés?
Joignez-vous bien plutôt à mes vœux légitimes:
Dans toute leur noirceur retracez-moi ses crimes;
Échauffez mes transports trop lents, trop retenus.
Tous ses crimes encor ne vous sont pas connus:
Sa fureur contre vous se répand en injures;
Votre bouche, dit-il, est pleine d'impostures.
Il soutient qu'Aricie a son cœur, a sa foi,
Qu'il l'aime.

PHEDRE.

Quoi, seigneur?

THÉSÉE.

Il l'a dit devant moi:
Mais je sais rejetter un frivole artifice.
Espérons de Neptune une prompte justice:
Je vais moi-même encore au pied de ses autels
Le presser d'accomplir ses serments immortels.

SCENE V.

PHEDRE.

Il sort. Quelle nouvelle a frappé mon oreille!
Quel feu mal étouffé dans mon cœur se réveille!
Quel coup de foudre, ô ciel! et quel funeste avis!

Je volois toute entiere au secours de son fils;
Et, m'arrachant des bras d'Œnone épouvantée,
Je cédois aux remords dont j'étois tourmentée.
Qui sait même où m'alloit porter ce repentir?
Peut-être à m'accuser j'aurois pu consentir;
Peut-être, si la voix ne m'eût été coupée,
L'affreuse vérité me seroit-échappée.
Hippolyte est sensible, et ne sent rien pour moi!
Aricie a son cœur! Aricie a sa foi!
Ah dieux! Lorsqu'à mes vœux l'ingrat inexorable
S'armoit d'un œil si fier, d'un front si redoutable,
Je pensois qu'à l'amour son cœur toujours fermé
Fût contre tout mon sexe également armé:
Une autre cependant a fléchi son audace;
Devant ses yeux cruels une autre a trouvé grace.
Peut-être a-t-il un cœur facile à s'attendrir:
Je suis le seul objet qu'il ne sauroit souffrir.
Et je me chargerois du soin de le défendre!

SCENE VI.

PHEDRE, ŒNONE.

PHEDRE.

Chere Œnone, sais-tu ce que je viens d'apprendre?

ŒNONE.

Non; mais je viens tremblante, à ne vous point mentir:
J'ai pâli du dessein qui vous a fait sortir;
J'ai craint une fureur à vous-même fatale.

PHEDRE.

Œnone, qui l'eût cru! j'avois une rivale.

ŒNONE.

Comment?

PHEDRE.

      Hippolyte aime; et je n'en puis douter.
Ce farouche ennemi qu'on ne pouvoit domter,
Qu'offensoit le respect, qu'importunoit la plainte,
Ce tigre, que jamais je n'abordai sans crainte,
Soumis, apprivoisé, reconnoît un vainqueur:
Aricie a trouvé le chemin de son cœur.

ŒNONE.

Aricie?

PHEDRE.

Ah douleur non encore éprouvée!

A quel nouveau tourment je me suis réservée !
Tout ce que j'ai souffert, mes craintes, mes transports,
La fureur de mes feux, l'horreur de mes remords,
Et d'un refus cruel l'insupportable injure,
N'étoit qu'un foible essai du tourment que j'endure.
Ils s'aiment ! Par quel charme ont-ils trompé mes yeux ?
Comment se sont-ils vus ? depuis quand ? dans quels lieux ?
Tu le savois : pourquoi me laissois-tu séduire ?
De leur furtive ardeur ne pouvois-tu m'instruire ?
Les a-t-on vus souvent se parler, se chercher ?
Dans le fond des forêts alloient-ils se cacher ?
Hélas ! ils se voyoient avec pleine licence ;
Le ciel de leurs soupirs approuvoit l'innocence ;
Ils suivoient sans remords leur penchant amoureux ;
Tous les jours se levoient clairs et sereins pour eux :
Et moi, triste rebut de la nature entiere,
Je me cachois au jour, je fuyois la lumiere ;
La mort est le seul dieu que j'osois implorer.
J'attendois le moment où j'allois expirer :
Me nourrissant de fiel, de larmes abreuvée,
Encor dans mon malheur de trop près observée
Je n'osois dans mes pleurs me noyer à loisir,
Je goûtois en tremblant ce funeste plaisir ;
Et sous un front serein déguisant mes alarmes
Il falloit bien souvent me priver de mes larmes.

ŒNONE.

Quel fruit recevront-ils de leurs vaines amours ?
Ils ne se verront plus.

PHEDRE.

Ils s'aimeront toujours !
Au moment que je parle, ah mortelle pensée !
Ils bravent la fureur d'une amante insensée :
Malgré ce même exil qui va les écarter,
Ils font mille serments de ne se point quitter.
Non, je ne puis souffrir un bonheur qui m'outrage ;
Œnone, prends pitié de ma jalouse rage.
Il faut perdre Aricie ; il faut de mon époux
Contre un sang odieux réveiller le courroux :
Qu'il ne se borne pas à des peines légeres ;
Le crime de la sœur passe celui des freres.
Dans mes jaloux transports je le veux implorer.

Que fais-je ! où ma raison se va-t-elle égarer !
Moi jalouse ! et Thésée est celui que j'implore !
Mon époux est vivant ; et moi je brûle encore !
Pour qui ? quel est le cœur où prétendent mes vœux ?
Chaque mot sur mon front fait dresser mes cheveux.
Mes crimes désormais ont comblé la mesure :
Je respire à la fois l'inceste et l'imposture ;
Mes homicides mains, promptes à me venger,
Dans le sang innocent brûlent de se plonger.
Misérable ! Et je vis ! et je soutiens la vue

De ce sacré soleil dont je suis descendue !
J'ai pour aïeul le pere et le maître des dieux;
Le ciel, tout l'univers est plein de mes aïeux:
Où me cacher? Fuyons dans la nuit infernale.
Mais que dis-je! mon pere y tient l'urne fatale;
Le sort, dit-on, l'a mise en ses séveres mains:
Minos juge aux enfers tous les pâles humains.
Ah! combien frémira son ombre épouvantée,
Lorsqu'il verra sa fille à ses yeux présentée,
Contrainte d'avouer tant de forfaits divers,
Et des crimes peut-être inconnus aux enfers!
Que diras-tu, mon pere, à ce spectacle horrible?
Je crois voir de ta main tomber l'urne terrible;
Je crois te voir, cherchant un supplice nouveau,
Toi-même de ton sang devenir le bourreau.
Pardonne. Un dieu cruel a perdu ta famille:
Reconnois sa vengeance aux fureurs de ta fille.
Hélas! du crime affreux dont la honte me suit
Jamais mon triste cœur n'a recueilli le fruit:
Jusqu'au dernier soupir de malheurs poursuivie,
Je rends dans les tourments une pénible vie.

ŒNONE.

Hé! repoussez, madame, une injuste terreur;
Regardez d'un autre œil une excusable erreur.
Vous aimez. On ne peut vaincre sa destinée:
Par un charme fatal vous fûtes entraînée.

Est-ce donc un prodige inoui parmi nous?
L'amour n'a-t-il encor triomphé que de vous?
La foiblesse aux humains n'est que trop naturelle:
Mortelle, subissez le sort d'une mortelle.
Vous vous plaignez d'un joug imposé dès long-temps:
Les dieux mêmes, les dieux de l'Olympe habitants,
Qui d'un bruit si terrible épouvantent les crimes,
Ont brûlé quelquefois de feux illégitimes.

PHEDRE.

Qu'entends-je! Quels conseils ose-t-on me donner!
Ainsi donc jusqu'au bout tu veux m'empoisonner,
Malheureuse! Voilà comme tu m'as perdue:
Au jour que je fuyois c'est toi qui m'as rendue;
Tes prieres m'ont fait oublier mon devoir.
J'évitois Hippolyte; et tu me l'as fait voir.
De quoi te chargeois-tu? pourquoi ta bouche impie
A-t-elle, en l'accusant, osé noircir sa vie?
Il en mourra peut-être, et d'un pere insensé
Le sacrilege vœu peut-être est exaucé.
Je ne t'écoute plus. Va-t'en, monstre exécrable:
Va, laisse-moi le soin de mon sort déplorable.
Puisse le juste ciel dignement te payer!
Et puisse ton supplice à jamais effrayer
Tous ceux qui, comme toi, par de lâches adresses,
Des princes malheureux nourrissent les foiblesses,
Les poussent au penchant où leur cœur est enclin,

Et leur osent du crime applanir le chemin!
Détestables flatteurs, présent le plus funeste
Que puisse faire aux rois la colere céleste!

ŒNONE, seule.

Ah dieux! Pour la servir j'ai tout fait, tout quitté:
Et j'en reçois ce prix! Je l'ai bien mérité!

FIN DU QUATRIEME ACTE.

ACTE CINQUIEME.

SCENE I.

HIPPOLYTE, ARICIE, ISMENE.

ARICIE.

Quoi! vous pouvez vous taire en ce péril extrême?
Vous laissez dans l'erreur un pere qui vous aime?
Cruel! si, de mes pleurs méprisant le pouvoir,
Vous consentez sans peine à ne me plus revoir,
Partez; séparez-vous de la triste Aricie:
Mais du moins en partant assurez votre vie,
Défendez votre honneur d'un reproche honteux,
Et forcez votre pere à révoquer ses vœux;
Il en est temps encor. Pourquoi, par quel caprice,
Laissez-vous le champ libre à votre accusatrice?
Éclaircissez Thésée.

HIPPOLYTE.

Hé! que n'ai-je point dit!
Ai-je dû mettre au jour l'opprobre de son lit?
Devois-je, en lui faisant un récit trop sincere,
D'une indigne rougeur couvrir le front d'un pere?
Vous seule avez percé ce mystere odieux.

Mon cœur pour s'épancher n'a que vous et les dieux :
Je n'ai pu vous cacher, jugez si je vous aime,
Tout ce que je voulois me cacher à moi-même.
Mais songez sous quel sceau je vous l'ai révélé :
Oubliez, s'il se peut, que je vous ai parlé,
Madame ; et que jamais une bouche si pure
Ne s'ouvre pour conter cette horrible aventure.
Sur l'équité des dieux osons nous confier ;
Ils ont trop d'intérêt à me justifier :
Et Phedre, tôt ou tard de son crime punie,
N'en sauroit éviter la juste ignominie.
C'est l'unique respect que j'exige de vous.
Je permets tout le reste à mon libre courroux :
Sortez de l'esclavage où vous êtes réduite ;
Osez me suivre ; osez accompagner ma fuite ;
Arrachez-vous d'un lieu funeste et profané,
Où la vertu respire un air empoisonné ;
Profitez, pour cacher votre prompte retraite,
De la confusion que ma disgrace y jette.
Je vous puis de la fuite assurer les moyens :
Vous n'avez jusqu'ici de gardes que les miens ;
De puissants défenseurs prendront notre querelle ;
Argos nous tend les bras, et Sparte nous appelle :
A nos amis communs portons nos justes cris ;
Ne souffrons pas que Phedre, assemblant nos débris,
Du trône paternel nous chasse l'un et l'autre,

Et promette à son fils ma dépouille et la vôtre.
L'occasion est belle, il la faut embrasser.
Quelle peur vous retient? vous semblez balancer!
Votre seul intérêt m'inspire cette audace.
Quand je suis tout de feu, d'où vous vient cette glace?
Sur les pas d'un banni craignez-vous de marcher?

A R I C I E.

Hélas! qu'un tel exil, seigneur, me seroit cher!
Dans quels ravissements, à votre sort liée,
Du reste des mortels je vivrois oubliée!
Mais, n'étant point unis par un lien si doux,
Me puis-je avec honneur dérober avec vous?
Je sais que, sans blesser l'honneur le plus sévere,
Je me puis affranchir des mains de votre pere:
Ce n'est point m'arracher du sein de mes parents;
Et la fuite est permise à qui fuit ses tyrans.
Mais vous m'aimez, seigneur; et ma gloire alarmée...

H I P P O L Y T E.

Non, non, j'ai trop de soin de votre renommée:
Un plus noble dessein m'amene devant vous.
Fuyez vos ennemis, et suivez votre époux.
Libres dans nos malheurs, puisque le ciel l'ordonne,
Le don de notre foi ne dépend de personne:
L'hymen n'est point toujours entouré de flambeaux.
Aux portes de Trézene, et parmi ces tombeaux,
Des princes de ma race antiques sépultures,

Est un temple sacré, formidable aux parjures.
C'est là que les mortels n'osent jurer en vain :
Le perfide y reçoit un châtiment soudain ;
Et craignant d'y trouver la mort inévitable,
Le mensonge n'a point de frein plus redoutable.
Là, si vous m'en croyez, d'un amour éternel
Nous irons confirmer le serment solemnel.
Nous prendrons à témoin le dieu qu'on y révere :
Nous le prierons tous deux de nous servir de pere.
Des dieux les plus sacrés j'attesterai le nom :
Et la chaste Diane, et l'auguste Junon,
Et tous les dieux enfin, témoins de mes tendresses,
Garantiront la foi de mes saintes promesses.

ARICIE.

Le roi vient. Fuyez, prince, et partez promptement :
Pour cacher mon départ je demeure un moment.
Allez ; et laissez-moi quelque fidele guide
Qui conduise vers vous ma démarche timide.

SCENE II.

THÉSÉE, ARICIE, ISMENE.

THÉSÉE.

Dieux, éclairez mon trouble, et daignez à mes yeux
Montrer la vérité que je cherche en ces lieux !

ARICIE.

Songe à tout, chere Ismene, et sois prête à la fuite.

SCENE III.

THÉSÉE, ARICIE.

THÉSÉE.

Vous changez de couleur, et semblez interdite,
Madame : que faisoit Hippolyte en ce lieu ?

ARICIE.

Seigneur, il me disoit un éternel adieu.

THÉSÉE.

Vos yeux ont su domter ce rebelle courage ;
Et ses premiers soupirs sont votre heureux ouvrage.

ARICIE.

Seigneur, je ne vous puis nier la vérité.
De votre injuste haine il n'a pas hérité :

Il ne me traitoit point comme une criminelle.

THÉSÉE.

J'entends : il vous juroit une amour éternelle.
Ne vous assurez point sur ce cœur inconstant ;
Car à d'autres que vous il en juroit autant.

ARICIE.

Lui, seigneur?

THÉSÉE.

                    Vous deviez le rendre moins volage :
Comment souffriez-vous cet horrible partage?

ARICIE.

Et comment souffrez-vous que d'horribles discours
D'une si belle vie osent noircir le cours?
Avez-vous de son cœur si peu de connoissance?
Discernez-vous si mal le crime et l'innocence?
Faut-il qu'à vos yeux seuls un nuage odieux
Dérobe sa vertu qui brille à tous les yeux !
Ah! c'est trop le livrer à des langues perfides.
Cessez : repentez-vous de vos vœux homicides ;
Craignez, seigneur, craignez que le ciel rigoureux
Ne vous haïsse assez pour exaucer vos vœux.
Souvent dans sa colere il reçoit nos victimes :
Ses présents sont souvent la peine de nos crimes.

THÉSÉE.

Non, vous voulez en vain couvrir son attentat :
Votre amour vous aveugle en faveur de l'ingrat.

Mais j'en crois des témoins certains, irréprochables:
J'ai vu, j'ai vu couler des larmes véritables.

ARICIE.

Prenez garde, seigneur : vos invincibles mains
Ont de monstres sans nombre affranchi les humains;
Mais tout n'est pas détruit, et vous en laissez vivre
Un... Votre fils, seigneur, me défend de poursuivre.
Instruite du respect qu'il veut vous conserver,
Je l'affligerois trop si j'osois achever.
J'imite sa pudeur, et fuis votre présence
Pour n'être pas forcée à rompre le silence.

SCENE IV.

THÉSÉE.

Quelle est donc sa pensée? et que cache un discours
Commencé tant de fois, interrompu toujours?
Veulent-ils m'éblouir par une feinte vaine?
Sont-ils d'accord tous deux pour me mettre à la gêne?
Mais moi-même, malgré ma sévere rigueur,
Quelle plaintive voix crie au fond de mon cœur?
Une pitié secrete et m'afflige et m'étonne.
Une seconde fois interrogeons Œnone:
Je veux de tout le crime être mieux éclairci.
Gardes, qu'Œnone sorte et vienne seule ici.

SCENE V.

THÉSÉE, PANOPE.

PANOPE.

J'ignore le projet que la reine médite,
Seigneur : mais je crains tout du transport qui l'agite.
Un mortel désespoir sur son visage est peint;
La pâleur de la mort est déja sur son teint.
Déja, de sa présence avec honte chassée,
Dans la profonde mer Œnone s'est lancée:
On ne sait point d'où part ce dessein furieux;
Et les flots pour jamais l'ont ravie à nos yeux.

THÉSÉE.

Qu'entends-je !

PANOPE.

         Son trépas n'a point calmé la reine;
Le trouble semble croître en son ame incertaine.
Quelquefois, pour flatter ses secretes douleurs,
Elle prend ses enfants et les baigne de pleurs;
Et soudain, renonçant à l'amour maternelle,
Sa main avec horreur les repousse loin d'elle:
Elle porte au hasard ses pas irrésolus;
Son œil tout égaré ne nous reconnoît plus:
Elle a trois fois écrit; et, changeant de pensée,

Trois fois elle a rompu sa lettre commencée.

Daignez la voir, seigneur; daignez la secourir.

T H É S É E.

Ô ciel! Œnone est morte, et Phedre veut mourir!

Qu'on rappelle mon fils, qu'il vienne se défendre;

Qu'il vienne me parler, je suis prêt de l'entendre.

(seul.)

Ne précipite point tes funestes bienfaits,

Neptune; j'aime mieux n'être exaucé jamais.

J'ai peut-être trop cru des témoins peu fideles,

Et j'ai trop tôt vers toi levé mes mains cruelles.

Ah! de quel désespoir mes vœux seroient suivis!

SCENE VI.

T H É S É E, T H É R A M E N E.

T H É S É E.

Théramene, est-ce toi? Qu'as-tu fait de mon fils?

Je te l'ai confié dès l'âge le plus tendre.

Mais d'où naissent les pleurs que je te vois répandre?

Que fait mon fils?

T H É R A M E N E.

Ô soins tardifs et superflus!

Inutile tendresse! Hippolyte n'est plus.

THÉSÉE.

Dieux!

THÉRAMENE.

J'ai vu des mortels périr le plus aimable,
Et j'ose dire encor, seigneur, le moins coupable.

THÉSÉE.

Mon fils n'est plus! Hé quoi! quand je lui tends les bras,
Les dieux impatients ont hâté son trépas!
Quel coup me l'a ravi? quelle foudre soudaine?

THÉRAMENE.

A peine nous sortions des portes de Trézene,
Il étoit sur son char; ses gardes affligés
Imitoient son silence, autour de lui rangés:
Il suivoit tout pensif le chemin de Mycenes;
Sa main sur les chevaux laissoit flotter les rênes:
Ses superbes coursiers, qu'on voyoit autrefois
Pleins d'une ardeur si noble obéir à sa voix,
L'œil morne maintenant et la tête baissée,
Sembloient se conformer à sa triste pensée.
Un effroyable cri, sorti du fond des flots,
Des airs en ce moment a troublé le repos;
Et du sein de la terre une voix formidable
Répond en gémissant à ce cri redoutable.
Jusqu'au fond de nos cœurs notre sang s'est glacé:
Des coursiers attentifs le crin s'est hérissé.
Cependant, sur le dos de la plaine liquide,

S'éleve à gros bouillons une montagne humide:
L'onde approche, se brise, et vomit à nos yeux,
Parmi des flots d'écume, un monstre furieux.
Son front large est armé de cornes menaçantes;
Tout son corps est couvert d'écailles jaunissantes;
Indomtable taureau, dragon impétueux,
Sa croupe se recourbe en replis tortueux:
Ses longs mugissements font trembler le rivage.
Le ciel avec horreur voit ce monstre sauvage;
La terre s'en émeut, l'air en est infecté,
Le flot qui l'apporta recule épouvanté.
Tout fuit; et sans s'armer d'un courage inutile,
Dans le temple voisin chacun cherche un asyle.
Hippolyte lui seul, digne fils d'un héros,
Arrête ses coursiers, saisit ses javelots,
Pousse au monstre, et d'un dard lancé d'une main sûre
Il lui fait dans le flanc une large blessure.
De rage et de douleur le monstre bondissant
Vient aux pieds des chevaux tomber en mugissant,
Se roule, et leur présente une gueule enflammée
Qui les couvre de feu, de sang et de fumée.
La frayeur les emporte; et, sourds à cette fois,
Ils ne connoissent plus ni le frein ni la voix.
En efforts impuissants leur maître se consume:
Ils rougissent le mors d'une sanglante écume.
On dit qu'on a vu même, en ce désordre affreux,

Un dieu qui d'aiguillons pressoit leur flanc poudreux.
A travers les rochers la peur les précipite;
L'aissieu crie et se rompt : l'intrépide Hippolyte
Voit voler en éclats tout son char fracassé;
Dans les rênes lui-même il tombe embarrassé.
Excusez ma douleur; cette image cruelle
Sera pour moi de pleurs une source éternelle:
J'ai vu, seigneur, j'ai vu votre malheureux fils
Traîné par les chevaux que sa main a nourris.
Il veut les rappeller; et sa voix les effraie;
Ils courent : tout son corps n'est bientôt qu'une plaie.
De nos cris douloureux la plaine retentit.
Leur fougue impétueuse enfin se ralentit:
Ils s'arrêtent non loin de ces tombeaux antiques
Où des rois ses aïeux sont les froides reliques.
J'y cours en soupirant, et sa garde me suit:
De son généreux sang la trace nous conduit;
Les rochers en sont teints; les ronces dégouttantes
Portent de ses cheveux les dépouilles sanglantes.
J'arrive, je l'appelle; et, me tendant la main,
Il ouvre un œil mourant qu'il referme soudain :
« Le ciel, dit-il, m'arrache une innocente vie.
« Prends soin après ma mort de la triste Aricie.
« Cher ami, si mon pere un jour désabusé
« Plaint le malheur d'un fils faussement accusé,
« Pour appaiser mon sang et mon ombre plaintive,

« Dis-lui qu'avec douceur il traite sa captive ;

« Qu'il lui rende... » A ce mot ce héros expiré

N'a laissé dans mes bras qu'un corps défiguré :

Triste objet où des dieux triomphe la colere,

Et que méconnoîtroit l'œil même de son pere.

THÉSÉE.

Ô mon fils ! cher espoir que je me suis ravi !

Inexorables dieux, qui m'avez trop servi !

A quels mortels regrets ma vie est réservée !

THÉRAMENE.

La timide Aricie est alors arrivée :

Elle venoit, seigneur, fuyant votre courroux,

A la face des dieux l'accepter pour époux.

Elle approche ; elle voit l'herbe rouge et fumante ;

Elle voit (quel objet pour les yeux d'une amante !)

Hippolyte étendu, sans forme et sans couleur.

Elle veut quelque temps douter de son malheur ;

Et ne connoissant plus ce héros qu'elle adore,

Elle voit Hippolyte, et le demande encore.

Mais trop sûre à la fin qu'il est devant ses yeux,

Par un triste regard elle accuse les dieux ;

Et froide, gémissante, et presque inanimée,

Aux pieds de son amant elle tombe pâmée.

Ismene est auprès d'elle ; Ismene toute en pleurs

La rappelle à la vie, ou plutôt aux douleurs.

Et moi, je suis venu, détestant la lumiere,
Vous dire d'un héros la volonté derniere,
Et m'acquitter, seigneur, du malheureux emploi
Dont son cœur expirant s'est reposé sur moi.
Mais j'apperçois venir sa mortelle ennemie.

SCENE VII.

THÉSÉE, PHEDRE, THÉRAMENE, PANOPE, GARDES.

THÉSÉE.

Hé bien! vous triomphez, et mon fils est sans vie.
Ah! que j'ai lieu de craindre! et qu'un cruel soupçon,
L'excusant dans mon cœur, m'alarme avec raison!
Mais, madame, il est mort, prenez votre victime;
Jouissez de sa perte, injuste ou légitime:
Je consens que mes yeux soient toujours abusés.
Je le crois criminel, puisque vous l'accusez.
Son trépas à mes pleurs offre assez de matieres
Sans que j'aille chercher d'odieuses lumieres,
Qui, ne pouvant le rendre à ma juste douleur,
Peut-être ne feroient qu'accroître mon malheur.
Laissez-moi, loin de vous, et loin de ce rivage,

De mon fils déchiré fuir la sanglante image.
Confus, persécuté d'un mortel souvenir,
De l'univers entier je voudrois me bannir.
Tout semble s'élever contre mon injustice;
L'éclat de mon nom même augmente mon supplice:
Moins connu des mortels, je me cacherois mieux.
Je hais jusques aux soins dont m'honorent les dieux;
Et je m'en vais pleurer leurs faveurs meurtrieres,
Sans plus les fatiguer d'inutiles prieres.
Quoi qu'ils fissent pour moi, leur funeste bonté
Ne me sauroit payer de ce qu'ils m'ont ôté.

PHEDRE.

Non, Thésée, il faut rompre un injuste silence;
Il faut à votre fils rendre son innocence:
Il n'étoit point coupable.

THÉSÉE.

Ah! pere infortuné!
Et c'est sur votre foi que je l'ai condamné!
Cruelle! pensez-vous être assez excusée?

PHEDRE.

Les moments me sont chers, écoutez-moi, Thésée.
C'est moi qui, sur ce fils chaste et respectueux,
Osai jetter un œil profane, incestueux.
Le ciel mit dans mon sein une flamme funeste:
La détestable Œnone a conduit tout le reste.

Elle a craint qu'Hippolyte, instruit de ma fureur,
Ne découvrît un feu qui lui faisoit horreur :
La perfide, abusant de ma foiblesse extrême,
S'est hâtée à vos yeux de l'accuser lui-même.
Elle s'en est punie ; et, fuyant mon courroux,
A cherché dans les flots un supplice trop doux.
Le fer auroit déja tranché ma destinée ;
Mais je laissois gémir la vertu soupçonnée :
J'ai voulu, devant vous exposant mes remords,
Par un chemin plus lent descendre chez les morts.
J'ai pris, j'ai fait couler dans mes brûlantes veines
Un poison que Médée apporta dans Athenes.
Déja jusqu'à mon cœur le venin parvenu
Dans ce cœur expirant jette un froid inconnu ;
Déja je ne vois plus qu'à travers un nuage
Et le ciel et l'époux que ma présence outrage ;
Et la mort, à mes yeux dérobant la clarté,
Rend au jour qu'ils souilloient toute sa pureté.

PANOPE.

Elle expire, seigneur !

THÉSÉE.

D'une action si noire
Que ne peut avec elle expirer la mémoire !
Allons, de mon erreur, hélas ! trop éclaircis,
Mêler nos pleurs au sang de mon malheureux fils :

Allons de ce cher fils embrasser ce qui reste,
Expier la fureur d'un vœu que je déteste;
Rendons-lui les honneurs qu'il a trop mérités,
Et, pour mieux appaiser ses mânes irrités,
Que, malgré les complots d'une injuste famille,
Son amante aujourd'hui me tienne lieu de fille.

F I N.

FRAGMENT DE BÉRÉNICE.

ACTE IV, SCENE IX.

ANTIOCHUS, ARSACE.

ANTIOCHUS.

Arsace, que dis-tu de toute ma conduite?
Rien ne pouvoit tantôt s'opposer à ma fuite;
Bérénice et Titus offensoient mes regards;
Je partois pour jamais. Voilà comme je pars!
Je rentre, et dans les pleurs je retrouve la reine;
J'oublie en même temps ma vengeance et sa haine;
Je m'attendris aux pleurs qu'un rival fait couler;
Moi-même à son secours je le viens appeller;
Et, si sa diligence eût secondé mon zele,
J'allois, victorieux, le conduire auprès d'elle.
Malheureux que je suis! avec quelle chaleur
Je travaille sans cesse à mon propre malheur!
C'en est trop : de Titus porte-lui les promesses,
Arsace; je rougis de toutes mes foiblesses :
Désespéré, confus, à moi-même odieux,
Laisse-moi; je me veux cacher même à tes yeux.

FIN DU SECOND VOLUME.